高职高专物流管理专业“十二五”规划教材
基于工作过程改革物流类系列教材

仓储管理实务

▶ 主　编　尤美虹
▶ 副主编　李海英

WUHAN UNIVERSITY PRESS
武汉大学出版社

图书在版编目(CIP)数据

仓储管理实务/尤美虹主编. —武汉: 武汉大学出版社,2013.11
高职高专物流管理专业"十二五"规划教材
基于工作过程改革物流类系列教材
ISBN 978-7-307-11777-8

Ⅰ.仓… Ⅱ.尤… Ⅲ.仓库管理—教材 Ⅳ.F253.4

中国版本图书馆 CIP 数据核字(2013)第 224194 号

责任编辑:辛 凯　　责任校对:汪欣怡　　版式设计:马 佳

出版发行: **武汉大学出版社** (430072 武昌 珞珈山)
(电子邮件: cbs22@whu.edu.cn 网址: www.wdp.com.cn)
印刷: 黄冈市新华印刷有限责任公司
开本: 787×1092 1/16 印张:18.25 字数:431 千字 插页:1
版次: 2013 年 11 月第 1 版 2013 年 11 月第 1 次印刷
ISBN 978-7-307-11777-8 定价:36.00 元

前　言

今天，物流业已经成为国民经济新的增长点，而仓储作为物流系统两大支柱之一，入世十年的发展变化巨大。进入21世纪，随着生产规模的扩大，销售距离越来越远。销售范围的扩展，货物必须在某一个地方进行集散，货物分散和集结的过程便对仓储业功能提出了更高要求，仓储业适应了这个要求，不断向前发展。随着发展，仓储的总规模越来越大，特别是人才队伍的需求在发展。

据统计当前乃至今后很长一段时间，物流人才的需求空间巨大。当前，国家对职业教育、培养高质量的高职人才极其重视。而高职高专课程应从职业教育的特点着手，按职业岗位群应掌握的知识和能力来进行，以知识应用为主线，以能力培养为核心。正是在这样的背景下，本书主要基于工作过程，以项目为引领、以任务为驱动、以理论知识“必需、够用”为度、以岗位技能训练为本，将理论与实践进行了融合，按照仓储的作业流程展开，深入浅出，注重仓储操作技能的培养和必备的经营管理基础。教材体例清晰，内容丰富，图、表、小看板等形式多样，信息量大，突出了专业发展前沿新动态，例如，在教材中注重了仓储业近十年的转型和创新，仓储作业的设施设备的发展进步、仓储信息技术的应用等，与实际结合较紧。并且以“附录”的形式补充了仓储作业相关的规章制度，拓宽了学生视野。此外，书中信息数据新颖，所引用的数据均为近两年的数据，确保了教材的时效性。参与的编写人员为武汉商贸职业学院物流学院的一线教师，至少有五年的专业教学经验，有专业特长，分工合理。因此，本书既可作为高职院校物流管理专业的学生用书，也可供企业物流管理人员自学、提高之用，还可作为从事仓储研究与教学人员的参考用书。

全书共分为五个项目，分别为项目一：仓储基础认知、项目二：仓储运营作业、项目三：仓储运营管理基础、项目四：仓储信息技术的应用、项目五：特种货物仓储保管，其中，尤美虹老师编写项目一、二，并且负责全书的审核和统稿，担任主编；李海英老师编写项目三、五，并且负责部分内容的审核，担任副主编；李珍老师编写项目四；陈兰老师编写项目三中的任务一。

在本书编写过程中，借鉴了国内外许多专家学者的观点，参考了许多论文、专著及报纸、杂志、网站的资料，这些观点和材料，对作者有很大帮助，鉴于篇幅不能一一列出，在此诚表敬意！另外，学院领导、同事、朋友、家人给予了很多帮助，在此一并致谢。

由于编者水平有限、时间仓促，书中一定会有疏漏和不足之处，恳请各位专家、读者批评指正。

编　者

2013年8月

目　　录

项目一　仓储基础认知

学习目标

【知识目标】：掌握仓储的概念、功能、种类、任务；
掌握仓储管理的任务、目标、要求；
了解仓储的产生和发展；
了解仓库的类型及作用，自动化立体仓库的组成及发展，掌握仓库选址的影响因素；
了解仓储设备的类型，掌握仓储设备管理的内容、原则及方法。

【技能目标】：能够根据仓储的作用，为企业选择最合适的仓储方式；
能够根据企业的实际情况协助企业进行仓库合理规划；
能够认识仓储设施设备并对其进行熟练的操作。

【引入案例】：

仓储业入世十年的发展变化

——中国物资储运协会会长

姜超峰　2012.6

产品的生产和销售渠道需要有一个集散的过程，这个集散过程是由大生产所决定的。随着生产规模的扩大，销售距离越来越远。销售范围的扩展，货物必须在某一个地方进行集散，货物分散和集结的过程便是对仓储业功能提出一定要求，仓储业适应了这个要求，就不断向前发展。随着发展，仓储的总规模越来越大。20世纪80年代公布的全国仓储面积是“3.5亿平方米”，前几年仲量联行提出了“5.5亿平方米”的仓储面积这样一个数字，我推算下来的仓储面积是“13亿平方米”。

仓储业入世十年的发展变化主要体现在四个方面：

一是仓储设施设备方面发生了很大的变化；

二是仓储行业的细分化程度和门类齐全程度都大幅度提高；

三是仓储行业的业务构成在发生变化，主要表现为多元化经营；

四是人才队伍在发展。

……

是这样吗？你对仓储有怎样的认识？

任务一　仓储基本知识认知

【任务描述】：

2012年7月，物流管理专业毕业的大学生小明应聘上了鑫鑫仓储物流中心的仓库保管员工作。为了检验一下这位科班出身的大学生的专业素养，仓储主管给小明安排了一个任务，即这周四例会时间由小明给仓库的老员工进行现代仓储理念的培训。

小明既紧张又兴奋，这可是第一次表现的机会哦！今天周一，他决定提前着手准备。下班回到宿舍后，他迅速拿起了笔，开始列培训提纲：什么是仓储，有哪些功能和模式，现状怎样，有哪些发展趋势……

【任务分析】：

在社会生活和生产中，由于生产和消费节奏不一致，总会存在现有的用不上或者有多余用不完以及有必要留待以后使用的东西，特别是在当今的社会，很多产品此时有余而彼时不足，此地有余而彼地欠缺。如何在生产与消费或者供给与需求的时间差里，妥善地保持物质实体的使用价值，衔接不同的地域需求，以及平衡社会产品和物资的价格，是物流系统中仓储环节所要解决的问题。

【知识精讲】：

一、仓储与仓储行业

（一）仓储（warehousing）的概念

中华人民共和国国家标准《物流术语》GB/T18354—2006中对仓储的定义是“利用仓库及相关设施设备进行物品的入库、存储、出库的活动”。“仓”，即仓库，是指特定场所，可以是房屋建筑、大型容器或洞穴；“储”，表示收藏以备使用，包括收存、保管、交付使用，又称为储存。

理解仓储的内涵要注意以下要点：

- 既有物品储存的静态过程，也包含对物品存取、保管、控制的动态过程；
- 仓储的对象是有形的物品；
- 仓储创造时间价值；
- 储存虽不限于但主要发生于仓库。

小看板：仓储的其他几个典型定义：

——以仓库设施、设备为基础，以储藏、保管、控制等业务流程为手段所实现的现代物流系统的储存功能。

——根据市场和客户的要求，为减少货物的损耗、变质和丢失，调节生产、销售和消费活动以及确保社会生产、生活的连续性，而在仓库内对原材料等货物进行储存、保管、管理、保养、维护、供给的一系列作业活动。

(二)仓储的功能

从仓储环节对社会生产生活的作用和意义来看，其功能主要有基本功能、增值功能和社会功能。见表 1-1：

表 1-1　**仓储的功能**

功能	含　义	具体体现	作用与意义
基本功能	为了满足市场的储存和流通需求，仓储所具有的基本的操作或行为	储存、保管、拼装、分类等基础作业	保持劳动产品价值；质量管理，数量管理；方便流通；实施有效的物流管理
增值功能	带来附加价值的操作，主要有提高客户的满意度；信息的传递等	仓单质押、信息决策增值、对存货的各种流通加工和延期交货	提供信用保证；收集和传递市场信息；形成来自“第三个利润源”的利润；提供现货交易的场所，交易中介
社会功能	主要指满足社会正常运转的操作	时间调整、价格调整、流通调控(存期控制)、配载	保证社会生产顺利进行；调整生产和消费的时间差，维持市场稳定；创造“时间效用”；衔接流通过程

(三)仓储的种类和仓储模式的选择

1. 仓储的种类

从不同的角度来看，仓储可以进行以下分类，见表 1-2：

表 1-2　　　　仓储的分类

分类角度	种类	含　义
按仓储经营主体划分	企业自营仓储	指企业自己修建仓库进行仓储
	第三方营业仓储	是相对"第一方"发货人和"第二方"收货人而言的，即由除此之外的第三方来承担企业的仓储管理，为企业提供仓储服务，并收取相应的服务费用
	公共仓储	指国家和公共团体为了公共利益而建设仓库进行仓储
	战略储备仓储	为应对突发公共事件和国家宏观调控的需要，对物品进行的储存。可分为当年储备、长期储备、战略储备
按仓储对象划分	普通物品仓储	主要对普通物品进行储存保管等作业的仓储
	特殊物品仓储	主要对特种物品进行储存保管等作业的仓储
按仓储的集中程度划分	集中仓储	在一个区域内将较大批量的物资集中在一个仓库储存
	分散仓储	在一个区域内有多个仓库进行较小批量的储存
按仓储物的处理方式划分	保管式仓储	是指由仓储经营人提供完善的仓储条件，接受存货人的仓储物进行保管，在保管期届满，将原收保的仓储物原样交还给存货人，存货人支付仓储费的一种仓储经营方法。在保管仓储中，仓储经营人以获得仓储保管费最多为经营目标，仓储保管费与仓储物的数量、仓储时间和仓储费率三者密切相关
	混藏仓储	是指存货人将一定品质数量的种类物交付给保管人储藏，而在储存保管期限届满时，保管人只需以相同种类、品质、数量的替代物返还的一种仓储经营方法
	消费式仓储	指存货人不仅将一定数量品质的种类物交付给仓储管理人储存保管，而且将储存物的所有权也转移给保管人，在合同期届满时，保管人以相同种类、相同品质、相同数量替代品返还的一种仓储方法

2. 仓储模式的选择

影响仓储模式选择的因素主要有以下三个要素，即货物的周转总量、市场需求的稳定性和市场密度。一般来说，周转总量越大，需求稳定性越高，市场密度越集中，则越趋向于自有仓储模式；反之，则趋向于第三方仓储和公共仓储模式。

自建仓库仓储可以加强仓储控制能力，提高经营和管理灵活性，降低仓储长期成本，同时树立企业良好形象；但是自建仓库的前期固定投资会长期占用企业资金，并且企业不可能在任何市场区域自建仓库，存在位置和结构的局限性。

第三方仓储和公共仓库仓储，可以降低企业的固定资本投资，有利于企业有效利用外部专业和公共资源，扩大市场，以及进行新市场的测试，灵活满足企业的额外库存需求，减少管理的难度，实现规模经济，降低仓储成本；同时提高企业经营活动的柔性，便于掌握企业保管和搬运成本；但是可能会增加企业的包装成本和控制库存的难度和风险。

（四）仓储的作用

在商品的流通过程中，仓储具有两面性，既有积极作用，也有消极作用。

1. 积极作用

（1）仓储是保持物资原有使用价值和物资使用合理化的重要手段。

社会生产和消费在供需上的不均衡和不同步，会导致物资使用价值的变化，比如，质量的降低和数量的减少，在这些时间差里，必须有仓储的环节来最大程度地减少物资的损耗和过剩浪费，调配余缺和价格差异，使物资在合适的时间发挥最大的效用或者在效用最大的时间发挥作用，实现其最大的效益。

（2）仓储是加快资金周转，节约流通费用，降低物流成本，提高经济效益的有效途径。

在流通中，仓储作为一个节点，在减少生产和销售的库存积压、加快资金周转、整合运输并为运输做好必要的准备、节约流通费用、降低物流成本方面、都起着必不可少的作用。

（3）仓储可以实现物流增值服务。

当前社会，个性化的产品需求愈来愈甚，对产品外形外观尺寸大小的不同需求、功能的拓展，很多都是在仓储环节通过进行简单的流通加工完成，比如，鱼和肉类的冷冻、蛋品加工、生鲜食品和大米的包装、家具的组装、地毯剪切、玻璃套裁、钢板切割、水泥熟料加工包装、防锈除锈加工、上色、贴标签，等等，这些生产性的服务，可以满足消费者多样化的需求和极大地提高商品的附加值，实现物流增值。

（4）仓储有安全保障作用。

为了保证生产稳定和促进销售，很多物资和商品需要仓储，特别是当前，自然灾害和一些突发事件频发，很多生活物资和医药品、疫苗需要仓储作为应急物流的必要保障。另外，维持社会国家机器正常运转的一些大宗食品（如食盐、粮食等）和能源也需要仓储作为安全储备。

2. 消极作用

虽然仓储是物流系统的必要环节，但是开展各种仓储作业，需要相应的投入。它主要体现在：其一，仓储设施设备投入、员工工资待遇等固定成本和伴随仓储作业开展的各项变动成本，如保管保养成本、水电及原料费、仓储保险费、税金等；其二，库存物资占用资金导致的机会损失以及可能有资金利息；其三，储存期控制不当造成的陈旧损失和贬值损失，这些都是仓储的消极作用。

并且，如果控制不当，那么还会冲减物流系统的整体效益，特别是仓储中的库存，有时候会掩盖企业很多的管理问题，甚至被认为是“万恶之源”。

（五）仓储与物流

仓储是物流的主要功能要素之一，是整个物流业务活动的必要环节之一，对物流系统的优化有着极其重要的作用。

其一，合理准确的仓储会减少商品的换装、流动、减少作业次数，在仓储环节可以整合不同的运输方式和运量，在货物进入市场前做好分类、包装、质检、贴标签等作业，有效提高了物流的操作水平和质量，提高了作业效率，加快了流通。同时，极大地降低了物流总成本，节约了流通费用。

其二，产品在仓储中的组合、妥善配载和流通包装、成组等流通加工，提高了产品的附加值，极大地实现了物流增值服务功能。

(六)中国仓储活动的产生和发展

1. 中国仓储活动的产生

仓储活动是随着人类社会的产生而出现的。自从人类社会产生剩余产品开始就有了储存，但这时候的储存主要是由于人们的生活物资没有消耗完，有多余的剩下来，因此是被动的储存。直到战争和自然灾害的出现，人们为了防备，平常有计划有目的地进行储备，由原先被动的储存到主动的储存，这个时候真正意义上的仓储活动才产生了。这时，主要是对生活物资的一种保险储备。例如，“积谷防饥”即将丰年剩余的粮食储存起来以防歉年之虞。

随着社会的发展，在原始社会末期，产生了专门储存产品的场所——“窖穴”。而随着农业、手工业的发展，出现多环节的生产过程和流通过程，为保障生产和流通顺利进行，需要进行储备，这时候就由原先的保险储备逐渐发展到了周转储备。

图 1-1 中的西安半坡村的仰韶遗址是我国目前发现的最早的仓库雏形。

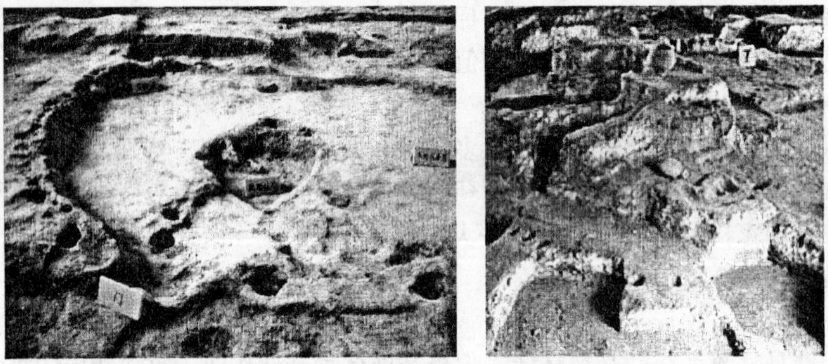

图 1-1　西安半坡村的仰韶遗址之“窖穴”

小看板：我国目前发现的最早的仓库雏形

西安半坡村的仰韶遗址是我国目前发现的最早的仓库雏形。半坡遗址是黄河流域一处典型的新石器时代仰韶文化母系氏族聚落遗址，距今 5600～6700 年之间。该遗址 1953 年春被发现，遗址面积 50000 平方米。共发现房屋遗迹 45 座、家畜圈栏 2 处、储藏窖穴 200 多处、陶窑 6 座、各类墓葬 250 座以及生产工具和生活用具约近万件文物。

2. 中国仓储活动的发展

总体来说，我国的仓储活动的发展主要经历了以下四个阶段：

(1)古代仓储业。

这个时期主要是从仓储活动产生开始，直到19世纪初。据有关文献资料记载，“邸店”可以说是商业仓库的最初形式，它既具有寄存性质，又具有旅店性质。随着社会的发展，“塌房”从“邸店”分离出来，成为带有企业性质的商业仓库。

(2)近代仓储业。

从19世纪开始，商业仓库大量涌现，其中最典型的就是“堆栈”，它是堆存和保管物品的场地和设备。当时，我国最早最先进的堆栈业出现在上海、天津、广州等东南沿海地区。有码头堆栈、铁路堆栈、保管堆栈、厂号堆栈、金融和海关堆栈等专业划分。例如，1929年，上海码头仓库的总计数量为40家以上，库房总容量达到90多万吨，货场总容量达到70多万吨。这一时期持续到新中国成立之前。

(3)社会主义仓储业。

主要是指新中国成立之后直到20世纪90年代初的一段时期。

这一时期，首先是接管并改造了旧中国留下来的仓库，当时采取对口接管改造的政策。然后，1952年，推行仓库定额管理，统一调剂供各单位使用。主要在北京、上海、天津、沈阳、武汉等城市试行。这是集中管理商业仓库的开端。

1953年，第一届全国仓储会议召开，明确实行集中管理与分散管理相结合的仓库管理体制。全国成立了17个仓储公司。

1964年，成立了国家物资储运局(后改为物资储运总公司)。

1984年，国家物资储运总公司在各地设有14个直属储运公司，下属76个仓库，拥有库房和料棚195万平方米，货场446万平方米。

(4)现代化仓储业。

主要是指20世纪90年代初到现在。一方面，重视旧式仓库的改造工作，改建旧式仓库，增加设备投入，配备各种装卸、搬运、堆码等设备提高仓储作业的机械化水平；另一方面，新建一批具有先进技术水平的现代化仓库。

小看板：邸店

邸店——古时供商人堆放货物、寓居和交易的行栈。也称为邸舍、邸阁、邸肆，宋时称为塌房。“邸”的原意是堆放货物的货栈，“店”即店铺，货物交易的固定场所。

邸店最早产生于东晋、南朝时期，盛行于隋唐宋时期。它是商业发展的产物，当大宗的货物交换和远距离的货物贩运产生以后，商品流通中必然会产生邸店这个中间环节。商业繁荣，邸店随之成为能够获利的行当。

邸店除货栈性质外，还发展成兼具旅舍、商店等多种性质的仓库。据记载，唐长安、洛阳等都城中，市场的四面都设有邸店，多则三四百处，少则也有百余处。

(七)我国仓储业的现状与发展趋势

1. 我国仓储业的现状

仓储业是指从事仓储活动的经营企业的总称。

目前，我国仓储业的现状不尽如人意，无论是与发达国家比较、与我国物流业其他相关业态比较，还是与社会化仓储配送需求比较，我国仓储企业在经营方式、服务功能、管理与技术等方面都还存在许多不足和需要解决的突出问题，面临着转型升级的迫切任务。

其一，社会化、标准化、信息化、机械化和自动化水平不够，仓储信息化程度低，技术发展不平衡。

其二，经营方式较单一、服务功能参差不齐、管理与技术欠缺，仓储管理人才缺失。

其三，仓储用地少，仓储成本高，仓库布局不够合理。

其四，仓储管理法制、法规不健全。

其五，政府部门创造良好的政策与市场环境，行业组织提供各方面的服务，国家出台一些政策还不够充分和及时。

小看板： 现代仓储四大基本特征(现代物流报/2013年2月1日/第A.10版)

——商务部流通业发展司副巡视员王选庆就《指导意见》答记者问

现代仓储不是传统意义上的仓库管理，而是以满足供应链上下游的需求为目的，依托仓库设施与信息技术对物品的进出、库存、加工、包装、分拣、配送及其信息进行有效计划、执行和控制的物流活动。现代仓储有四大基本特征：一是动态管理，即存储的商品越少越好，商品进出仓库的速度越快越好；二是增值服务，如加工包装、分拣配送、信息资讯、监管服务等；三是信息化管理；四是机械化与自动化作业。现代仓储的典型模式就是各类物流配送中心，即物流与供应链管理中的库存控制中心、加工配送中心、增值服务中心与现代物流设备技术的应用中心。

总之，库存控制是现代仓储服务的核心，信息化与自动化是现代仓储发展的关键，融入供应链并不断创新增值服务是现代仓储的发展方向。

2. 我国仓储业的发展趋势

随着社会经济的发展，仓储业未来更多的是向供应链业务和众多条供应链交织在一起的供应链网业务发展。因此，仓储企业的转型升级会加快，仓储业的社会化、标准化、信息化、机械化和自动化水平将进一步提高；经营方式加快转变、服务功能进一步完善、管理与技术水平进一步提升；并且仓储向精益化、综合化方面发展，人才向国际化发展。

小看板：2012 年中国物流与采购行业十件大事——教育部新添物流专业

——2013 年 1 月 17 日中国物流与采购联合会发布

教育部新添物流专业："物流管理"、"物流工程"列入教育部本科专业大类目录。

解析："物流管理"、"物流工程"列入教育部本科专业大类目录，此举将促进物流专业学科由广度向深度发展。其意义在于：对于专门从事物流管理与物流工程人才培养的高校而言，终于走上了学科自信之道，圆了专业学科的梦想；对于本科院校的从教人员而言，更加坚定了在物流学科领域进行学术研究的理论自信，正了专业研究的名分。

二、仓储管理与仓储组织

（一）仓储管理的内涵

1. 仓储管理的概念和内容

中华人民共和国国家标准《物流术语》GB/T18354—2006 中对仓储管理的定义是"对仓储设施布局和设计以及仓储作业所进行的计划、组织、协调与控制"。具体来说，仓储管理包括仓库的选址与建筑问题、仓储资源的获得（如仓储设施设备的选择与配置）、经营决策、商务管理、作业管理、仓储安全管理、人事劳动管理等一系列管理工作。

2. 仓储管理的目标

仓储机构为了充分利用自己所具有的仓储资源提供高效的仓储服务，需要对仓库及仓库内的物质进行计划、组织、控制和协调，其目标是实现储存合理化，做到快进快出，多储存多经营，保管好，费用省，最终实现自己的经济利益。

小看板：储存合理化的主要标志

1. 质量标志；2. 数量标志；3. 时间标志；4. 结构标志；5. 分布标志；6. 费用标志。

3. 仓储管理的原则

仓储管理有五大原则，见表 1-3：

表 1-3　　　　仓储管理的原则

原则	作用与意义
质量原则	是仓储管理的中心。仓储中的物资，如果没有质量的保证，那么其他的数量管理、存期控制都是没有意义的；各项作业如果没有质量保证，那么只会带来额外的人财物的损耗
效率原则	是仓储管理的核心。有效率才会实现用最少的投入获得最大的产出，取得效益
安全原则	是一切仓储活动的基本前提条件。没有安全的保证，其他环节做得再好，也可能使仓储毁于一旦。比如，仓库一旦发生火灾，后果不堪设想
服务原则	是贯穿所有仓储活动的主线。仓储产品就是各种各样的仓储服务，一般说来，仓储服务水平越高，相应的成本越高。怎样在两者之间取得平衡，是仓储管理的重要任务
效益原则	是仓储管理的目的。这与其他企业追求利润是一样的，但不仅仅是取得经营效益，同时也要兼顾社会效益

(二)仓储管理的必要性

“效益背反”是物流活动中普遍存在的基本规律。不可否认，在物流系统中，仓储作为一种必要活动，由其自身特点决定，经常有冲减物流系统效益、恶化物流系统运行的趋势，所以有着对社会经济活动的“逆”作用。这种逆作用主要是由于不合理储存和被储物在储存期间所发生的质量变化和价值损失造成的。

1. 不合理储存

不合理储存主要表现在两个方面：一方面，是由于储存技术不合理，造成了物品的损失；另一方面，是储存管理、组织不合理，不能充分发挥储存作为一个利润源的作用。

2. 货物在储存期间可能发生质量变化

在储存期间，物资的质量变化主要是由储存时间、储存环境、储存操作不当等因素引起的。质量变化有以下几种形式：

(1)物理和机械变化。如融化、溶解、渗漏、串味、破损、变形等。

(2)化学变化。如分解与水解、氧化、化合、聚合、裂解等。

(3)生化变化。如呼吸作用、后熟、胚胎发育等。

3. 货物在储存期间可能发生价值损失

例如，呆滞损失、时间价值损失和过高的储存成本。

因此，从物流总效益出发，必须进行仓储管理。

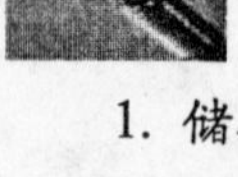

小看板：不合理储存的几种形式

1. 储存时间过长；　　2. 储存数量过大；　　3. 储存数量过少；
4. 储存条件不足或过剩；　　5. 储存结构失衡。

(三)仓储管理的任务

仓储管理的基本任务是提供物流的储存功能、创造时间价值、提高资源效益。

1. 在宏观方面的任务

具体表现在以下几个方面:

设置高效率的组织管理机构；以市场化手段配置仓储资源；积极开展商务活动；合理组织仓储生产；树立良好企业形象；努力提高仓储管理水平；着力提升员工素质。

2. 在微观方面的任务

它是提高仓储企业的效率，降低储运成本，减少仓储损耗，具体表现在以下几个方面:

(1)合理组织收发，保证收发作业准确、迅速、及时，使供货单位及用户满意。

(2)采取科学的保管保养方法，创造适宜的保管环境，提供良好的保管条件，确保在库物品数量准确、质量完好。

(3)合理规划并有效利用各种仓储设施，做好革新改造，不断扩大储存能力，提高作业效率。

(4)积极采取有效措施，保证仓储设施、库存物品和仓库职工的人身安全。

(5)搞好经济管理，开源节流，提高仓储企业的经济效益。

总而言之，仓储管理的任务为：利用市场经济的手段获得最大的仓储资源配置；以高效率为原则组织管理机构；以不断满足社会需要为原则开展商务活动；以高效率、低成本为原则组织仓储生产；以优质服务、讲信用建立企业形象；通过制度化、科学化的先进手段不断提高管理水平；从技术到精神领域提高员工素质。

小看板:

1. 对仓库管理人员的基本要求

(1)具有丰富的商品知识。

(2)掌握现代仓储管理的技术。

(3)熟悉仓储设备，具有熟练操作各类搬运设备和保养与维护仓储设备的能力。

(4)沟通协调能力强。

(5)具有仓储统计、财务处理能力和计算机操作能力。

(6)具有一般的管理素质。

(7)具有现代物流管理的知识和较强的物流运作管理能力。

2. 对仓库保管员的要求

(1)认真贯彻仓库保管工作的方针、政策、体制和法律法规，树立高度的责任感。

(2)严格遵守仓库管理的规章制度和工作规范。

(3)熟悉仓库的结构、布局、技术定额、熟悉仓库规划。

(4)熟悉仓储物的特性、保管要求。

(5)重视仓储成本管理，不断降低仓储成本。

(6)加强业务学习和训练。

(7)严格执行仓库安全管理的规章制度。

(四)仓储管理组织

仓储组织是以实现仓储经营的最高经济效益和社会效益为目标，将仓储作业人员与仓储作业手段有效地结合起来，完成仓储作业过程各环节的职责，为商品流通提供良好的仓储服务和有效的经营管理的经营实体。仓储组织的目标是实现仓储活动的“快进、快出、多储存、多经营、保管好、费用省”。

仓储企业组织结构形式是随着现代企业组织结构形式的变化而不断变化的。当前主要有以下几种典型的组织结构形式：

1. 直线式

直线式组织结构形式是一种由一个上级直接管理多个下级的组织结构。见图 1-2：

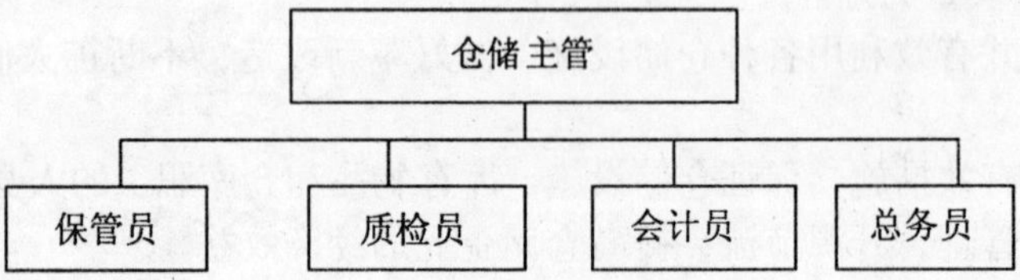

图 1-2　直线式组织结构形式

直线式组织结构形式是一种最简单的组织结构形式，它适用于小型仓库，规模小，人员不多、业务比较简单的小型仓储企业。优点是从上到下垂直领导，权力集中，没有行政职能部门，组织精简，决策迅速，指令传达快，效率高，并且领导的管理意图能够得到充分执行，相对费用省。缺点是领导者工作量大，精力分散，并且管理中各种决策易受管理者自身能力的限制，对管理者的能力要求较全面。

2. 职能式

职能式组织结构形式又称水平式、扁平式组织结构形式，这种形式的特点是在仓储组织结构中引入了财务、人事等职能部门，各职能部门或人员在自己的业务范围内都有权向下级下达指示和命令，各级负责人除了要服从上级直接领导的指挥外，还要受上级职能机构的领导。见图 1-3：

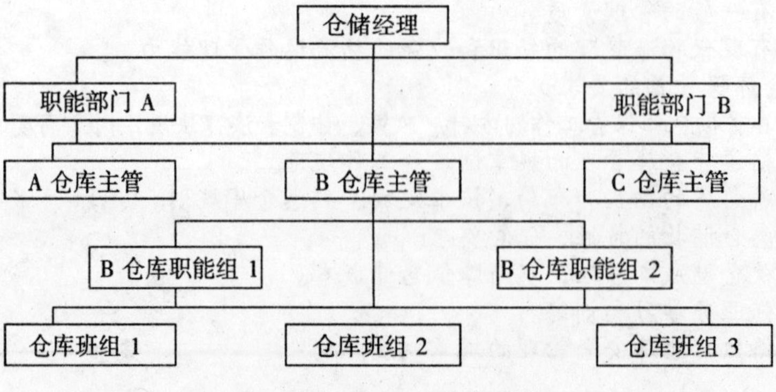

图 1-3　职能式组织结构形式

这种组织方式的优点是层次少，信息传递速度快，失真的可能性小，高层领导能尽快发现问题并及时纠偏，有利于下级发挥主动性和积极性。可以充分发挥专业管理的作用，发挥专业特长，进行指导，实行职能分工，管理深入；缺点是对管理信息化要求比较高，违背了统一指挥原则，多头领导，政出多门。

3. 直线—职能式

直线—职能式组织结构是现实中运用得最为广泛的一个组织形态，它把直线制结构与职能制结构结合起来，以直线为基础，在各级行政负责人之下设置相应的职能部门，分别从事专业管理，作为该领导的参谋，实行主管统一指挥与职能部门参谋、指导相结合的组织结构形式。见图 1-4：

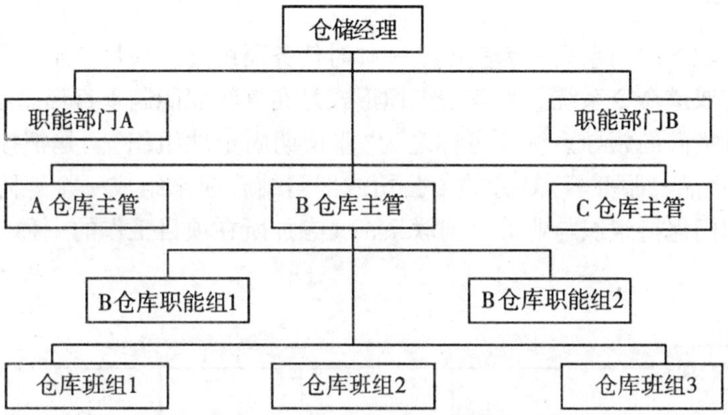

图 1-4　直线—职能式组织结构形式

直线—职能式是直线式与职能式的结合。它是在组织内部既有保证组织目标实现的直线部门，也有按专业分工设置的职能部门；但职能部门在这里的作用是作为该级直线领导者的参谋和助手，它不能对下级部门发布命令。这种组织结构形式吸取了直线式和职能式的优点：一方面，各级行政负责人有相应的参谋机构作为助手，以充分发挥其专业管理的作用；另一方面，每一级管理机构又保持了集中统一的指挥，稳定性较高。但在实际工作中，直线—职能式有过多强调直线指挥，而对参谋职权注意不够的倾向，应变能力差，各职能部门需要密切配合和协作。它是目前普遍采用的一种组织形式。

4. 事业部形式

事业部形式是一种较为复杂的仓储组织管理形式。它表现为，在总公司领导下设立多个事业部，各事业部有各自独立的业务，在经营管理上有很强的自主性，实行独立核算，是一种分权式管理结构。见图 1-5：

事业部制仓储组织结构中，企业高层只保留制定战略、任免主要管理人员、投资重大项目、不管具体事务。其优点是可以集中精力进行决策，具有良好的应变能力，有利于培养高素质的经营管理人才。缺点是各事业部独立经营，影响互相协作，管理成本高。适用于规模大、经营种类多、业务分布面广的仓储企业。

5. 矩阵式

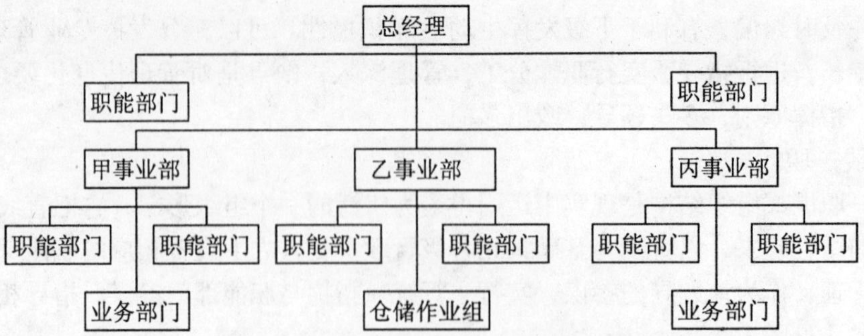

图 1-5　采业部形式组织结构形式

矩阵式是由职能部门系列和为完成某一临时任务而组建的项目小组系列组成，它的最大特点在于具有双道命令系统。矩阵制组织形式是在直线职能制垂直形态组织系统的基础上，再增加一种横向的领导系统，可称之为“非长期固定性组织”。是把按职能划分的部门和按项目(或产品、服务等)划分的子公司或部门结合起来组成一个矩阵，是同一名员工既同原职能部门保持组织与业务上的联系，又参加所在项目工作的一种管理模式。见图1-6：

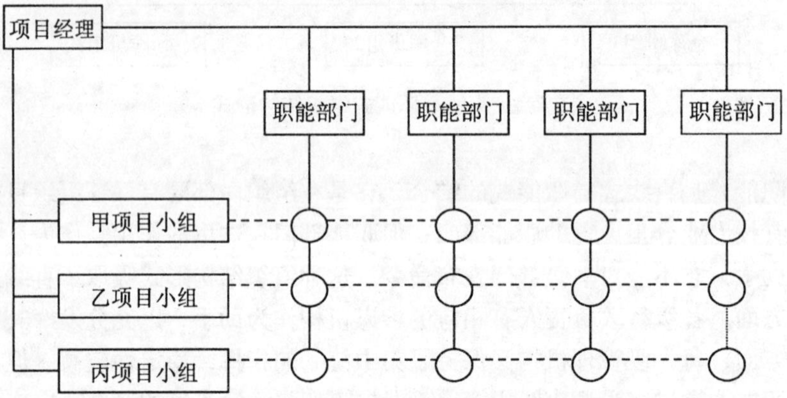

注：○表示各职能部门参加项目的成员

图 1-6　矩阵式组织结构形式

矩阵式的优点是能合理组合各类专业人员，灵活性和适应能力强；同时可以减少人员配备，节约成本，提高工作效率。其缺点是成员受双重领导，组织关系复杂和导致人心不稳。这种组织形式适用于仓储服务项目开发、技术改造、设施设备的新建和采购的招投标等。

在实际的仓储运营中，到底采用哪一种仓储组织形式，取决于仓储企业的业务范围和性质、规模，以及管理层的管理思想、理念等。总而言之，仓储企业的组织形式一定要适应企业的实际需要，与其发展相匹配。

【技能训练】：

1. 随着社会信息技术的发展，有很多企业和专家学者提出了“虚拟仓储”，你知道吗？什么是虚拟仓储呢？

2. 租赁仓库仓储与第三方仓储有何异同？两者是一回事吗？仓储的效率体现在哪些方面，你知道吗？

3. 制造加工状态和运输中的物品是库存吗？有一天，大道物流公司仓库主管在查看仓库时看到地上一堆散装的物品，便问现场的工作人员，那边的库存是什么，库存有多少。请问这里的库存含义相同吗？

4. 课下查阅仓储管理人员手册，了解仓储管理人员的要求和职责有哪些？

5. 请课下查阅仓储组织有哪些形式，分别有哪些优势和不足？

6. 熊猫电子集团与中外运苏州公司合作，将全国 128 个库存点收缩为 8 个，经由销售网络信息化及专业化的物流和配送服务，使彩电库存资金由 2.5 亿元减至 5000 万元，节省了大笔资金，也规避了彩电跌价的巨大损失。熊猫电子集团这种仓储模式是哪一种，有何优势？

7. 某家电企业在国外有着比较悠久的历史，品牌也有相当的知名度；20 世纪 90 年代进入中国，在国内投资建立生产厂，其产品种类齐全，质量比较好。但其品牌在国内比较陌生，并且国内同类产品竞争非常激烈，为了打开国内市场，该公司制定了一个长期战略，不依靠那种广告轰炸的方式，而是采取“精耕细作、加强服务”的策略来赢得市场。在全国各地设有多个公司和办事处，负责销售和售后服务。

该企业原来是自己负责仓储物流业务，总部根据分公司和办事处的申请发货，各分公司负责销售和仓储管理，总部只有依靠分公司的报表了解销售和库存情况。这样运行了近两年时间，总公司对各地分公司失去控制：(1)各分公司物流成本大幅增加，特别是仓储成本；(2)库存大量增加，坏机现象严重；(3)销售回款逐步下降，呆坏账太多；(4)总部难以掌握和及时了解各地情况，特别是库存，一方面量很大，另一方面又经常发生缺货。面对这种情况，国外总部和国内总部都下决心运用第三方物流模式，并委托中国集装箱总公司为其完成仓储物流服务。

中集接受该公司委托后，首先根据情况制定物流方案。针对该公司国内市场“精耕细作、加强服务”的长期经营策略，中集制定了“配合售后，加强服务，规避缺货，降低库存，总部控制，透明及时”的仓储物流战略，这种仓储物流战略为该公司提供了满意的第三方服务。

(1)请分析该家电企业下决心采用第三方仓储物流的原因。

(2)由此案例请你试着给出具体的应对措施。

【习题自测】：

一、单选题

1. 以一定的较大批量集中于一个场所之中的仓储活动，被称为(　　)。

A. 分散仓储　B. 集中仓储　C. 零库存　D. 租赁仓储

2. 在仓储过程中对产品进行保护、管理，防止损坏而丧失价值，体现了仓储的(　)功能。

A. 保管　B. 整合　C. 加工　D. 储存

3. (　)就是委托营业型仓库进行仓储管理。

A. 第三方仓储　B. 外包仓储　C. 自建仓库仓储　D. 租赁仓库仓储

4. (　)是指企业将仓储管理等物流活动转包给外部公司，由外部公司为企业提供综合物流服务。

A. 租赁仓库仓储　B. 供应商管理库存　C. 第三方仓储　D. 寄售

5. 仓储管理活动可以表述为：仓储管理人员和作业人员借助仓储设施和设备，对(　)进行收发保管。

A. 库存物　B. 仓库　C. 仓库管理系统　D. 重要物资

6. 仓储具有(　)和静态仓储两种。

A. 动态　B. 流动　C. 静止　D. 停滞

7. 当某些库存承担起国家的安全使命时，这些库存通常被称为(　)。

A. 战略库存　B. 保险库存　C. 国家储备　D. 制造库存

8. 储存是以改变物的(　)状态为目的得活动。

A. 空间　B. 时间　C. 形态　D. 体积

9. 与租用仓库相比属于自营仓库的优势的是(　)。

A. 成本低　B. 没有固定投资　C. 选址灵活性高　D. 更好管理控制

10. 使用公共仓库的最大优点是(　)。

A. 节省资金投入　B. 缓解储存压力

C. 减少投资风险　D. 具有较高的柔性化水平

二、多选题

1. 仓储管理的内容包括(　)。

A. 仓库选址　B. 仓库机械设备选择

C. 仓库人员确定　D. 库存管理

2. 仓储管理的基本原则包括(　)及讲求效益。

A. 保证质量　B. 注重效率　C. 确保安全　D. 快速反应

3. 仓储管理模式按仓储活动的运作方可以分为(　)。

A. 自建仓库仓储　B. 租赁仓库仓储　C. 第三方仓储　D. 供应商管理库存

4. 一个企业具体采用何种仓储管理模式，主要由(　)三大因素决定。

A. 经济成本　B. 货物周转总量　C. 需求的稳定性　D. 市场密度

5. 从微观方面来看，仓储管理系统的主要任务就是在保证服务质量的前提下(　)、减少仓储损耗。

A. 提高仓储效率　B. 降低储运成本　C. 扩大储运空间　D. 保证储运安全

6. 纵观中国仓储活动的发展历史，大致经过了以下几个阶段(　)。

A. 中国古代仓储业　B. 中国近代仓储业

C. 社会主义仓储业　　　　　　　　D. 现代化仓储业

7. 仓储的功能包括(　　)。

A. 储存功能　　B. 保管功能　　C. 整合功能　　D. 加工功能

8. 以下不合理的储存有(　　)。

A. 储存时间过长　　　　　　　　B. 储存数量过量

C. 储存条件不足或失衡　　　　　D. 储存结构失衡

9. 以下属于仓储的基本功能的有(　　)。

A. 储存　　B. 保管　　C. 信息的传递　　D. 价格调整

E. 拼装和分类

10. 仓储组织的目标是实现仓储活动的(　　)。

A. 快进快出　　B. 多储存多经营　　C. 保管好　　D. 费用省

三、判断题

1. 实行仓储管理可以降低运输成本和运输效率。(　　)

2. 在周转量较低时，选择自有仓储较好；随着周转量的增加，选择租赁仓储更经济。(　　)

3. 仓储既有积极的一面也有消极的一面。只有考虑到仓储作用的两面性，尽量使仓储合理化才能有利于物流业务活动的顺利开展。(　　)

4. 仓储既有物品储存的静态过程，也包含对物品存取、保管、控制的动态过程。(　　)

5. 高水准的物流服务是指尽量用储备大量的库存来满足客户订单。(　　)

6. 仓库具有三个最基本功能：保管、移动、信息传递。(　　)

7. 商品储存是指从产品生产完成到销售出去之前的全过程。(　　)

8. 仓储管理的核心目标是提高仓库运作效率和生产率，充分有效利用空间。(　　)

9. 中国仓储业的一个主要不足就是仓库的拥有量大，但管理水平较低。(　　)

四、简答题

1. 仓储、仓库、储存、库存有何联系和区别?

2. 仓储的作用体现在哪些方面?

3. 甲公司在武汉市场的仓储战略是自有仓储和合同仓储相结合。请问这里的合同仓储是指哪一种仓储管理模式？你知道物流外包吗？外包后能否转包？请分析这种仓储策略的优势。

五、案例分析题

1. 波导的愿望

波导在国产手机中的地位，按销售数据看，是绝对的老大。因此，从原材料的采购、运输，到将成品铺散到其引以为豪的“中国第一网”的每一个节点，这个过程可以说是中国国产手机物流的一个缩影。

据波导总部负责物流的人士称，目前，波导共有120多家原材料供应商，而销售商更是一个庞大的数目。波导现有的物流模式是“手电筒”式，即由总部统一负责采购，按照各地的订单来分配成品，再由承运商，包括东航、中外运和EMS，把成品运送到41个一级经销商手里，然后，再由他们把成品分拨到更多的经销点。可以想象，三家生产基地面对着41家分公司，出错率自然难以掌握，而反应速度也得不到大的提高。

“手电筒的光线有限，要想照到所有的地方是很困难的事情。”波导目前的实力还不足以把“手电筒”变成“探照灯”，所以它希望能够对自己的物流体系进行改造。项目负责人提供给我们的波导物流设想是“扁平式”——波导将和第三方物流公司合作，在全国建立四个区域性的物流配送中心，由生产基地直接向它们供货。而配送中心将执行包装、扫描串号、仓储和分拨配送的功能。这样，物流版图就变成了一个新的格局——生产基地的配送、成品包装、仓储和分拨任务都交由配送中心完成。如果能够实现这个设想，那么宁波基地生产的手机就能够在48小时内进入北京各经销点的柜台。

波导坦言，目前的物流状况相对其业务的发展是滞后的。波导希望能逐步做到将运输、仓储和管理都外包给第三方物流公司。除了比过去多节约一点成本外，还可以缩短生产对需求的反应时间。

请问：

(1)第三方物流为波导减掉了哪些成本？

(2)仓储与物流在这里是怎样的关系？

(3)其配送中心的仓储有何意义，仅仅是传统的储存保管业务吗？

2. 香港和记黄埔港口集团旗下的大型仓储基地

——观澜内陆集装箱仓储中心

和记黄埔港口集团旗下的深圳和记内陆集装箱仓储有限公司在深圳观澜设立了大型物流仓储基地“观澜内陆集装箱仓储中心”，以配合华南地区的进出口贸易发展。目前，已建成两座面积为2万平方米的大型出口监管仓，4万平方米的货柜堆场以及与之相配套的报关楼、验货中心及办公场所。

观澜内陆集装箱仓储中心实现高科技智能化出口监管仓及堆场操作，包括采用WMS（仓储管理信息系统）和TOMS（堆场管理系统）管理仓储运作及堆场操作；全球海关、船公司、租箱公司及客户查询库存资料，了解货物进出仓的情况：IC卡闸口自动识别验放、CTV全方位监控，为客户提供方便快捷的报关服务。

同时，与和黄投资的南方明珠盐田国际集装箱码头有限公司联手，采用GPS卫星定位系统，在盐田与观澜之间进行途中监控，并在盐田入闸处为货柜车开辟专门的“绿色通道”，以达到信息共享，统一协调、分工合作，充分发挥港口与仓储运作的优势，将盐田码头服务功能延伸至更靠近各生产厂家的内地。

观澜内陆集装箱仓储中心目前为国外销售商、集装公司、货运代理、生产厂家、船公司及租赁公司提供优质监管仓拼柜集运、国内配送、货柜堆存等服务，对华南地区的物流发展作出了贡献。

请思考：

1. 观澜内陆集装箱仓储中心主要提供了哪些仓储服务，请由此试着分析什么是仓储？

2. 在观澜内陆集装箱仓储中心仓储服务开展中，主要运用了哪些物流设施和设备，以及哪些先进的仓储信息技术？

3. 什么是出口监管仓，堆场是仓库吗，你还知道哪些其他类型的仓库？

4. 观澜内陆集装箱仓储中心的建立有何意义？

任务二　仓库及其规划认知

【任务描述】：

上次给大家培训反响不错，小明自此得到了大家的欣赏。上岗后，他不骄不躁，认真踏实地完成自己承担的工作任务，除此之外，他还积极主动地了解熟悉整个仓储中心的运作流程，乐于帮助有困难的同事。三个月下来，仓储主管对其非常满意，高兴地在试用期考核表上签了字。正好，由于业务的拓展和需要，仓储中心正在为新建一个仓库而规划组建项目团队，主管向项目经理推荐了小明。经过对小明全面的考核后，项目小组吸收了小明。得知这个消息后，小明又高兴又兴奋，心想真是个好机会。但片刻后，他陷入了沉思，仓库怎样选址，通常会考虑哪些影响因素，怎样甄别最优方案？选好地理位置后，规模确定为多大，库区怎样布局和布置……小明努力地在脑海中思索和回顾着。

【任务分析】：

仓库是物流系统中最重要的设施之一，是物流的节点，在流通中发挥着重要的集散、衔接和纽带作用，甚至可以形象地说，仓库是物流系统的"调节阀"。仓库功能和作用的实现，与仓库的地理位置、形式、规模和布局布置等整体规划建设密不可分。合适的地理位置、恰当的建筑形式、科学合理的规划布置是仓库较好发挥其功能作用的前提，并且直接影响到后续的仓库进出存作业效率和经济效益。

【知识精讲】：

一、了解仓库

（一）仓库的定义和作用

1. 仓库的定义

仓库（warehouse）是指保管、储存物品的建筑物和场所的总称（中华人民共和国国家标准《物流术语》GB/T18354—2006)。仓库包括各种设施设备，是能够完成指定任务，并为所有者或客户提供各种综合服务的一个系统，是从事储存、包装、分拣、流通加工、配送等物流作业活动的物流节点。

随着社会经济的发展，仓库的形式主要有库房、货棚、货场、堆场，还包括港口码头，甚至大型容器(如储油罐等)和洞穴。

2. 仓库的作用

仓库是物流系统中最重要的设施之一，是物流的节点，在流通中发挥着重要的集散、衔接和纽带作用。可以形象地说，仓库是物流系统的“调节阀”。如集货散货作用、储存保管作用、衔接运输和配送作用。并且，在发挥这些作用的同时，也伴随着信息的传递作用。

(二)仓库的分类

根据不同的分类依据，仓库可以进行以下分类，见表1-4：

表1-4　　仓库的分类

分类角度	种类	含义及说明
按仓库功能分类	储备仓库	主要指专门长期存放各种储备物资，以保证完成各项储备任务的仓库。如战略物资储备、季节物资储备、流通调节储备等。其功能是较长时间储存保管
	周转仓库	周转仓库主要的功能是物资周转，主要用于暂时存放待加工、待销售、待运输的物资。包括生产仓库、中转仓库、集配仓库、加工仓库等。该种仓库储存货物时间短，主要追求周转效益，为生产、流通或运输服务
按用途分类	自用仓库	指企业主要从事内部物流业务并且自建的仓库。仓库的建设、物品的管理以及进出库均属本公司的管理范畴。建造此种仓库，要考虑到自建的固定成本和业务必要性与采用外包策略的可能性，看哪一种方案最优
	营业仓库	是按照相关管理条例的许可和企业经营需要，向其他一般企业提供保管服务的仓库。它是面向社会，以经营为手段，以盈利为目的一类仓库
	公共仓库	公共仓库是指国家和公共团体为了公共利益而建设的仓库。企业采用公共仓库，其一，不需要或只需少量的投资，规避了风险；其二，具有灵活性，可使公司对运输服务的质量作出快速反应。目前，公共仓库以其他的优势成为一个非常有活力、不断变化的行业，被越来越多的大公司或连锁企业所采用
	保税仓库	是指根据关税法保管国外进口而交纳关税的进出口货物的仓库。在一些特殊情况下，货物可能进口后再出口而没有进入“商流”。这时，如果仓库以契约形式存储货物，那么商家就能避免交纳关税了。另一个方法是在货物出口后申请退税
	出口监管仓库	经海关批准，在海关监管下，存放已按规定领取了出口货物许可证或批件，已对外买断结汇并向海关办完全部出口海关手续的货物的专用仓库

续表

分类角度	种类	含义及说明
按保管条件分类	普通仓库	一般是指具有常温保管、自然通风、无特殊功能的仓库
	冷藏仓库	指具有制冷设备，并有良好的保温隔热性能以保持较低温度的仓库，是专门用来储存冷冻物品的仓库
	恒温仓库	指具有保持一定温度和保湿功能的仓库
	危险品仓库	主要是指存放具有易燃性、易爆性、腐蚀性、有毒性和放射性等对人体或建筑物有一定危险的物资的仓库。它在库房结构及库内布局等方面有特殊的要求，同时必须远离工厂和居民区
按结构和构造分类	平房仓库	平房仓库是指仓库建筑物是平房，结构简单，有效高度一般不小于 5~6 米的仓库，造价便宜，可以广泛采用
	楼房仓库	仓库为两层以上的建筑物，是钢筋混凝土建造的仓库。仓库楼层间依靠垂直运输机械联系，也可以用坡道相连，称坡道仓库。建造多层仓库，可以扩大仓库实际面积，但是建造成本增加
	立体仓库	是一种常用的自动化仓库形式，一般由高层货架、巷道机、出入库搬运系统和管理控制系统四个部分组成
	散装和灌式仓库	是指专门保管散粒状、粉状、液体等物资的容器式仓库。如用来保管谷物、粮食、水泥等颗粒状物品，或者天然气、原油等液、气状态物品

小看板：“融通仓”是仓库吗？

融通仓（Financing Warehouse）是指以周边中小企业为主要服务对象，以流动商品仓储为基础，涵盖中小企业信用整合与再造、实物配送、电子商务与传统商业的综合性服务平台。（中华人民共和国国家标准《物流术语》GB/T18354—2006）

（三）仓库建筑设施的要求

仓库建筑设施是开展仓储作业的场所，是保证仓储作业有效开展和作业质量的基础条件。主要设施包括货场、货棚、库房和其他建筑物、构筑物等。

1. 仓库建筑的一般要求

仓库建筑的一般要求是：有利于物品的保管和养护；符合仓库业务需要和有利于组织仓储作业；便于安装和使用机械设备；保证仓库安全，应有安全设施；有利于充分利用仓库空间等。

另外，需要特别强调的是，仓库是一个作业相对集中的场所，对周围的环境有一定的影响，所以，在建筑时，配套设施应尽可能地与周围的环境融合，最大限度地减少对环境的污染和影响。

小看板：LE. GO(乐高)公司的“绿色”仓库

当大多数仓库开始考虑环境管理标准 ISO14000 的认证工作时，LE. GO(乐高)公司的配送中心就已经开始奏响了环境的乐章了。LE. GO 的仓库占地 22500 平方米，建于 2000 年，坐落于美国康涅狄格州的恩菲尔德镇，它为 LE. GO 提供了环境与设施相融合的机会。

LE. GO 正在制定配送中心的噪音控制计划，他们与哈佛大学声音工程系的学生一起研究，测量配送中心的噪音水平，并且设计一个减少的方案。该配送中心通过改变搬运的速度，并在搬运现场周围设置隔离物，最终使噪音降低了 6~7D. B.。噪音水平的降低足以使 LE. GO 员工不再采用保护耳朵的设置。LE. GO 的仓库会使用生产大量的瓦楞纸板，员工将这些纸板和其他制品一起再生产利用，通过在地板内修建排水管道，设分离器和抽水泵来防止排泄物溢出而污染环境，并且控制蓄水池中的污水以适当速度流出。通过种种环保的做法，使得 LE. GO 的仓库成为“绿色”仓库。

2. 仓库库房建筑形式和建筑构造的一般要求

(1)仓库库房建筑形式。

按照建筑结构形式库房可分为单层、多层和立体仓库；按照建筑材料，库房可分为木结构、砖结构、钢结构、钢筋混凝土结构等形式；另外，还有地下库、半地下库和洞库形式。

(2)对仓库库房建筑构造的一般要求。

第一，地坪。其作用主要是承受货物、货架以及人和机械设备等的载荷，因此，地坪必须有足够的强度以保证安全使用。对地坪的基本要求是平坦坚实，耐摩擦和冲击，表面光洁不起灰尘。地坪的承载能力应视堆放物品性质、当地地质条件和使用的建筑材料确定，一般载荷量在 5~10 吨/米^2。

第二，墙体。墙体是库房建筑的主要组成部分，起着承重、围护和分隔等作用。对承重外墙除要求其满足具有承重能力的条件外，还需要考虑保温、隔热、防潮等围护要求，以减少外部温湿度变化对库存物品的影响。

第三，屋顶。屋顶的作用是抵御雨雪、避免日晒等自然因素的影响，它由承载和覆盖两部分构成。对屋顶的一般要求是防水、保温隔热，并具有一定的防火性能，符合自重要轻、坚固耐用的要求等。

第四，门窗。门窗是库房围护结构的组成部分，要求具有防水、保温、防火、防盗等性能。其中，库房窗户的作用主要是通风和采光。对库门要求关启方便、关闭紧密，库门的数量、尺寸应考虑库房的大小、吞吐量的多少、运输工具的类型、规格和储存物品的形状等因素。

(四)自动化立体仓库(AS/RS)

自动化立体仓库(Automatic storage and retrieval system，AS/RS)，又称立体仓库、自动存储取货系统、无人化仓库和无纸化仓库，是当代仓库技术发展的最高形式，它与自动分拣系统和自动导向车并称为物流技术现代化的三大标志。

1. 自动化立体仓库的定义

中华人民共和国国家标准《物流术语》GB/T18354—2006中对自动化立体仓库(Automatic storage and retrieval system，AS/RS)的定义是“由高层货架、巷道堆垛起重机(有轨堆垛机)、入出库输送机系统、自动化控制系统、计算机仓库管理系统及其周边设备组成，可对集装单元物品实现自动化存取和控制的仓库”。

2. 自动化立体仓库的组成

根据仓储业务类型、储存要求和需要的自动化程度不同，自动化立体仓库系统的组成，特别是外围设备的配置可能不同。但其核心的三大组成部分：高层货架、巷道堆垛起重机、计算机仓库管理系统是必不可少的。一般来说，自动化立体仓库的组成有六个部分，见表1-5：

表1-5　**自动化立体仓库的组成**

组成部分	功能与作用
(1)高层货架	储存物品，是AS/RS的主要构筑物，其长度和高度较大，极大地提高了储存密度
(2)巷道堆垛起重机	是AS/RS最重要的运输设备，它在高层货架的巷道内往返穿梭运行，将位于巷道口的货物存入货格，或者反之取出货格内的货物送到巷道口
(3)计算机仓库管理系统	主要对AS/RS进行仓储管理，随时迅速、准确的盘点，并且确保先进先出，防止货损货差，提高货物的仓储质量
(4)入出库输送机系统	与巷道堆垛起重机对接，将货物传送至巷道口或者反之将巷道口的货物输出，主要配合巷道机完成货物的输送、转移和分拣等作业
(5)自动控制系统	发出出入库指令，并对出入库作业过程进行全程监控和管理，是AS/RS“指挥部”和“神经中枢”
(6)外围设备	主要有工业机器人、液压升降平台、往复穿梭车、AGV等，与巷道堆垛起重机配合，构成完整的装卸搬运系统

3. 自动化立体仓库的分类

根据不同的分类依据，自动化立体仓库可以进行以下分类，见表1-6：

表1-6 自动化立体仓库的分类

分类依据	种类	说明
按照储存物品的特性	常温自动化立体仓库系统	指用于一般工业品、生产资料的存取，温度在5~40℃之间，相对湿度在90%以下
	低温自动化立体仓库系统	包括恒温空调仓储系统、冷藏仓储系统和冷冻仓储系统三种，用于对温湿度有特殊要求的商品存取，仓库建设规划必须考虑到与低温环境匹配
	防暴型自动化立体仓库系统	用于易挥发、易燃烧和爆炸的危险品存取，所以使用的电气、电控和照明设备必须按照不同防暴等级设计
	无尘自动化立体仓库系统	主要用于怕灰尘污染的芯片、磁带、录像带等物品的存取
按照自动化立体仓库建筑形式	分离式自动化立体仓库	指仓库的货架等仓储设施系统与库房建筑物是各自分离的结构体，一般在12米以下较经济
	一体式自动化立体仓库	指仓库的货架与库房建筑物结构是一体的，货架不仅是储存货物的构件，还是库房屋顶和墙体支撑的结构体。一般在12米以上
按照自动化立体仓库货架形式	单元式货架仓库	指货架排列形成大量货格，用以储存单元货物（如一托盘或者一货箱），其通用性较强，目前使用最广
	重力式货架仓库	指用重力式货架来进行自动储存，比单元式货架的AS/RS进一步提高仓库面积利用率，但只适宜于货物品种不多但每一品种数量较多的储存
	循环式货架仓库	指用循环式货架来进行自动储存，主要有水平循环和垂直循环式，比较适宜于作业频率要求不高的小件物品拣选
按照库存容量	小型立体仓库	指库存容量在2000个托盘（或货箱）以下
	中型立体仓库	指库存容量在2000~5000个托盘（或货箱）
	大型立体仓库	指库存容量在5000个托盘（或货箱）以上

另外，按照控制方式不同还可以分为手动控制、自动控制和遥控三种立体仓库，按照所处的领域不同分为生产性AS/RS和流通性AS/RS。

4. 自动化立体仓库的优越性

(1)高层货架存储可以极大地提高仓库的空间利用率和单位面积储存量。一般单位面积的储存量可达到7.5吨/平方米，是单层仓库的4~7倍。

(2)巷道堆垛机自动存取节省了人力，减轻了劳动强度，并且极大地提高了作业效率，降低了货损货差。据统计，与单层仓库相比，可以节省70%的劳动力，而巷道堆垛机水平行驶速度可达80~120米/分钟，升降速度可达15~25米/分钟，货叉取货速度一般为15米/分钟。

(3)计算机控制大大降低了出错率，并较好地实现了先进先出，防止了货损，形成了先进的物流系统，减少库存资金积压，提高了企业的生产管理水平。

随着自动化立体仓库的发展，其技术水平性能已经有很大的提高。相对于一般平房、楼房仓库，虽然其结构复杂，配套设备多，工艺要求、安装要求精度高，施工比较困难，施工周期长，在库管理和技术人员要求较高，必须经过专门培训，也需要较大基建和设备投资，并且日常保护保养要求高，配套的系统建设和运行维护的成本也高，但这些在今天已经不是问题。当今，其不可跨越的问题是储存货物的品种受到一定限制，弹性较小，难以应对储存高峰的要求，这是AS/RS最大的弊端。

小看板：国外自动化立体仓库的发展历史

美国学者J.A.White将自动化技术在仓储领域中发展分为五个阶段：

第一阶段：人工仓储技术阶段；

第二阶段：机械化仓储技术阶段；

第三阶段：自动化仓储技术阶段；

第四阶段：集成自动化仓储技术阶段；

第五阶段：智能自动化仓储技术阶段。

二、仓库建设规划基础

仓库建设规划就是为了方便作业、提高库场利用率和作业效率、提高货物保管质量，依据专业化、规范化、效率化的原则对仓库的使用进行分工和分区，而确定货位安排、作业路线布局等。仓库建设规划可以有效利用仓库、提高仓库的存货能力和周转速度，使仓库的作业有条不紊地进行，最终提高仓库的效率和能力，所以必须对仓库进行选址、仓储设施规划布局与储存区域安排等。

(一)仓库的选址

仓库选址如同任何其他设施的选址一样，是一个复杂、系统的工程。在选址时，除了要考虑当前的政治经济环境，遵循科学的选址原则外，还要进一步从工程技术条件上考察选址地点的地质、水文、气候等自然条件和交通运输、水电供应、安全等环境条件。同时，还必须运用科学的技术方法进行最终方案的甄别、选择。这些，对仓库科学、合理及准确的选址是必不可少的。

1. 仓库选址的原则

仓库具体选址时，首先要遵循以下原则，见表1-7：

表1-7 仓库选址的原则

原　则	说　明
(1)适应性原则	须与国家及省、市的经济发展方针、政策相适应，与我国物流资源分布和需求分布相适应，与国民经济和社会发展相适应
(2)协调性原则	应将国家的物流网络作为一个系统来考虑，使仓库的设施设备在地域分布、物流作业生产力、技术水平等方面互相协调
(3)经济性原则	有关选址的费用，主要包括建设费用及经营费用两部分。仓库选址定在市区、近郊区或远郊区，其未来物流活动辅助设施的建设规模及建设费用，以及运费等物流费用是不同的，特别是仓库建成后长期的经营费用不可忽视，选址时应选择总费用最低的方案
(4)战略性原则	即具有战略眼光，一是要考虑全局，二是要考虑长远。局部要服从全局，目前利益要服从长远利益，既要考虑目前的实际需要，又要考虑日后发展的可能
(5)可行性原则	即在以上四项原则的基础上，考虑仓库建设规划最终的可操作性，使规划最终能实现既定目标

2. 仓库选址应考虑的因素

在进行库址选址时，除了受宏观经济政策的约束外，主要考虑的因素是服务可得性和服务成本。在仓库地点的具体选择时，必须进一步从工程技术条件上分析评价仓库地点的地质、水文、气候等自然条件和交通运输、水电供应、安全等环境条件。

(1)地质条件：坚实、平坦、干燥的地点，承载力较高的地基。

(2)水文条件：汛期洪水最高水位的情况，防止洪水隐患。

(3)水电供应条件：靠近水源、电源的地方，保证方便和可靠的水电供应。

(4)交通运输条件：靠近现有的水陆交通运输线，对于大型仓库还应考虑铺设专用线或者建设专用水运码头等。

(5)环境条件：与周围的其他建筑物的安全距离。

同时，为了消防安全，仓库周围建筑和道路须保证交通通畅，防止阻塞。另外，还要考虑周围环境对储存物品安全的影响，如仓库应设在工厂上方处，以避免细灰和有害气体对储存物品的侵蚀和污染等。此外，在选择库址时还要考虑建筑成本和将来仓库发展的需要。

小看板：2012 年中国物流与采购行业十件大事之物流仓储土地税减半
——2013 年 1 月 17 日中国物流与采购联合会发布

物流仓储土地税减半：2012 年 2 月 1 日，财政部、国家税务总局联合发文称，自 2012 年 1 月 1 日起至 2014 年 12 月 31 日止，对物流企业自有的（包括自用和出租）大宗商品仓储设施用地，减按所属土地等级适用税额标准的 50%计征城镇土地使用税。

解析：仓储设施用地主要包括仓库库区内的各类仓房（含配送中心）、油罐（池）、货场、晒场（堆场）、罩棚等储存设施和铁路专用线、码头、道路、装卸搬运区域等物流作业配套设施的用地。

业内人士预计，此项政策或对快递业、城市配送业、城市物流中心的建设有益处，目前，很多快递企业和公路运输企业都在通过自建仓储和分拣中心等来延伸运输链条，不过，一些企业自建仓储主要是为了投资土地升值而不是真正有仓储需求，因此，在具体的政策执行中，如何保证获得土地税减半的仓储设施用地的确是用于专业仓储，将考验政策执行后的监管和考核力度。

3. 仓库选址的技术方法

仓库选址除了考虑上述影响因素外，还需要利用一些数量的方法对其位置进行量化分析，以便寻求相对最优的选址方案。常用的方法有基于成本考虑的重心法、数值分析法，也有基于多因素考虑的加权因素分析法、层次分析法（AHP）。在此重点介绍加权因素分析法。

（1）重心法。

它是指在某区域货物集中和分发过程中费用发生最小的理想点，即由仓库至顾客间运输成本最低的点，这个点就是仓库理想的地理位置。此方法在应用时，只需考虑运输费率和需求点的货物运输量，简单适用。

通常，重心法用于某一个区域单一的仓库选址，也就是在此区域只建一个仓库的情况。这种方法又称为静态连续选址模型方法。在应用时，重心法有如下假设条件：

- 需求集中于某一点；
- 不同地点物流设施的建设费用、营运费用相同；
- 运输费跟运输距离成正比；
- 运输路线为空间直线距离。

这些假设条件都是非常理想的，因此，选址的正确性可能受到影响。但这并不影响它在探讨选址时的使用价值。

重心法选址的计算在此不做要求，有需要时可以参考其他书籍资料。

（2）加权因素分析法。

加权因素分析法是一种对多个目标的决策方案进行综合评判的、定性与定量相结合的方法。即通过把多个目标化为一个综合的单目标，据此评价、比较和选择最优方案。

加权因素法的基本思想是把方案的各种影响因素，无论是定性的还是定量的，都划分成等级，并且赋予每个等级一个分值，使之定量化，用等级或分值表示该因素对方案的满足程度，同时根据不同因素对方案取舍的影响程度设立加权值。从而可以计算出方案的评分值，根据评分值的高低来评价方案的优劣。在所有方案中，分值最高的即为最优选址方案。为了更好地掌握这种选址方法，有如下算例示范：

例：某仓储企业经过初步筛选，需要从某区域的甲、乙、丙三个地方选择一个建立仓库，影响选址的主要因素有面积、地形、运输的便利性等七项，其评价标准和分值分别见表 1-8。请用加权因素法代其作出选择。

表 1-8　**仓库选址影响因素评价标准和分值表**

评价指标	甲分值	乙分值	丙分值
面积	90	85	70
地形	85	80	90
运输的便利性	90	85	80
运营成本水平	80	90	85
当地的优惠政策	85	90	85
公用设施条件	85	90	80
可扩建性	90	80	85

该仓储企业请了四位选址专家，由专家确定的加权值见表 1-9：

表 1-9　**专家对选址影响因素的权重评价表**

评价指标	专家 1	专家 2	专家 3	专家 4
面积	0.15	0.1	0.05	0.1
地形	0.1	0.05	0.1	0.05
运输的便利性	0.25	0.25	0.2	0.3
运营成本水平	0.3	0.4	0.35	0.3
当地的优惠政策	0.05	0.1	0.1	0.05
公用设施条件	0.05	0.05	0.1	0.05
可扩建性	0.1	0.05	0.1	0.15

则各影响因素的权重见表 1-10：

表 1-10　　四位专家权重评价平均值计算表

评价指标	权　重
面积	(0.15+0.1+0.05+0.1)/4=0.1
地形	(0.1+0.05+0.1+0.05)/4=0.075
运输的便利性	(0.25+0.25+0.2+0.3)/4=0.25
运营成本水平	(0.3+0.4+0.35+0.3)/4=0.3375
当地的优惠政策	(0.05+0.1+0.1+0.05)/4=0.075
公用设施条件	(0.05+0.05+0.1+0.05)/4=0.0625
可扩建性	(0.1+0.05+0.1+0.15)/4=0.1

则甲乙丙三方案的分值见表 1-11：

表 1-11　　各方案加权因素分值计算表

方案	分　值
甲	90×0.1+85×0.075+90×0.25+80×0.3375+85×0.075+85×0.0625+90×0.1=85.56
乙	85×0.1+80×0.075+85×0.25+90×0.3375+90×0.075+90×0.0625+80×0.1=86.50
丙	70×0.1+90×0.075+80×0.25+85×0.3375+85×0.075+80×0.0625+85×0.1=82.31

比较甲、乙、丙三个方案的分值，最高的为乙，所以乙位置即为最优选址方案。

(二)仓储设施布局与仓库储存规划

仓储设施布局是指对仓库主要设施(货场、货棚、库房)和辅助设施(其他建筑物、构筑物等)的数量、规模、地理位置和仓库设施、道路等各要素进行科学规划和总体设计。而仓库储存规划主要是对已经布局好的仓库进行内部的平面和竖直方向的布置和安排，以便于开展各项仓储作业。在布局和规划时，首先要遵循仓储物流设施规划的原则，内容如下：

1. 仓储物流设施规划的原则

仓储规划方案应能做到以尽可能低的成本，实现货物在库区、仓库内快速、合理地流动，主要考虑的因素有三流，即货物的流量、流速及流向。一般需要兼顾以下原则：

(1)系统简化原则——把复杂的问题尽量简单化；

(2)平面设计原则——即遵循平面规划的基本原理；

(3)物流和信息流分离原则——即避免混乱，提高作业效率；

(4)柔性化原则——即应对变化的能力；

(5)物料处理次数最少原则——即规避规划不合理带来的不必要作业；

(6)最短移动距离，避免物流线路交叉原则——即合理的搬运，避免货物迂回、相向流动；

(7)成本与效益原则——规划的目标。

2. 仓库的布局设计

仓库布局(Warehouse Layout)是指在一定区域或库区内，对仓库的数量、地理位置、库场规模和仓库设施、道路等各要素进行科学规划和总体设计(中华人民共和国国家标准《物流术语》GB/T18354—2006)。

仓库的数量、地理位置在仓库选址时已有介绍，在此不再探讨。当这两者确定后，库场规模的设计就提到了议事日程。

库场规模是指仓库能够容纳的货物的最大数量或总体积。直接影响仓库规模的因素是仓库将来的商品储存量，除此之外，库区场地条件、仓库的业务性质和规模、储存物品的特性，以及仓储技术条件等因素对库场规模大小都有影响。

库场规模设计是根据库区场地条件、仓库的业务性质和规模、储存物品的特性，以及仓储技术条件等因素，对仓库的主要建筑物、辅助建筑物、构筑物、货场、站台等固定设施和库内运输路线所进行的总体安排和配置，以最大限度地提高仓库储存能力和作业能力，降低各项仓储作业费用，更有效地发挥仓库在物流过程中的作用。对仓库规模的总体设计应满足以下条件：

- 方便仓库作业和物品的储存安全；
- 最大限度地利用仓库面积，减少用地；
- 防止重复装卸搬运、迂回运输，避免交通阻塞；
- 有利于充分利用仓库设施和机械设备；
- 符合安全保卫和消防工作的要求；
- 结合仓库当前需要和长远规划，要利于将来仓库的扩建等。

库场规模的设计完成后，仓库的具体布局就可以开始了，包括：总体布置，即确定仓库内建筑物、货场、构筑物、运输系统、附属固定设备、地下设施等平面位置和竖直高度，库房、货棚、辅助间等的单体布置。同时，包括供电、排水布局等。

(1)仓库平面布置。

即根据仓库总体设计要求，科学地解决仓库区域的布局问题，包括具体安排主要业务场所、辅助业务场所、生活区的办公室场所、生活场所及其他附属设施的位置。

一般来说，仓库的主要业务场所占据仓库平面的中心黄金位置，具体按仓储作业的流程和要求、储存物品的类别和安全性质来布置；而辅助业务场所则靠近主要业务场所布置，方便主要作业的开展；生活区的办公室场所、生活场所及其他附属设施在保证作业工作方便的情况下，则需要尽量远离主要业务场所，如果库区条件不允许的话，那么最起码要有必要的安全间距，具体安全间距可以参考《建筑设计防火规范》。某仓库的平面布局图见图 1-7。

(2)仓库竖向布局。

即确定仓库建筑物上的标高(高程)界限，一般以不超过该区域的建筑物最大标高为限。同时，在仓库基建时，应因地制宜地将场地上自然起伏的地形加以适当改造，使之满足库区各建筑物、库房和货场之间的装卸运输要求，并合理解决场地排水问题。

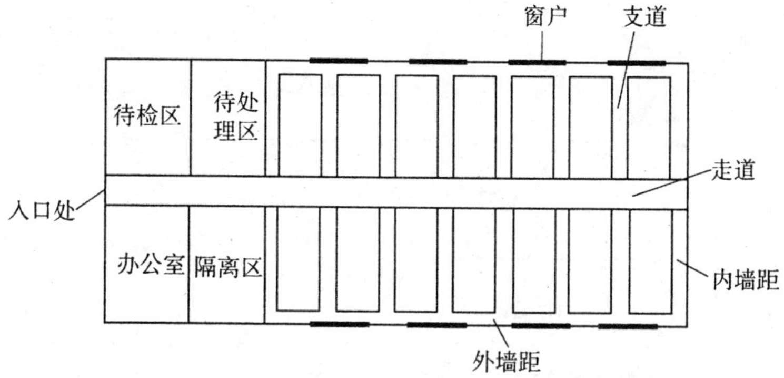

图 1-7 某仓库的平面布局图

(3)仓库供给与排水布局。

仓库给、排水主要是生活用水和消防用水。库区的排水包括两个方面:

其一,防洪问题,防止库外洪水暴雨冲淹仓库;

其二,库区场地排水问题,即生活污水和雨水排出库外;

其三,消防用水,即万一仓库发生火灾时需要的消防给水。

这三者要根据仓库地形和仓库给、排水的具体要求来布置,具体可参考相关的规则,如《建筑设计防火规范》等。

(4)仓库搬运路线布局。

仓库布局需要结合所选择的装卸搬运设备来进行搬运路线布局,因为产品流程的通道将主要取决于材料搬运系统。搬运系统的流量、流速、流向直接决定了其流动形式。常用的流动形式有直线型、U 型、L 型。

直线型适用于作业流程较简单并且规模较小的仓库作业,其出入口在库房两侧,货物从入库到出库均需通过库房全程。见图 1-8:

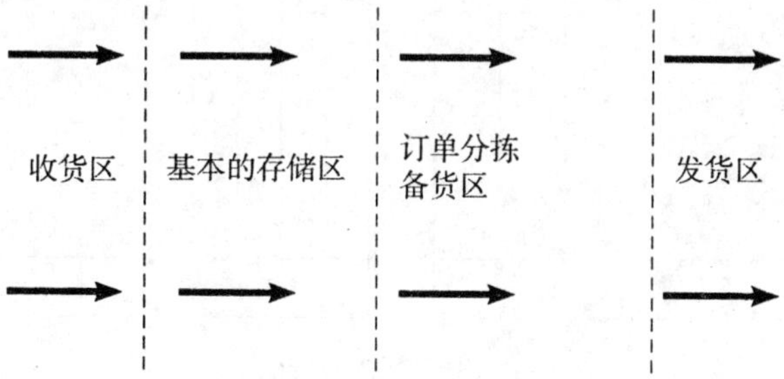

图 1-8 直线型流向

U 型适用于作业流程相对复杂并且规模较大的综合性仓库作业,可根据进出货频率高低和进出库量大小有限安排接近进出端的储存区,缩短拣货搬运路线。其出入口在库房同侧,货物从入库到出库不一定需通过库房全程。见图 1-9:

L 型,也称 S 型或者锯齿型,通常适用于多排并列的库存料架区,其出入口在库房相

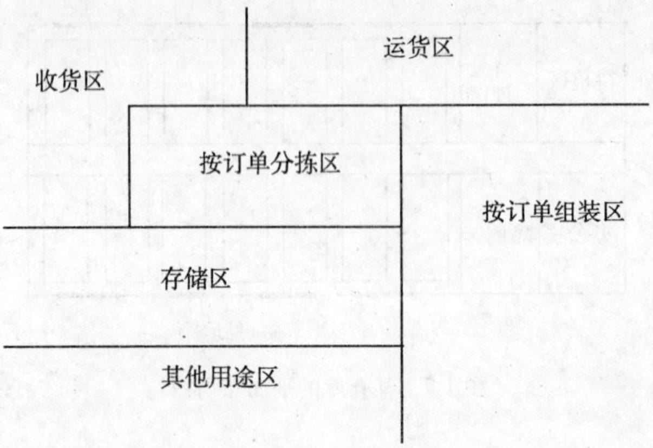

图 1-9　U 型流向

邻两侧，货物从入库到出库不一定需通过库房全程。

当然，在实际规划设计时，根据仓库的规模以及形状、长宽尺寸等具体情况，搬运系统的流动形式可以在直线型、U 型、L 型的基础上灵活变换，如在较宽的库房里或者有两种进出货形态及作业需求时(如整箱区与零星区、甲客户与乙客户等)，通常采用双直线形式，而有些则几种方式联合应用等。见图 1-10：

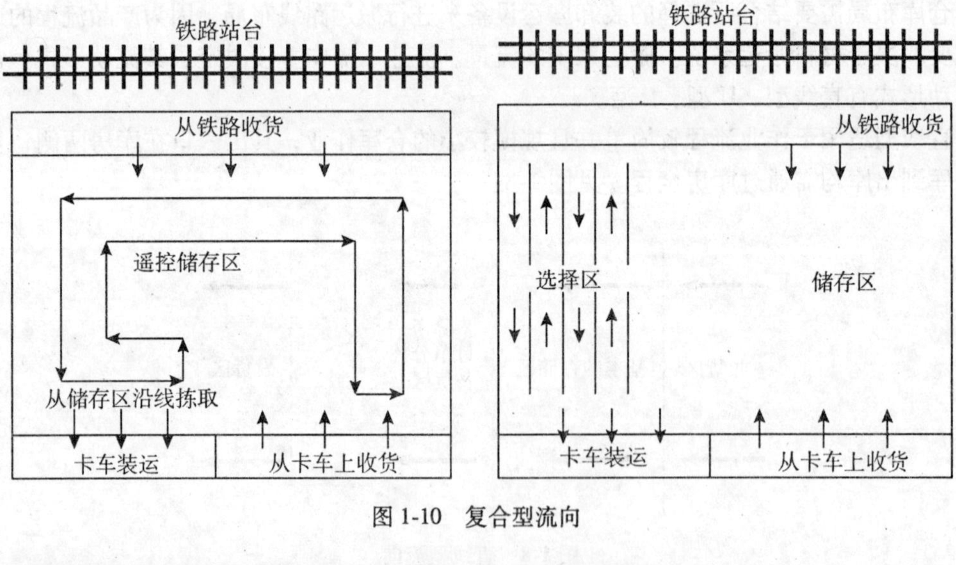

图 1-10　复合型流向

3. 库区储存区域的分区规划

库区储存区域的分区规划遵循的是分区分类储存的思想。具体分区时有以下三种方式：

(1)按照货物种类和性质进行分区。

一是分类同区储存，即按货物来分类，把性能互不影响、互不抵触的物品，在同一库房内划定在同一货区里集中储存，这种分区分类储存方式便于管理，有的也应以不同的品种、包装、进货对象，在大货区中划分若干小货区集中储存。

二是单一物品专仓专储，主要是按照储存货物的性能来分类，并以一个库房专为储存一类物品，主要针对特种物品或者大宗物资。此外，贵重物品既要专储，还要指定专人保管。

(2)按照物品发放方式进行分区分类。

这种方法主要适用于储存期不长，而进出量较大的中转仓库或待运仓库，主要目的是防止串货。具体做法是：货物按发放方式划分为自提、公路、铁路、水路，再按到站、港的线路划分。需要强调的是，这种分区分类，货位交叉使用，物品间相互产生影响，对危险品、性能互相抵触以及运价不同的物品，也应分别存放。

(3)按物品危险性质进行分区分类。

这种方法主要适用于特种仓库，是根据危险品本身具有不同程度的易燃、易爆、毒害等危险等级进行分区分类储存，以免互相接触发生燃烧、爆炸等反应。

4. 货区货位规划管理

进入仓库中储存的每一笔货物，其理化性质、来源、去向、批号、保质期等各方面都有独自的特性，要为这些物品确定一个合理的货位，既要保证保管质量的需要，也要便于仓库的作业和管理，仓库需要按照物品自身的理化性质与储存要求，根据分库、分区、分类的原则，将物品固定区域或位置存放，有时还需要进一步在确定的存放区域内，依照物品材质和型号规格等系列，按一定规则依次存放，并进行定位管理，以保证“规格不串、材质不混、先进先出”。这些工作就是货区货位规划管理。

货区货位规划的基本要求是充分满足物品的保管要求和作业的需求，如怕潮、怕压的物资不宜码大垛，要考虑进出物品的方便、操作的方便，要有利于提高设备利用率等。因此，要留出一定的作业通道、垛距、墙距等，并且能合理、充分地利用库房面积，尽量提高仓库的利用率。

货区布置分为平面布置和空间布置。

平面布置是指对货区内的货垛、通道、垛间(货架间)距、收发货区等进行合理的规划，并正确处理它们的相对位置。在平面布置时，主要依据各库存物资在仓库中的作业成本，通常按成本高低分为A、B、C类，A类物品作业量大，应该占据作业最有利的位置，B类次之，C类再次之。

空间布置也称仓库内部竖向布置，指库存物品在仓库立体空间上的布局，其目的是充分有效地利用仓库空间。空间布局的形式主要有：就地堆码、上货架存放、架上平台及空中悬挂等，具体内容可参考本书中相应环节。下面主要探讨货区平面布置。

(1)货位平面布置方式。

货位平面布置的方式主要有垂直式和倾斜式。垂直式布置是指货垛或者货架的排列与仓库的侧墙相互垂直或者平行，具体包括横列式、纵列式、纵横式(混合式)三种。

横列式是指货垛或货架的长度方向与仓库的侧墙互相垂直。这种布局的主要优点是：主通道长且宽、副通道短，整齐美观，便于存取查点，如果是库房内的话，则非常有利于通风和采光。见图1-11：

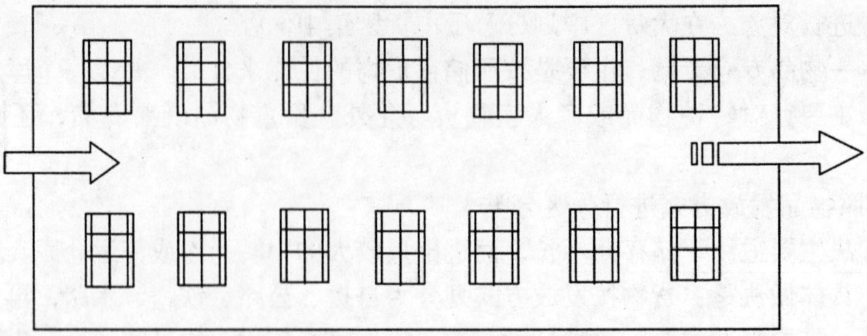

图 1-11　货位衡列式布置

纵列式是指货垛或货架的长度方向与仓库的侧墙互相平行。这种布局的主要优点是可以根据库存物品的不同在库时间和进出库频繁程度安排货位，在库时间短、进出频繁的物品放置在主通道两侧，在库时间长、进出不频繁的物品放置在里侧。见图 1-12：

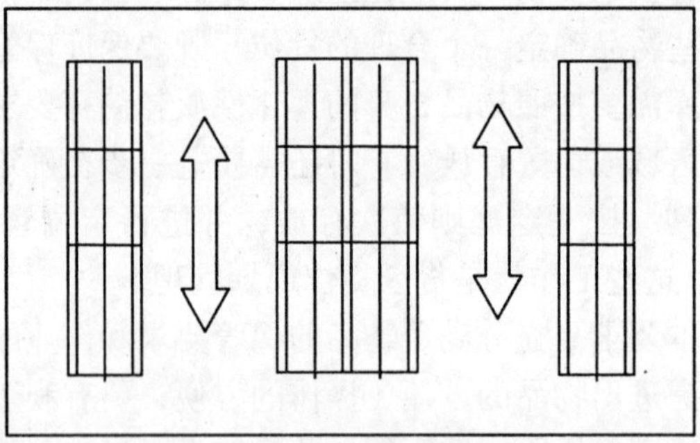

图 1-12　货位纵列式布置

纵横式(混合式)是指在同一保管场所内，横列式与纵列式兼而有之，综合利用两种布局的优点。见图 1-13：

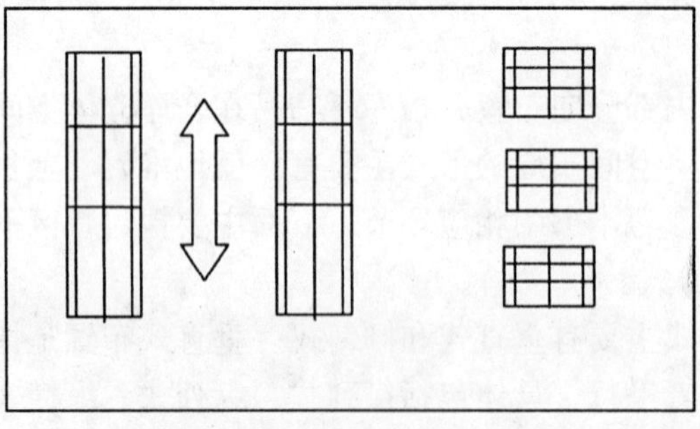

图 1-13　货位纵横式布置

倾斜式是指货垛或者货架与仓库侧墙或主通道成60°、45°或者30°夹角，包括货跺(架)倾斜式和通道倾斜式两种。当采用倾斜式布置时，仓库的面积利用率较低，因此，只是在特殊情况下才采用倾斜式布置。

(2)货位编号。

货位编号的方法很多，如区段法、品项群法、坐标法、地址法等。这里重点介绍地址法。

地址法即利用保管区中现成的参考单位，如仓库第几栋、区段、排、行、层、格等，按相关顺序编码，如同邮政地址的区、街道、门牌号一样。较常用的编号方法是“四号定位”法。四号定位(Four Number Location)，即用库房号、货架号、货架层次号和货格号表明物品储存位置的定位方法，它是我国储存作业中手工管理的科学方法。例如，3241 表示 3 号仓库、第 2 排货架的第 4 层的第 1 个货位。在此基础上，也可以根据仓库具体情况灵活应用“三号定位”，三号定位是用三个数字号码表示，即依次表示仓库、楼层、仓间。例如，343 表示第 3 个仓库、第 4 层的第 3 仓间。

货位编号的具体操作如下：

其一，货场货位编号，一般有两种方法：一是按照货位的排列，编成排号，再在排号内顺序编号；二是不编排号，采取自左至右和自前至后的方法，顺序编号。

其二，货架货位编号，即以排为单位的货架货位编号，以品种为单位的货架货位编号，以货物编号代替货架货位编号。

其三，货位编号要求标志设置清晰简单、标志制作容易、编号顺序有序、段位间隔合理。

总而言之，货位编号最终要起到方便进出库作业，防止出现差错的目的。

小看板：货位的存货方式

货位的存货方式主要有固定型和流动型两种。

- 固定型存货：是一种利用信息系统或者手工方式事先将货架进行分类、编号，并粘贴货架代码，使各货架内存放的商品事先确定下来的货位存放方式。优点是物品存放货位固定，存货方便便利，进出库准确率高，备货作业容易，也便于建立信息管理系统；不足是每一货位的容量都应该大于在该货位存放的物品的最大存量，否则会出现货位不足、物品不能及时入库的情况。因此有时候有储位空闲浪费。通常比较适用于非季节性物品，重点客户的物品，以及库存物品种类较多且性质差异较大的情况。
- 流动型存货：即储存时货物随机选择空置的货位进行存放，不事先确定各类物品专用的货位。优点是只要有物品需要储存，闲置的货位都可以利用，因此储位的利用率较高，并能及时入库；不足是由于货位上的存放物品总是在不断变化，因此在物品变更登录时出差错的可能性较高。通常比较适用于周转较快、出入库频繁的季节性物品或者存量变化剧烈的物品储存。

【技能训练】：

1. 武商量贩、中百仓储在武汉的仓库有哪些类型，试分析其作用。

2. 自动化立体仓库目前在我国哪些行业应用最广泛，你知道吗？

3. 目前，世界上最高的立体仓库有多高？容量大概超过多少货位？

4. 某天，武商量贩配送中心收到其光谷店、卓豹店、卓刀泉店及红钢城店的紧急送货订单，假如由你来配货，怎么做到又快又好地把各店所需的货物分配到配送中心的暂存区？

5. 当我们拿到分拣单，上面某种货物 A 的货位编号为 5343 时，那我们应去哪个货位拣选 A 呢？

6. 层次分析法(AHP)是一种怎样的选址方法，你了解吗？

7. 论述自动化仓库的规划与设计的步骤。

8. 仓库站台围绕库房四周建筑，其平面应与车厢底面、仓库地面平齐。一般比地面高出(　　)米左右，其宽度根据库内流动机械的回转半径确定，一般为(　　)米。

【习题自测】：

一、单选题

1. 确定库房面积的最主要因素是(　　)。
   A. 仓库保管员的保管定额　　B. 商品的储存量
   C. 防火规范的规定　　D. 商品的质量要求

2. 大多数平房仓库的设计高度一般在(　　)。
   A. 小于 6 米　　B. 6~9 米　　C. 9~12 米　　D. 12 米以上

3. 可以形象地说仓库是物流系统的(　　)。
   A. 蓄水池　　B. 配套设施　　C. “调节阀”　　D. 中转地

4. 影响仓库的专业化程度的主要因素有(　　)。
   A. 库存货物的种类　　B. 仓库的规模
   C. 仓库的建筑类型　　D. 仓库的功能

5. 下列不属于分区分类规划方法的是(　　)。
   A. 按各类物品储存量的计划任务进行规划
   B. 按库存物品使用方向或按货主不同进行规划
   C. 混合货位规划
   D. 按库存物品理化性质不同进行规划

6. 仓库货区布置分为平面布置和(　　)。
   A. 垂直式布置　　B. 倾斜式布置　　C. 纵列式布置　　D. 空间布置

二、多选题

1. 仓库经营的目标包括(　　)。
   A. 快进　　B. 快出　　C. 多储存、多经营

D. 保管好　　　　E. 费用省

2. 影响货位选择的因素包括(　　)。

A. 商品的包装　　　　B. 机械设备的使用特点

C. 商品性能　　　　D. 商品发运进出方式

E. 商品周转率

3. 库房内布置的主要目的有(　　)。

A. 最大限度利用库房内部空间　　　　B. 有利于分区分类

C. 提高库房内部作业的灵活性　　　　D. 最大限度地提高机械设备的使用

E. 保护库存商品

4. 进行货位编号的目的是(　　)。

A. 提高作业效率　　　　B. 最大限度地利用仓库有效空间

C. 防止出现差错　　　　D. 商品的储存安全　　E. 库房整齐

5. 仓库货区布局的目的是要在库存物的(　　)和(　　)之间寻找最优平衡。

A. 处置成本　　　　B. 仓库空间

C. 运输效率　　　　D. 搬运距离

6. 仓库总平面布置中应该合理安排的内容有(　　)。

A. 存货区　　B. 入库检验区　　C. 理货区

D. 配送备货区　　E. 通道

7. 货位存货方式主要为(　　)两种。

A. 固定型　　B. 随机型　　C. 流动型　　D. 顺序型

8. 单层库房，正确的门窗设计要求是(　　)。

A. 门窗布置在夏季迎风向　　　　B. 窗台高度不应低于 2.2 米

C. 尽量加大库房门窗开口面积　　　　D. 窗地面积比一般采用 1/15~1/20

E. 库房两侧门窗以对通为好，减少气流迂回

9. 仓库通道宽度是根据(　　)来确定的。

A. 物料的周转量　　B. 物料的外形尺寸　　C. 区域划分

D. 通风　　E. 运输设备

10. 仓库总平面布置的目标是(　　)。

A. 单一的物流流向　　　　B. 最短的搬运距离

C. 最少的装卸搬运环节　　　　D. 最大程度地利用空间

E. 最高的周转率

11. 影响仓容定额大小的因素有(　　)。

A. 货物本身的外形　　　　B. 包装状态

C. 仓库地面的承载能力　　　　D. 装卸作业手段

E. 货物种类

12. 仓库使用面积是指仓储作业占用面积，包括(　　)。

A. 实用面积　　B. 检验作业场地　　C. 通道　　D. 行政生活区

三、判断题

1. 仓库的专业化程度主要与库存物品的种类有关，库存物品种类多，仓库的专业化程度越高，仓库货区布局的难度越小。(　　)

2. 货区布置的基本思路之一就是将单位体积大、单位质量大的物品存放在货架底层，并且靠近出库区和通道。(　　)

3. "四号定位"方式是我国储存作业中手工管理的较科学方法。(　　)

4. 仓库面积有效利用率是指计划规定的有效面积占使用面积的百分数。(　　)

5. 仓容定额是指在一定仓储技术组织条件下，为合理储存物品所制定的单位面积上允许存放物品的最高数量标准。(　　)

6. 仓库周转次数越高，经济效益越高。(　　)

7. 反映仓库经营的最重要参数之一是仓库周转次数。(　　)

8. 库房楼地面设计载荷是指在库房楼地面单位面积不得超过的动载荷。(　　)

9. 床单、睡衣、拖鞋同存一个库区。(　　)

10. 小麦、谷子、玉米同库储存。(　　)

11. 灭蚊药剂与饼干糕点同存一个库区。(　　)

12. 樟脑丸与衣料、布料同存一个库区。(　　)

13. 酒和香烟同存一个库区。(　　)

14. 肥皂和茶叶同存一个库区。(　　)

15. 羊毛衫与肥皂同存一个库区。(　　)

16. 将生鲜水果放在低温冷藏肉类的仓库冷冻区。(　　)

17. 农用塑料膜与汽车零部件同存一个库区。(　　)

18. 轮胎与秒表、计算器同存一个库区。(　　)

四、简答题

1. 仓库有哪些功能和作用？

2. 自动化立体仓库有哪些优缺点？

3. 库区分区分类规划的形式有哪些？

五、计算题

1. 某物流企业要从某城市的甲、乙两个地方选择一个建立仓库，其评价标准和分值分别如下表。请你用加权因素法代其作出选择。

评价指标	权重	甲分值	乙分值
运输的便利性	0.45	90	85
运营成本水平	0.25	80	90
当地的优惠政策	0.20	85	90
储存气候条件	0.10	85	90

2. 某仓库接到通知有1000台电脑显示器到库，已知每台显示器的包装外形尺寸为80厘米×80厘米×80厘米，外包装上的堆码极限标志为3箱，重量为20千克，仓库的地坪承载能力为6吨/平方米，问要为该批显示器准备多少平方米的货位？

3. 某仓储企业经过初步筛选，需要从某区域的甲、乙、丙三个地方选择一个建立仓库，影响选址的主要因素有位置、运输的便利性等六项，其评价标准和分值分别如右表。请用加权因素法代其作出选择。

评价指标	甲分值	乙分值	丙分值
位置	90	85	70
运输的便利性	90	85	80
运营成本水平	80	90	85
当地的优惠政策	85	90	85
公用设施条件	85	90	80
可扩建性	90	80	85

该仓储企业请了四位选址专家，由专家确定的加权值如下表：

评价指标	专家1	专家2	专家3	专家4
位置	0.1	0.1	0.05	0.1
运输的便利性	0.4	0.3	0.3	0.35
运营成本水平	0.3	0.4	0.35	0.3
当地的优惠政策	0.05	0.1	0.1	0.05
公用设施条件	0.05	0.05	0.1	0.05
可扩建性	0.1	0.05	0.1	0.15

请问最优的选址方案是哪一个？

六、案例分析题

1. 2012年7月某日，武汉某物流公司汉阳总部一新建零担仓库的工作人员正在货棚理货，这时有一发运人拿来了四件药品，准备发货。片刻，仓库的洒水工人给库区通道洒水，以免随即出库发运开始后灰尘太大。随着洒水工人的通过，药品的包装打湿了。发货人立马火了，马上跟仓库的理货工作人员吵了起来，并要求发运价格降低。这时仓储主管王工正好路过。

假如你是王工，你会怎么处理这件事？要降低发运价格吗，除了仓库工作人员的失职外，此事情发生的根本原因是什么？

2. 柴里煤矿：打造大物流取缔27个基层小仓库

——选自2013年3月4日　大众日报

“我们去年对全矿基层区队小仓库进行清查、整顿，一次性取缔了27个基层小仓库，不仅清退小仓库积压物资130余万元，堵塞了物资材料管理漏洞，而且一年下来物资采购资金也下降了10%以上。”日前，山东能源枣矿集团柴里煤矿物资采购负责人对记者说。

柴里煤矿是一个已开采50余年的老矿，随着资源逐步枯竭，采场条件恶化，生产投入逐年增高，特别是面对当前煤炭市场下行的形势，传统的粗放式管理弱点开始暴露出来。

“以前，物资材料都是按照计划领用，材料采购到位后，基层单位就会直接全部领走，有些材料使用不完，就存放在了各自单位的仓库，就算用不完，也不能及时退回矿上或调剂给其他单位使用，不仅造成大量的资金占压，而且还会造成物资损耗。”该矿某单位材料员一语道破问题所在。

该矿以节支降耗为主线，掀起了一场物资材料管理整顿“风暴”，对材料的计划、审批、采购、存储、领用、回收、复用整体管理机制进行全面重建。并且，利用20余天的时间，对全矿基层单位小仓库进行全面清查、整顿，取缔小仓库27个，清退小仓库积压物资130余万元。

在此基础上，该矿按照建设规范化大物流的模式，组建了一个仓储配送中心和五个专业分库，对全矿所有物资材料进行统一管理、统一发放、统一调剂，实施24小时材料配送，方便各基层单位随时领取。

同时，该矿还把整治的目标瞄准了废旧物资，该矿打破“废品废卖”的观念，提出了“废弃物资必须零价值”的理念，规定凡是能够通过修复、复新后使用的物资材料不得废弃。并且专门建立了废旧物资轮转超市和井上、井下两个废旧物资集散地，对废旧物资进行统一回收、统一管理、统一修复。

2013年2月27日，记者在柴里煤矿废旧物资轮转超市看到，小到螺丝配件大到各类机电设备应有尽有，分门别类地陈列在货架上供选用，各生产区队前来选用、领料的人更是络绎不绝。“这些配件经过修复不比新的差，关键是能节省成本，对矿、区队和个人都有利。”掘进区队材料员说。

“这些物资有的是旧的，有的是坏的，经过修复处理后完全可以使用，但价格只有原值的20%~50%，便宜又好用，基层单位为了降低成本，选用旧件的热情很高。”该矿仓库主任吴敬法如是说。

不仅如此，而且为加快积压和废旧物资循环使用速度，该矿建立了矿内积压物资调剂网络查询平台，对各类积压和废旧物资全部由专人及时输入网络系统，第一时间向全矿发布物资信息，加快积压和废旧物资的轮转速度。

该矿采供中心主任周长颖对记者说：“通过规范仓储物资管理，修复利用积压闲置和废旧物资，在井下生产材料投入逐年增长的情况下，去年物资采购资金比2011年降幅达10%以上。”

柴里煤矿还推行浪费材料回购制度，注重利用“经济杠杆”，激活职工节约意识。他们规定凡出现物资、材料浪费现象的，经评估由责任单位按材料原值的5~20倍进行回购，回购资金由责任单位落实兑现到责任班组和责任人，并把材料浪费、丢失等现象，纳入“三违”界定范围，形成安全经营联管联防体制。

前不久，该矿巷修工区因将1根锚索随意丢弃在矿车内，由工区出资2000元回购，整整是锚索本来价值的20倍。

同时，该矿把生产成本直接分解到各区队、班组，对节约工作抓得好，成本控制出色的，节约成本的50%奖励给班组职工，从而从根本上调动了职工主动节约的积极性。

据统计，柴里煤矿去年完成物资回收复用、修旧利废2100余万元，调剂利用积压闲置物资380余万元，实现了废旧物资的高效回复利用。

请思考：

1. 柴里煤矿：打造大物流取缔27个基层小仓库有哪些具体的举措，给企业带来了哪些好处？除此之外，你还有哪些好建议？

2. 柴里煤矿：打造大物流取缔27个基层小仓库有何意义？

任务三　仓储设施设备认知

【任务描述】：

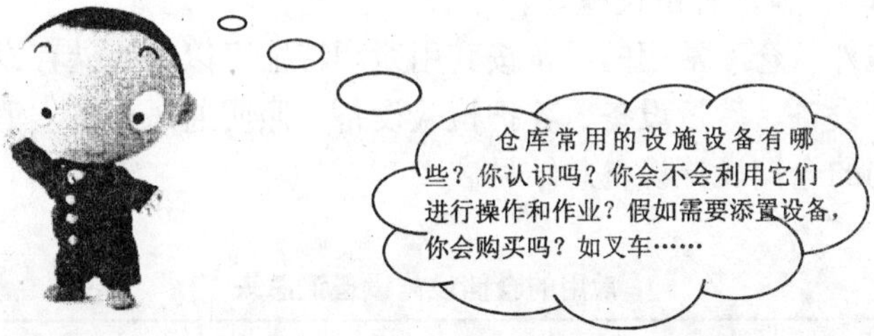

经过三个月的团队合作，小明所在的鑫鑫仓储物流中心规划的新仓库终于快要进入基建阶段了。项目团队的工作胜利完成了，大学的专业知识真是没白学，课外的一些专业相关的积累也派上了用场。有了这些基础，在项目团队里结合实际并且加以灵活应用，小明收获颇丰，同时也得到了大家的认可，小明有一种说不出的欣慰和喜悦。

项目完成后，小明回到了仓库既定的岗位。这天，主管兴高采烈地找到了小明，递给他一份财务预算表，小明一看，“哇”地一下叫出来了——那是一份新仓库配套的设施设备采购预算表，里面有托盘、货架、叉车、AGV小车、自动分拣机……“有没有兴趣啊？调查一下这些宝贝的性能和市场行情”，主管期待地看着小明，小明自信地回答道“有，我接受任务。”

接下来，小明又沉浸到了忙碌中，他是怎样做的呢？他知道仓库这些常见的设施设备的功能和作用吗，自己会操作吗，市场行情怎样，怎样去收集相关的信息呢？

【任务分析】：

仓储设施设备是仓库的必要硬件，对提高仓储作业效率和效益有着不可替代的作用。仓储设施设备的大量应用，可以极大地节约人力，降低劳动强度，提高作业的质量和极大地提高作业效率，创造更大的经济效益。特别是随着整个社会和仓储、物流行业的发展，机械化、自动化甚至智能化作业是不可阻挡的发展趋势。

【知识精讲】:

为了较好地开展仓储作业，必须配置一定的硬件设施和设备。仓储设施主要是指具备仓储相关功能和提供仓储服务的场所，即库场建筑物，包括仓库的主体建筑、辅助建筑物和附属设施。

仓库的主体建筑分库房、货场、货棚三种，库房多采用封闭方式，而货棚是一种简易仓库，为半封闭建筑，根据其围墙建筑情况不同，可以分成敞篷(仅有支柱和棚顶构成)和半敞篷(有一面、二面和三面之墙)；货场通常是露天的，用于堆存不怕雨淋、风吹的货物，需要时可以用油布覆盖短期存放。

辅助建筑物是指办公室、车库、装卸工人休息间、工具储存间等。这些建筑一般设在生活区，并且与存货区保持必要的安全间距。

附属设施是仓库的辅助性设施，主要有照明设施、提升设施(电梯等)、地磅(车辆衡、轨道衡)、取暖设施及避雷设施等。

除了仓储设施外，仓库常用的设备按其用途和特征可以分为储存设备、集装设备、装卸搬运设备、分拣设备、计量设备、养护检验设备、照明通风设备、消防安全设备、劳动保护设备等。常用的仓储设施设备总结见表1-12：

表1-12　　常用的仓储设施设备汇总表

类　别	常见设备	用　途
储存设备	各种货架	存放货物
集装设备	托盘、集装箱	承载货物
装卸搬运设备	输送带、叉车、手推小车、AGV等	装卸和搬运货物
起重设备	巷道式堆垛机等	吊起、堆码货物
计量设备	地磅、电子秤、电子钓钩等	称重
保养、检验设备	空调、排风机等	调节仓库环境
消防、安全设备	防盗系统、自动喷水灭火设备	确保库存物资安全
自动识别设备	条形码打印机、扫描装置	进出库、盘点物资
管理设备	计算机、网络等	进行仓库管理
基础设施	线路、站台	实现商品的进出

一、储存设备

储存设备是用于保护仓储商品质量的设备，主要有苫垫用品和存货用具。其中，苫垫用品包括苫布(油布、塑料布等)、苫席、枕木、石条等，能起到遮挡雨水和隔潮防尘、通风等作用；而存货用具包括各种类型的货架、货橱，总结如下：

(一)货架的概念、作用及功能

1. 货架的概念

货架(rack)是指用立柱、隔板或横梁等组成的立体储存物品的设施。其具有一定的强度，在仓库中占有十分重要的地位。

2. 货架的作用及功能

(1)充分利用仓库空间，提高库容利用率。

(2)货架上的货物相互不接触、不挤压，可以保护货物，减少货损。

(3)货物存取方便，结合计算机管理易实现先进先出。

(4)可采用防潮、防尘、防盗等措施来提高货物储存质量。

(5)有利于实现仓储系统的机械化和自动化管理。

(二)货架的种类

货架按其结构特点可以分为层架式货架、托盘货架、阁楼式货架、悬臂式货架、重力式货架、移动式货架、驶入、驶出式货架等。

1. 层架式货架

(1)结构：层架式货架的应用非常广泛，由立柱、横梁和层板构成，层间用于存放货物。如果从层架存放货物的重量分类，可以分为重型和中型、轻型层架；按其结构特点分类，有层格式、抽屉式。

(2)特点及用途：层架结构简单，适用性强，有利于提高空间利用率，方便作业的存取，是人工作业仓库的主要存储设备。层格式货架是敞开式货架，主要用于存放规格复杂多样、必须互相隔开的物品，是层架的主流。根据仓库的布置方式不同，货架可采用组合式和整体焊接式两种，后者制造成本较高，不便于货架组合变化，因此较少采用。抽屉式又称货橱，即存放货物的封闭式格架，主要用于存放比较贵重或需要特别养护的如怕尘土、怕湿的小件物品。见图 1-14、图 1-15：

2. 托盘货架

(1)结构：托盘货架专门用于存放堆码在托盘上的货物，其基本形态与层架类似，但其每层都没有层板，因而每层空间适于存放整托盘货物。

(2)特点及用途：托盘货架结构简单、刚性好、自重轻，可调整组合使层高能自由调节，运输和安装便利，并易于实现模块化设计等优点，并且费用经济。目前，这已是工业企业各类货架仓库的主流。

在出入库时，托盘货架不受先后顺序的限制，储物形态为托盘装载货物，但需要配合升降式叉车存取。见图 1-16、图 1-17：

图 1-14　层格式货架

图 1-15　抽屉式货架

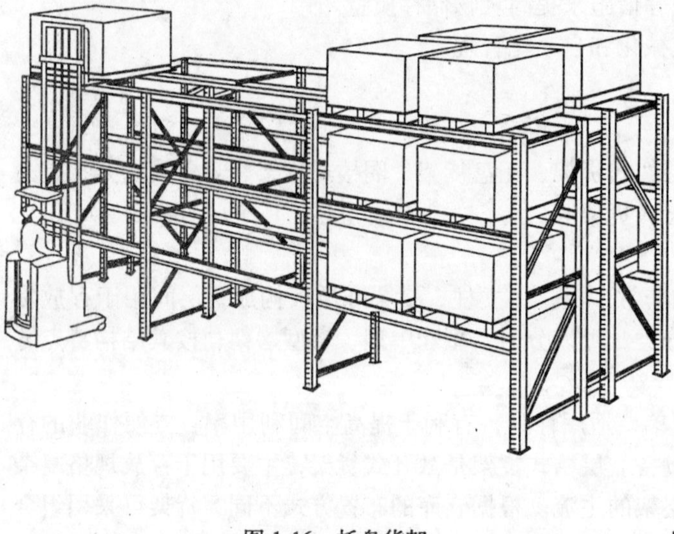

图 1-16　托盘货架

图 1-17　托盘货架调整组合铰接部位图

小看板：倍深式托盘货架

与一般托盘货架结构基本相同，只是把两排托盘货架结合起来增加储位而已，因此，储位密度增加一倍。但在存取性和出入库方便性略差，并且必须采用倍深式叉车(一次可作业两个托盘)。

3. 阁楼式货架

(1)结构：阁楼式货架是将储存空间做成上、下两层规划，利用钢架和楼板将空间间隙隔为两层，下层货架结构支撑上层楼板。底层货架不但是保管物料的场所，而且是上层建筑承重梁的支撑(柱)，承重梁的跨距大大减小，建筑费用也大大降低。这也适用于现有旧仓库的技术改造，以提高仓库的空间利用率，也可以为多层结构。

(2)特点及用途：阁楼式货架可以有效增加空间利用率，通常上层存放轻量物品，不适合重型搬运设备运行，上层物品搬运需配垂直输送设备。见图 1-18：

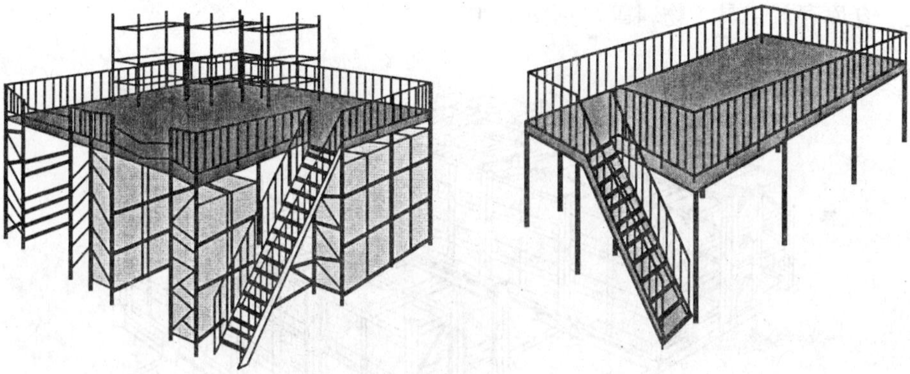

图 1-18　阁楼式货架

4. 悬臂式货架

(1)结构：悬臂式货架是在立柱上装设杆臂构成的，悬臂常用金属材料制造，其尺寸一般根据所存放物料尺寸的大小确定。为防止物料损伤，常在悬臂上加垫木衬垫或橡胶带以起保护作用。

(2)特点及用途：悬臂式货架为开放式货架，不大便于机械化作业，需配合跨距较宽的设备。一般高度在 6 米以下，空间利用率较低，约 35%～50%。适用于保管管材、型钢、铝型材、塑钢材等较长大的物料。见图 1-19：

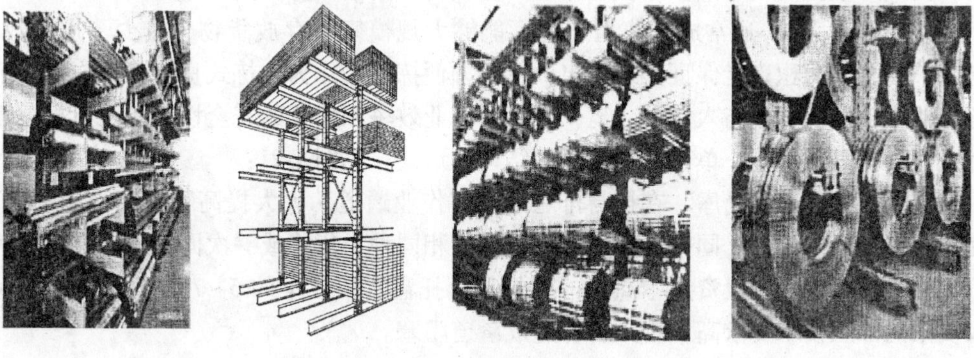

图 1-19　悬臂式货架

5. 移动式货架

(1)结构：移动式货架底部装有滚轮，通过开启控制装置，滚轮可沿道轨滑动。

(2)特点及用途：移动式货架平时密集相接排列，在存取货物时，通过手动或电力驱动装置使货架沿轨道水平移动，形成通道，可以大幅度减少通道面积，地面使用率可达80%，而且可直接存放每一箱货物，不受先进先出的限制。但相对来说，机电装置较多，建造成本较高，维护也比较困难。适用于库存品种多，出入库频率较低的仓库；或库存频率较高，但可按巷道顺序出入库的仓库。因为只需要一个作业通道，可大大提高仓库面积的利用率。它广泛应用于办公室存放文档，图书馆存放档案文献，金融部门存放票据，工厂车间、仓库存放工具、物料等。见图 1-20：

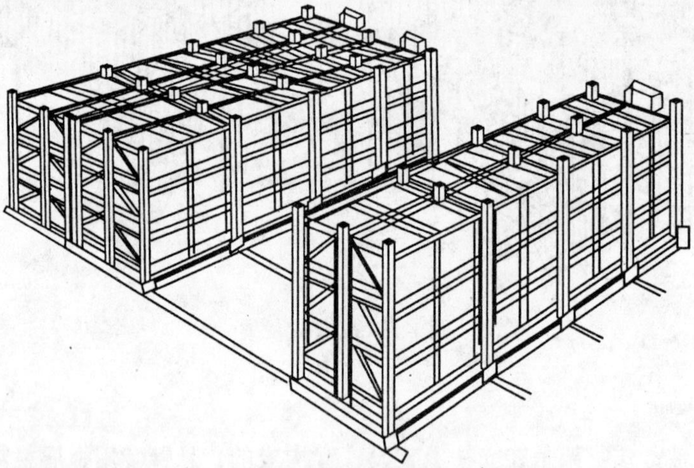

图 1-20　移动式货架

6. 重力式货架

(1)结构：它是一种密集存储单元物品的货架系统。在货架每层的通道上，都安装有一定坡度的、带有轨道的导轨，与水平面成一定的倾斜角度，入库的单元物品在重力的作用下，由入库端流向出库端。即低端作为出货端，而高端作为入货端。

(2)特点及用途：通常成密集型配置，能够大规模密集存放货物，减少了通道数量，可有效节约仓库面积；能保证先进先出，并且方便拣货，作为分拣式货架普遍应用于配送中心作业中；其拣货端与入货端分离，能提高作业效率和作业的安全性，还可以根据需要设计成适合托盘、纸箱、单件货物储存的结构和形式。见图 1-21：

安装重力式货架的仓库，在排与排之间没有作业通道，大大提高了仓库面积利用率。但使用时，最好同一排、同一层上的货物，应为相同种类货物或一次同时入库和出库的货物。但是，重力式货架投资成本高，一般是普通托盘货架成本的 5~7 倍。而且货架对托盘及货架的加工技术要求高，否则容易造成滑道阻塞。

7. 驶入、驶出式货架

(1)结构：采用钢质结构，钢柱上有向外伸出的水平的突出构件，叉车将托盘送入，

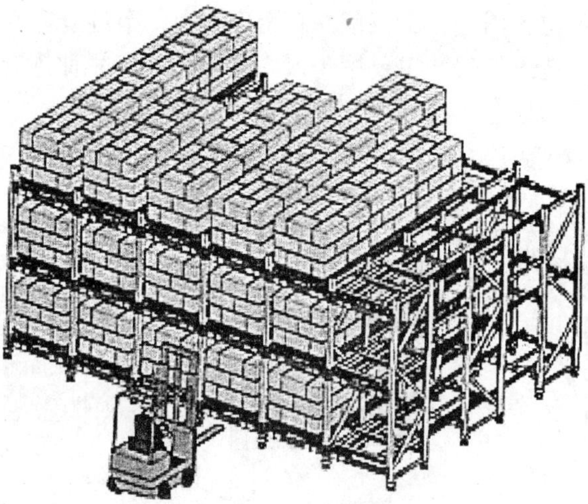

图 1-21　重力式货架

由货架两边的悬轨托住托盘及货物。它是一种可供叉车(或带货叉的无人搬运车)驶入或驶出并存取单元托盘物品的货架，是一种贯通式货架。

(2)特点及用途：驶入、驶出式货架属高密度配置，高度可达 10 米，库容利用率已经高达 90%以上。它适用于大批量少品种仓库使用，但不太适合太长太重物品。驶入式货架存取货时受先后顺序的限制。见图 1-22：

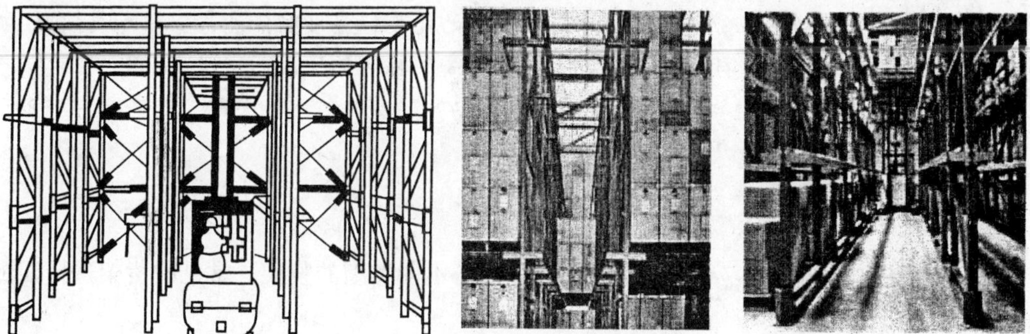

图 1-22　驶入、驶出式货架

8. 旋转式货架

(1)结构：主要有水平旋转型货架和垂直旋转型货架。其中水平旋转型货架可分为仅用一台马达带动，而同时将连在一起的上下各货架层，予以水平方向旋转的水平式整体旋转自动货架；每层各有一台马达，能单层独立旋转的水平单动旋转货架。垂直旋转型货架类似垂直提升机，在两端悬挂有成排的货格，货架可以正转也可以反转。

(2)特点及用途：旋转式货架由开关或用计算机操纵，在存取货物时，把货物所在货格编号由控制键盘或者按钮输入，该货格货物则以最短的距离自动旋转至拣货点。这种货架没有通道，操作人员位置固定，不仅使储存密度增大，节约仓库空间，节约投资，而且便于管理。它是一种拣选式货架，主要用于入库频率高，多品种拣选的仓库中，特别是垂直旋转式货架，可以灵活地存储各种尺寸的货物。见图 1-23：

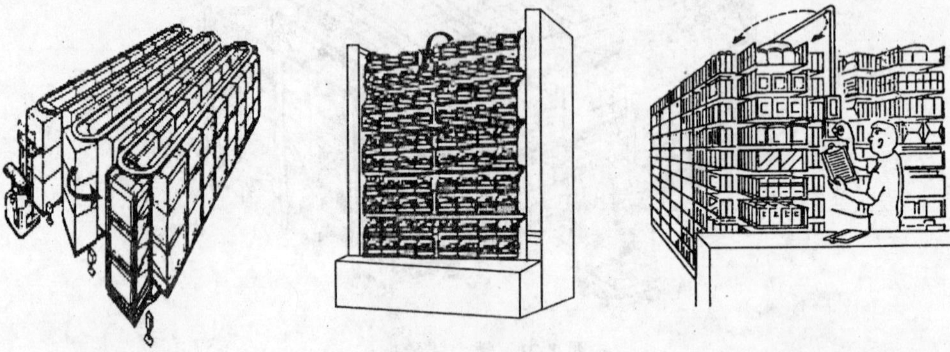

水平旋转型货架　　垂直旋转型货架　　水平整体回转货架

图 1-23　旋转式货架

小看板：电子标签货架

随着电子信息技术和货架技术的发展，将电子标签安装于货架储位上并与仓储管理信息系统对接，当货物需要出库时，相应的电子标签即被点亮，出库人员按照其显示的货位及数量进行拣货备货，大大地提高了拣选的速度和准确率。

(三)货架的选择

根据仓储将要储存的商品不同，仓库需要配备不同类型的货架。常见的货架选择匹配情况见表 1-13：

表 1-13　　常见的货架选择匹配情况

货架种类	主要适用范围	
层架式货架	层格式	存放规格复杂多样、容易搞混物品，需相互隔离
	抽屉式	比较贵重或怕尘土、怕湿的小件物品
托盘货架	适于存放整托盘货物	
阁楼式货架	适用于各种类型货品的存放，上层放轻量货物，可有效利用空间	
悬臂式货架	适用于长条状或长卷状货品	
移动式货架	适用于各种类型货品的存放，能充分利用通道空间	

续表

货架种类	主要适用范围
重力式货架	适用于托盘、纸箱集合的单元货物
旋转式货架	用于入库频率高，多品种拣选的仓库中，特别是垂直旋转式货架，可以灵活地存储各种尺寸的货物
驶入、驶出式货架	适用于量多样少货品；不适合太长或太重货物

二、集装设备

集装设备(见图 1-24)主要用于集合货物，便于成组搬运。仓储中常用的有托盘，另外，还有集装袋(如网袋、网兜等)和集装箱(主要用于港口码头)。这里，我们重点介绍托盘。

托盘　网兜　集装箱

图 1-24　常用集装设备

(一)托盘的概念和作用

托盘(Pallet)是指用于集装、堆放、搬运和运输的放置作为单元负荷货物和置物的水平平台装置。

托盘可以有效地装卸、运输、保管货物，组合量较大，这种台面有供叉车从下部插入并托起的叉入口。它与叉车的联合使用，使物流系统的装卸搬运瓶颈得到了有效的解决。

小看板：集装单元与集装单元器具

集装单元(Palletized Unit)，是指经过专门器具盛放或捆扎处理的，便于装卸、搬运、储存、运输的标准规格的单元货件物品。

集装单元器具(Palletized Unit Implements)，是指承载物品的一种载体，可把各种物品组成一个便于储运的基础单元。

(二)托盘的优缺点

1. 托盘的优点

作为最常用的集装单元器具之一，托盘的主要优点有：

(1)自重量小。

(2)返空容易。

(3)装盘容易。

(4)装载量适宜，组合量较大。

(5)可以节省包装材料，降低包装成本。

2. 托盘的缺点

托盘除了具有以上所述优点外，也有以下不足：

(1)保护产品性能不如集装箱。

(2)露天存放困难，需要有仓库等设施。

(3)托盘本身的回运需要一定的运力消耗和成本支出。

(三)托盘的种类

1. 平板托盘(又称平托盘)

平板托盘又称平托盘，是指在承载面和支撑面间夹以纵梁，构成可以集装物料，可使用叉车或搬运车等进行作业的货盘。它是目前使用最广泛的托盘，常有以下分类：

(1)按台面分成单面形、单面使用形和双面使用形、翼形四种。

(2)按叉车叉入方式分为单向叉入型、双向叉入型、四向叉入型三种。

(3)按材料分为木制品托盘、钢制托盘、铝合金托盘、胶合板托盘、塑料托盘、纸板托盘、复合材料托盘等。各种平板托盘见图 1-25：

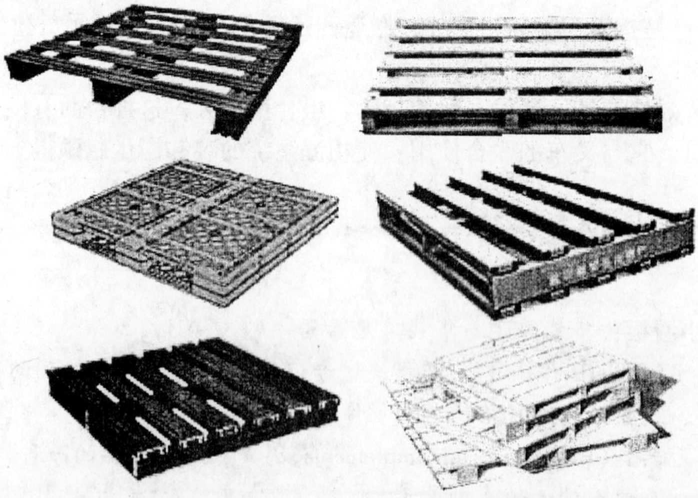

图 1-25　各种平板托盘

2. 立柱托盘

立柱式托盘没侧板，在托盘上部的四个角有固定式或可卸式的立柱，有的柱与柱之间有连接的横梁，使柱子成门框型。见图 1-26：

图 1-26　立柱托盘

3. 轮式托盘

轮式托盘是在柱式、箱式托盘下部装有小型轮子以进行移动，在生产企业物流系统中，可以兼做作业车辆。见图 1-27：

图 1-27　轮式托盘

4. 箱式托盘

它的基本结构是沿托盘四边有板式、栅式、网式等栏板和下部平面组成的箱体，有些箱体有顶板。箱板有固定式、折叠式和可拆卸式三种。见图 1-28：

5. 塑料垫板托盘和三合箱式托盘

6. 滑片托盘

滑片托盘简称滑板，按折翼的个数不同，分为单折翼型滑片、双折冀型滑片、三折翼型滑片和四折翼型滑片。

图 1-28　箱式托盘

7. 特种专用托盘

特种专用托盘主要用于对运输有要求的一些运输方式和一些形状外形特殊的商品。例如，航空托盘、平板玻璃托盘、油桶专用托盘、托盘货架式托盘、轮胎托盘等。

(四)托盘的标准与规格

我国托盘规格主要有三个规格：800 毫米×1000 毫米、800 毫米×1200 毫米、1000 毫米×1200 毫米。

美国主流托盘为 48 英寸×40 英寸(约为 1200 毫米×1000 毫米)。

日本主流托盘为 1100 毫米×1100 毫米和 1200 毫米×1000 毫米。

国际标准化组织规定规格有 800 毫米×1000 毫米、800 毫米×1200 毫米、1000 毫米×1200 毫米三种，此外，还有 1200 毫米×1600 毫米、1200 毫米×1800 毫米的大型托盘。

国家标准规定的联运平托盘外部规格系列(GB/T2934—1982)为 800 毫米×1000 毫米、800 毫米×1200 毫米、1000 毫米×1200 毫米等三种。

托盘集合包装所集装的货物单元体积一般为 1 立方米以上，高度在 1100 毫米或 2200 毫米，载重为 500~2000 千克。

(五)使用托盘的注意事项

托盘在使用过程中要注意以下事项：

(1)当叉车叉取托盘时，叉齿要保持水平，不应上下倾斜；

(2)叉车必须对准叉孔，垂直于托盘，不应斜着进出托盘；

(3)严禁甩扔空盘；

(4)不准用叉齿推移、拖拉托盘；

(5)空托盘应用叉车整齐叠放，避免碰撞和日晒雨淋；

(6)若用绳索捆扎货物，则捆扎方向应与边板平行。

(六)托盘集合的方法

1. 科学地选择装盘码垛方式

主要有旋转交错式、正反交错式、纵横交错式、重叠式堆码。此内容详见堆码苫垫作业。

2. 托盘的加固方法

主要有捆扎、网罩紧固、框架加固、中间夹摩擦材料紧固、专用金属卡具固定、黏合紧固、胶带粘扎、平托盘周边垫高、收缩薄膜紧固、拉伸薄膜紧固等。见图 1-29、图 1-30：

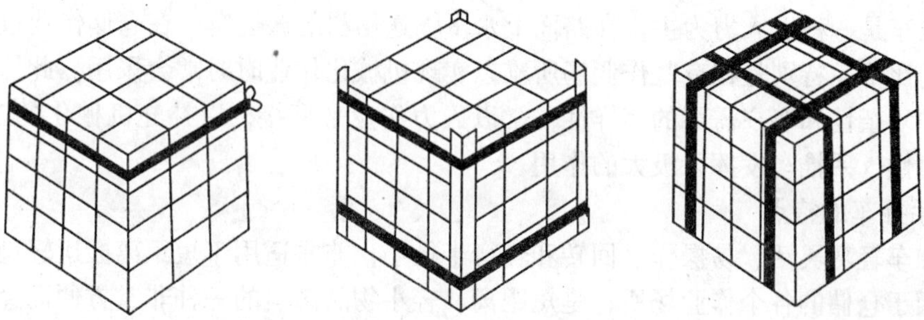

图 1-29　常见的捆扎形式

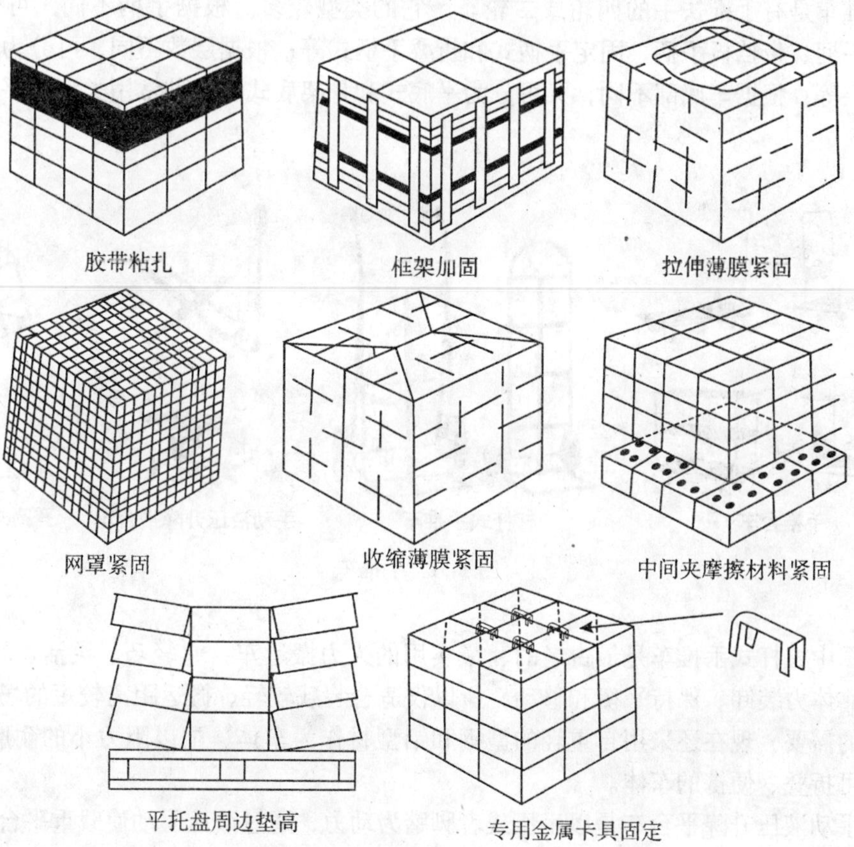

图 1-30　托盘的加固方法

三、装卸搬运设备

装卸搬运设备主要有手推车、托盘搬运车和叉车。

(一)手推车

1. 手推车的作用

手推车是一种以人力为主，在路面上水平输送物料的搬运车。在仓储作业过程中，占有一定的比重。特别是在有些作业场所难以实现机械化作业时时常会采用。此外，由于仓储活动的复杂性和客户需要的多样性，常以人力作业来衔接，以补充机械化的工艺流程，在这些时候，手推车发挥了极大的作用。

2. 手推车的特点

手推车轻巧灵活、易操作、回转和转弯半径小，非常适用于短距离搬运轻型物料，可广泛应用于仓储的各个作业场所，是短距离、轻小物品搬运的一种非常方便而经济的搬运工具。

3. 手推车的类型

手推车是有手推扶手的四轮或二轮车，它的类型较多。根据手柄不同，可分为单手柄、双手柄、带挡板手柄、固定手柄式和折叠手柄式等；根据层数不同，可分为单层、双层和三层等；根据车底部不同，又可分为平底式和骨架底式。几种常用类型的手推车见图1-31。

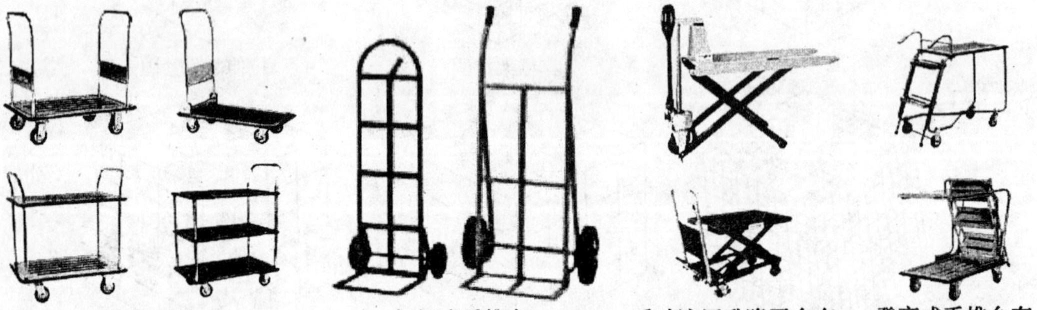

图 1-31　手推车

上图中杠杆式手推车是最古老的、最实用的人力搬运车，它轻巧、灵活、转向方便，但因为靠体力装卸、保持平衡和移动，所以仅适合装载较轻、搬运距离较短的场合。为适应作业的需要，现在还采用自重轻的型钢和铝型材作为车体，配以阻力小的耐磨的车轮，并且有可折叠、便携的车体。

而手动液压升降平台车是以手压或者脚踏为动力，通过液压驱动使载重平台作升降运动的手推平台车，它可以灵活调节货物作业时的高度差，减轻操作人员的劳动强度。它的特点是有安全保护的牢固小脚轮和位于两个旋转脚轮的制动轮，保证货物装载和卸载时更加安全。

另外，登高式手推台车是一种带梯子的手推车，当人需要向较高的货架内存取轻小型的物料时，可采用此种手推台车方便作业，以提高仓库的空间利用率，适用于图书、标准件等仓库进行拣选、运输作业。现在已经由手动控制发展到单机自动控制、全自动控制等。

4. 手推车的选择

在选择和使用手推车时，首先应该考虑搬运物品的形状及性质。当搬运多品种货物时，通常采用通用型的手推车；当搬运单一品种货物时，则应尽量选用专用手推车，以提高作业效率。其次，要考虑搬运量和搬运距离，由于手推车是以人力为动力的搬运工具，当运距较远时，载重量不宜太大。此外，货物的体积、放置方式、通道条件和路面状况等，也是选择手推车时要考虑的。

（二）托盘搬运车

1. 托盘搬运车的作用

托盘搬运车是一种以人力或者电力为主，在路面上水平输送物料的搬运车，它实际上是一种简单的叉车，即它的两个叉腿同时充当货叉的功能，可以叉入托盘底部。叉腿的前端有两个小直径的行走轮，用来支撑托盘货的重量。叉腿可以通过手泵油缸液压系统抬起，使托盘或者货箱离开地面，然后用手拉或者电动驱动使之行走。目前，托盘搬运车是托盘运输工具中最简便、相对成本较低而效率较高的最常用的装卸搬运工具，广泛应用于仓库内外的物料装卸搬运和车间内各工序间的搬运作业。

2. 托盘搬运车的特点

托盘搬运车的优点是体型小，作业灵活、方便、快捷；其缺点是人工操作、搬运量相对较低，当搬运 2 吨以上重量的货物时相对比较吃力。

3. 托盘搬运车的类型

从驱动的动力来看，主要有手动液压托盘搬运车（简称手动托盘搬运车）和电动托盘搬运车。前者在使用时将其承载的货叉插入托盘孔内，由人力驱动液压系统来实现托盘货物的起升和下降，并由人力拉动完成搬运作业。电动托盘搬运车又分为踏板驾驶式、步行式、侧座式，主要由电瓶系统来实现托盘货物的起升和下降，并由电力完成搬运作业。见图 1-32、图 1-33：

图 1-32　手拉托盘搬运车

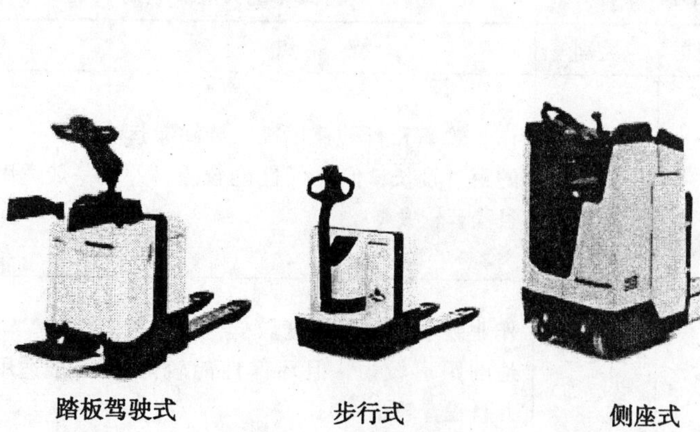

踏板驾驶式　　步行式　　侧座式

图 1-33　电动托盘搬运车

4. 托盘搬运车的选择

手拉托盘搬运车通常用于距离15米左右的频繁装卸货作业，电动托盘搬运车通常用于15~70米左右的频繁装卸货作业。

(三)叉车

1. 叉车的基本概念和结构

叉车(Fork Lift Truck)，是指具有各种叉具，能够对物品进行升降和移动以及装卸作业的搬运车辆。叉车是仓库装卸搬运机械中应用最广泛的一种设备，主要用来装卸、搬运和堆码单元货物，具有选用性强，机动灵活，效率高的优点。叉车由自行的轮胎底盘和能垂直升降、前后倾斜的货叉、门架等组成。它不仅可以将货物叉起进行水平移动，还可以将货物提升进行垂直堆码，是物流系统中能同时实现水平和垂直移动的装卸搬运设备之一。

叉车还可以更换叉车属具实现一机多用。叉车属具是指为扩大叉车对特定物品的作业而附加或替代原有货叉的装置。其目的是为了扩大叉车对特定物料的装卸范围，并提高装卸效率，保证生产安全。主要包括：货叉、旋转叉、推拉板、串杆、夹板、旋转夹板、压板式货叉、套筒、挂钩、侧面移动器等。

2. 特点及用途

(1)机械化程度高；

(2)机动灵活性好；

(3)可以“一机多用”；

(4)能提高仓库容积的利用率；

(5)有利于开展托盘成组运输和集装箱运输；

(6)成本低，投资少，能取得较好的经济效果。

3. 叉车的种类及选用

根据不同的分类标准，叉车通常可以做以下分类，见表1-14：

表1-14　**叉车的分类及选用**

分类依据	类别	特　点	适用范围
根据所用动力	内燃机式叉车	作业效率和行驶速度高，装卸搬运的距离较长，但环保性能较差，并且噪音较大	一般适用于室外的大中等搬运量作业
	蓄电池式叉车	作业效率和行驶速度较低，装卸搬运的距离较短，但环保性能较好，并且噪音较小	一般适用于室内外的中等搬运量作业

续表

分类依据	类别	特　点	适用范围
根据叉车的结构特点	平衡重式叉车	需要较大的作业空间，运行速度比较快，而且有较好的爬坡能力，提升高度一般为 2~4 米	主要用于露天货场作业，能适应较恶劣的路面条件
	前移式叉车	以蓄电池为动力，不会污染环境，转弯半径也小，可有效提高仓库的面积利用率	一般用于室内作业，特别是短距离搬运效率要求高时
	插腿式叉车	其货叉的结构特征决定了其较好的稳定性，尺寸小，转弯半径小	适用于工厂车间、仓库内效率要求不高，需要有一定堆垛、装卸高度的场合
	侧面叉车	在司机室的侧面有装卸货物的平台，司机视野好	主要用于长料货物的搬运

4. 常用叉车的说明

(1)平衡重式叉车。

目前，平衡重式叉车是使用最为广泛的叉车。其货叉在前轮重心以外，为了克服装卸搬运时货物产生的倾覆力矩，避免叉车翻倒，通常在叉车的尾部装有平衡重或者以底盘来配重。这种叉车运行速度比较快，而且有较好的爬坡能力，提升高度一般为 2~4 米，因此非常适用于露天货场作业。在取货或者卸货时，门架可以左右或者前移，便于货叉插入，取货后门架可以后倾，使物料重心后移，以保证货物在搬运运行中稳定。

平衡重式叉车根据有无司机室分为立式和坐式两种，见图 1-34、图 1-35：

图 1-34　立式平衡重式叉车

图 1-35　坐式平衡重式叉车

(2)前移式叉车。

前移式叉车是其门架或者货叉可以前后移动的叉车。一般采用蓄电池为动力，不会污染周围的空气，同时蓄电池可起到一定的平衡作用，不需配备专门的平衡重。它常用于室内作业，所以一般采用实心轮胎，车轮直径也比较小。整个车体尺寸较小，转弯半径也不大，在巷道内作业时，巷道宽度比平衡重式叉车小得多，从而可以极大地提高仓库面积利用率。在取货或者卸货时，货叉随着门架前移到前轮以外，在运行时，门架缩回到车体内，使叉车整体保持平衡。

前移式叉车根据有无司机室分为立式和坐式两种，见图1-36、图1-37：

图1-36　立式前移式叉车

图1-37　坐式前移式叉车

(3)插腿式叉车。

插腿式叉车结构非常紧凑，货叉在其两个支腿之间，无论是在取货时，还是在运行时，都不会失去稳定性。其尺寸较小，转弯半径小，在库内作业比较方便。但是货架或者货箱的底部必须留有一定的空间，在作业时使叉车的两个支腿插入，同时支腿的高度也会影响仓库的空间利用率，所以必须使其尽量低，所以前轮的直径也比较小，对地面平整度要求比较高。

插腿式叉车适用于厂车间和仓库内效率要求不高但需要有一定堆垛和装卸高度的场合。其起升机构有手摇机械式、手动液压式和电动液压式三种，见图1-38：

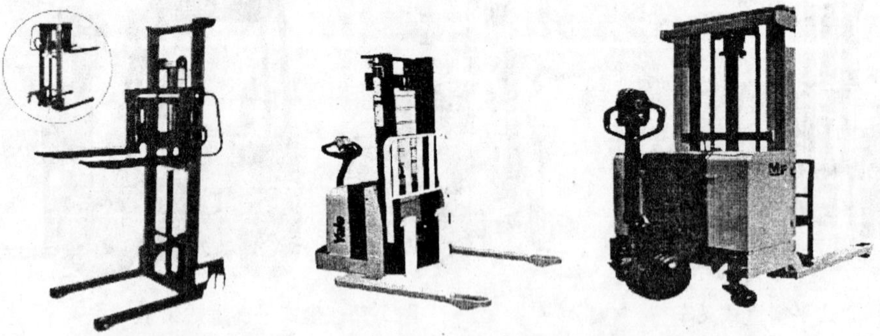

手动液压式　　电动液压式

图1-38　插腿式叉车

(4)侧面叉车。

侧面叉车主要用于长型货物的搬运。这种叉车在司机室的侧面有一个放置货物的平台，门架与货叉在车体的中央，可以横向伸出取货，然后缩回车体内将货物放在平台上即可行走。这样叉车司机的视野好，所需货物搬运通道也较小。

侧面叉车一般有司机室，见图 1-39：

图 1-39　侧面叉车

除了上面一些常用的叉车外，还有一些特殊叉车，如转向式叉车(见图 1-40)、倍升式叉车(见图 1-41)等。并且随着叉车技术的发展，各种新型叉车也在不断地推出，其机械化、自动化和智能化也在不断提高，以适应社会经济发展的需要，这些都是值得我们关注的。

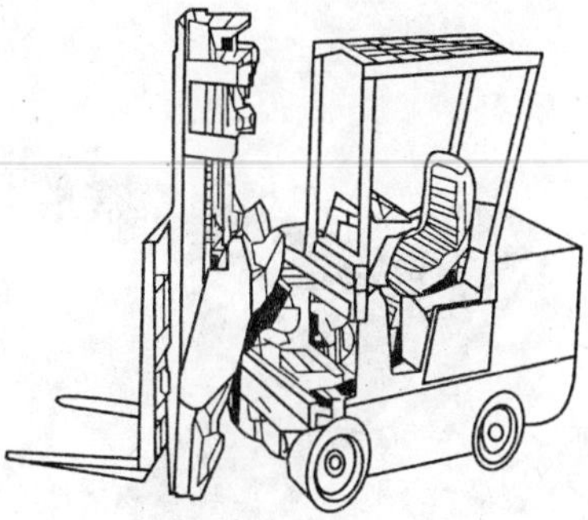

图 1-40　转向式叉车

图 1-41　倍升式叉车

四、自动化分拣设备

(一)自动分拣设备的概念

自动分拣设备指的是受自动控制的一套机械分拣装置，它由接受分拣指令的控制装置、把到达分拣位置的货物取出的搬送装置、在分拣位置把货物分送的分支装置和在分拣位置存放货物的暂存装置等组成。

(二)自动分拣设备的种类

根据分拣方式的不同，自动分拣设备主要有横向式分选机、升降推出式分选机、翻盘式分选机、活动货盘分选机、直落式分选机、悬吊式分选机、辊子浮出式分选机、皮带浮出式分选机、滑块式分选机、摇臂式分选机、推出式分选机、自动拣选机。因为分拣设备是配送中心的主要设备，有大量的介绍，在此不再赘述。

仓库使用较多的是自动拣选机，它是另一类分拣设备，一般用于一次分拣作业，可以单独使用也可以和自动分选机结合使用。目前这类设备主要用于拣选包装单元较单一的货物。自动分拣设备里常用的输送装置见图 1-42、图 1-43、图 1-44、图 1-45：

图 1-42　滚柱输送机

图 1-43　辊道输送机

图 1-44　悬挂输送机

图 1-45　带式输送机

(三)自动拣选机的优缺点

1. 自动拣选机的优点

据统计，在相同货物品种下，采用自动拣选机拣选，拣货区面积比传统减少 30%～50%；拣选速度可达 1200 张订单/小时；拣选成本比传统方式节省 1/3～2/3；拣选准确率高(>90%)。

2. 自动拣选机的缺点

目前，采用自动拣选机拣选，其设备价格相对较高，并且需要专人(或设备)经常补货，可使用范围较小，只适合较小的物件进行拣选。

(四)分拣信号的输入

分拣信号的输入与识别采用的方法主要有键盘输入、声音输入、条形码和激光扫描器及射频识别。即人工键盘输入、声控方式、利用激光自动阅读条形码和射频识别等。

五、其他设备

除了这些作业常用设备外，仓库的计量设备、养护检验设备、消防安全设备简介如下。

(一)计量设备

计量设备主要用于商品进出库时的计量点数，以及储存期间的盘点、检查等，如地磅、轨道衡、电子秤、流量仪、皮带秤、天平仪、磅秤、卷尺、电子计数器等。随着仓储管理水平的提高，现代化的自动化计量设备越来越多地被应用，如条码扫描仪和射频识别技术(RFID)。

(二)养护检验设备

养护检验设备是指商品进入仓库验收和在库保存期间测试、化验以及防止商品变质、失效的器具和仪器。例如，温湿度计、温度仪、吸潮器、空气调节器等。这类设备一般在大规模的仓库使用较多。

(三)消防安全设备

消防安全设备是仓库必不可少的设备，包括：报警器、灭火器、消防车、手动抽水器、水枪、消防水源、沙土箱、消防云梯等。

小看板：仓储设备的“三级保养”

仓储设备在使用过程中，会产生技术状态的不断变化，不可避免地出现干摩擦、零件松动、声音异常等不正常现象，这些都是仓储设备的故障隐患和安全隐患，如果不及时处理和解决，就会造成设备的过早磨损，甚至酿成严重事故，因此，保养与维护是设备正常运转，延长其使用寿命所必需的。作为设备操作人员，必须具备基本的设备保养和维护能力，才能及时处理技术状态变化引起的事故隐患。

仓储设备的保养和维护遵循其自身运动的客观要求。其主要内容包括：清洁、润滑、紧固、调整和防护等。目前，普遍实行的是“三级保养制”，即日常保养、一级保养、二级保养。

(1)日常保养——即由操作人员每天对仓储设备进行物理保养。包括：班前班后检查、擦拭、润滑设备的各个部位，使其保持清洁润滑。同时，操作过程中留心观察设备的运转情况，及时排除细小故障，并认真做好交接班记录。

(2)一级保养——即以操作人员为主，维修人员为辅，对仓储设备进行局部和重点拆卸、检查、清洗有关部位，调整各部位配合间隙，紧固各部位等。

(3)二级保养——即以维修人员为主，操作人员参加，对设备进行部分解体检查和修理，更换或者修复磨损零部件，对润滑系统清洗、换油，对电气系统进行检查和修理，局部恢复精度，以满足仓储作业要求。

【技能训练】:

1. 某一仓储企业计划今年改进仓储装卸搬运条件，想购买三台叉车，预算是50万元，那么叉车该如何选择呢?

2. 当前，可以从哪些方面来了解并且采购仓储设施设备?

3. 你知道中国叉车网吗？除此之外，还有哪些专业的仓储设施设备网站?

4. 目前，我国仓储设施设备的标准化怎么样，你了解吗?

5. 在仓储行业，目前仓储设施设备的应用情况怎样？仓储作业机械化、自动化甚至自动化程度高吗？其发展趋势有哪些?

6. 货架系统的选择依据是什么?

7. 如何选择卸载搬运设备以及确定装卸搬运设备的数量?

8. 分拣系统由哪些设备构成?

【习题自测】:

一、单选题

1. (　　)式货架平时可以密集相连排列，在存取货物时，货架沿轨道滑出，这样可以将仓库面积利用率提高到80%，主要用在档案管理等重要或贵重物品的保管中使用。

A. 旋转式货架　B. 驶入/驶出式货架　C. 移动式货架　D. 重力式货架

2. 尤其适用多品种的小件货物的存储保管的货架种类是(　　)。

A. 自动货架　B. 旋转式货架　C. 移动式货架　D. 托盘货架

3. 目前应用最广泛的叉车是(　　)。

A. 平衡重式叉车　B. 插腿式叉车　C. 内燃式叉车　D. 前移式叉车

4. (　　)货架主要用于储存整批纸箱包装商品和托盘货物，并且通常为大批量同品种、短时期储存的货物。

A. 悬臂式货架　B. 层架　C. 阁楼式货架　D. 重力式货架

5. 以下能使货物实现水平和垂直两个方向移动的仓储设备为(　　)。

A. 货架　B. 托盘　C. 手推车　D. 叉车

6. (　　)主要用于长料货物的搬运。

A. 侧面叉车　B. 前移式叉车　C. 插腿式叉车　D. 倍深式叉车

7. 托盘中使用量最大的是(　　)。

A. 平托盘　B. 柱式托盘　C. 箱式托盘　D. 轮式托盘

8. 下列关于货架说法不正确的是(　　)。

A. 移动式货架可节省通道面积，有普通商品货架和移动式托盘货架两个种类

B. 旋转式货架适于单一大批量物品的存取，易于管理，投资少

C. 重力式货架的优点是保证货物的先进先出、空间利用率极高

D. 旋转式货架拣货路线短，拣货效率高，便于库存管理

9. 下列货物最适合于重力式货架存储的是(　　)。

A. 少品种小批量的货物　B. 多品种小批量的货物

C. 多品种大批量的货物　D. 少品种大批量的货物

10. 仓库在整个物流系统中扮演着重要的角色，仓库一个最基本的功能是(　　)。

A. 存储功能　B. 移动功能　C. 信息传递功能　D. 预测功能

11. 下面哪一种不是我国国际 GB/T2934—1996 颁布的联运平托盘尺寸(　　)。

A. 1200 毫米×800 毫米　B. 1200 毫米×1000 毫米

C. 1000 毫米×800 毫米　D. 1100 毫米×1100 毫米

二、多选题

1. 仓库中常用的叉车有(　　)。

A. 平衡重式叉车　B. 前移式叉车

C. 侧面式叉车　D. 窄通道叉车

2. 货架的基本功能是(　　)。

A. 便于存储规格复杂多样的货物　B. 有效保护货物

C. 提高仓库空间的利用率　D. 减少装卸搬运的投入

3. 重力式货架的缺点是(　　)。

A. 只适用于大批量少品种的配送中心使用

B. 货物进出库作业时，叉车或堆垛机的行程最短

C. 投资成本高　D. 对托盘及货架的加工技术要求高

4. 在仓储环节中，主要的搬运设备有(　　)。

A. 载货汽车　B. 叉车　C. 托盘搬运车

D. 集装箱跨运车　E. 自动导引叉车

5. 叉车是仓库作业必备的设备，其主要特点有(　　)。

A. 有很强的通用性　B. 有装卸、搬运双重功能

C. 和各种叉车附件配合，可提高专业性和作业效率

D. 机动性强，活动范围大　　E. 设备购置费用低，投资省

6. 1996 年，我国颁布国家 GB/T-2934—1996 将联运平托盘尺寸规定为(　　)。

A. 800 毫米×1200 毫米　　B. 1000 毫米×1200 毫米

C. 1000 毫米×1000 毫米　　D. 1140 毫米×1140 毫米

E. 1219 毫米×1016 毫米

7. 仓储作业中的存货、取货可能用到以下(　　)设备设施。

A. 货架　　B. 叉车　　C. 堆垛机械　　D. 起重运输机

三、判断题

1. 悬臂式货架广泛应用在储存长形货物的仓库中。(　　)
2. 旋转式货架特别适用于大批量、少品种的配送中心。(　　)
3. 驶入/驶出式货架主要在档案管理等重要或是贵重物品的保管中使用。(　　)
4. 侧面式叉车是目前使用最广泛的叉车，占叉车总量的 80%左右。(　　)
5. 在叉车叉取托盘时，可以用叉齿推移、拖拉托盘。(　　)
6. 转叉式叉车主要用于窄或超窄巷道的作业。(　　)

四、简答题

1. 请阐述货架的功能和作用。
2. 托盘作为集装器具之一有哪些优势和不足?
3. 请说出常用的叉车有哪些类型，分别怎样操作?
4. 自动分拣系统有哪些优势?
5. 物流装卸搬运合理化的原则有哪些?
6. 试述集装单元化的概念和特点。

项目二　仓储运营作业

学习目标

【**知识目标**】：掌握商品入库作业流程、接运方法、验收方法；
掌握商品堆码方法、盘点方法以及商品的保养方法；
掌握商品出库的作业流程及需要注意的事项。

【**技能目标**】：能够正确完成货物的入库作业，独立完成接货作业、验收作业和办理入库交接作业；
能够正确地进行商品保管保养、合理堆码、快速准确盘点；
能够正确完成商品的出库作业、独立完成出库备货、补货和办理出库交接作业。

【**引入案例**】：

物流管理专业毕业的大学生小明已经在鑫鑫仓储物流中心的仓库工作了两年。在这两年中，依靠在大学期间积累的扎实的专业知识以及学校实训室的实训和毕业顶岗实习基础，小明很快适应和胜任了最初的工作。从最初的保管员做起，一路快速地晋升，今天的他已经是仓库的主管。这两年，物流政策环境好，公司顺势发展很快，仓储的业务急剧上升。他所在的仓库从三个人已经增至六个人，但是在出入库高峰时期，还是忙不开。是大家工作不够努力吗？小明知道不是，大家都在很“卖力”地工作啊！那是什么原因呢？小明思索着，回想着忙时的情景。大家的叫喊声似乎在耳朵萦绕，你说这样入库快些，他说那样出库差错少，效率高些……

“必须规范仓库作业流程了”，小明终于明确了一直以来在心里的那个不太确定的声音。

仓库作业流程是怎样的，怎样开展，涉及哪些主要作业环节，根据我们仓库的实际情况，应该怎样灵活应用，小明规划着，似乎看到了仓库有条不紊、忙而不乱的作业场景……

任务一 入库作业

【任务描述】:

远成集团湖北公司全称为湖北远成物流发展有限公司，坐落在武汉市汉阳区汉阳大道翠微街，是远成集团物流产业在湖北地区的分支机构，成立于2001年12月27日。作为远成集团在湖北物流市场的窗口，公司始终秉承远成集团"一诺千金，欲速必达"的物流服务宗旨，充分利用远成集团庞大的物流网络基础，协同远成集团在全国各地区中心城市的分支机构，竭诚为武汉及周边地区的广大客户提供最优质的服务。

这周日，公司从广州—武汉有一批日用商品，包括饼干、方便面类的食品、纯净水、洗涤液等到站。部门经理安排由公司新聘的员工小王来负责接货，小王正为这事发愁，怎么办呢？他情不自禁地问自己：我接货工作的主要职责是什么呢？怎么才能顺利地把货接下来，需要准备什么，万一接货发现了问题怎么处理？比如，包装破了，货物损坏缺少……小王一头雾水。

假如你是小王，由你来承担这次工作任务，你该怎样顺利地把货接下来？除此之外，你还知道哪些接货方式，分别应怎样操作？那么，接完货物后，怎样进行入库工作呢？

【任务分析】:

接货工作的主要职责是做好货物接运准备，保证所接货物安全无误地到达仓库，并协助做好货物入库工作。任务是及时而准确地向运输部门提取入库货物。

万一接货中发现问题，首先要找出是哪一方的责任，然后做好相应的记录，并有相关方签字证明，然后凭这些记录尽快处理和索赔。接货是入库作业的第一环，其后还有货物验收、搬运入库并办理入库手续等。

【知识精讲】:

入库作业是仓储作业的第一步，标志着仓储工作的开始，其水平的高低，直接影响到仓储作业的效率和效益。入库作业内容主要包括入库准备、接货、验收、搬运入库并办理入库手续等。

一、入库准备及接货

入库准备是仓储管理者根据仓储合同或者入库单，及时对即将入库的货物安排储位及相关的作业人员、所需设备的协调工作，其主要目的是保证入库作业的顺利开展。

(一)入库准备

具体入序准备事宜见表2-1：

表2-1　**入库准备事宜**

准备事项	具备技能
1. 知货	会查阅入库货物资料，熟知所接货物品名、规格、数量、包装状态、单件体积、装卸搬运注意事项、到货确切时间、货物理化特性、保管特殊要求等
2. 知储位和器具	熟悉仓库库场情况，能制订储存计划，妥善安排货位，做好货位准备，并能设定装卸搬运路线。同时能准备需要的苫垫材料、验收作业用具等
3. 知单证	能做运输普通或商务记录、填写卸货单，做好文件单证准备
4. 知道常见问题的处理方法	一是明确责任(分清是运输部门、承运人、还是其他方面的责任?)；二是清楚手续(是否有相应记录、签字等?)

(二)货物的接运方式及接货

接货又称货物接运，是指向托运方或者承运方办清业务交接手续，按时按量地将货物安全地接运回仓库，并协同仓管员做好货物的入库工作。接货是货物入库业务流程的第一道作业环节，是仓库与外部发生的经济联系，做好货物接运业务管理，可以防止把在运输过程中或运输之前已经发生的货物损害和各种差错带入仓库，减少或避免经济损失，为验收和保管业务创造良好的条件。见表2-2：

表2-2　**货物的接运方式**

货物的接运方式	接货操作及注意事项
1. 车站、码头提货	(1)了解接运物品。了解所提物品品名、型号、特性和一般保管知识、装卸搬运注意事项等 (2)核对与检查。详细核对品名、规格、数量，并要注意外观，查看包装、封印是否完好，有无玷污、受潮、水、油等异状(依据运单以及有关资料) (3)运输维护与处理。在短途运输中，做到不混不乱，避免碰坏损失 (4)到库检验与入库。物品到库后，提货员应与保管员密切配合，尽量使提货、运输、验收、入库、堆码形成一条龙作业，从而缩短入库验收时间，并办理内部交接手续

续表

货物的接运方式	接货操作及注意事项
2. 专用线到货接车	(1)接到专用线到货通知后，应立即确定卸货货位，力求缩短场内搬运距离；组织好卸车所需的机械、人员以及有关资料，做好卸车准备 (2)车皮到达后，引导对位，进行检查 (3)卸车时要注意为验收和入库保管提供便利条件，分清车号、品名、规格，不混不乱；保证包装完好，不碰坏，不压伤，更不得自行打开包装 (4)编制卸车记录，记明卸车货物规格、数量，连同有关证件和资料，尽快与保管员办好内部交接手续
3. 仓库自行接货	(1)要求：简称自提，即仓库接受货主委托直接到供货单位提货，并且将这种接货与检验工作结合起来同时进行 (2)操作：到供货单位后，首先出示提货通知，经检查无误后，双方当场检验货物(质量、数量)，并且做好验收及接货记录，办理交接手续，划清责任
4. 库内接货	(1)要求：存货单位或供货单位将物品直接运送到仓库储存 (2)操作：首先办理交接手续(保管员或验收员直接与送货人员)，接着当面验收并做记录(若有差错，则填写记录，由送货人员签字证明，据此向有关部门提出索赔)

(三)接货工作中发现问题的处理

货物在运输中，由于各种原因造成货物的短缺、破损、受潮以及其他差错事故，不管责任属于哪一方，都应保护现场，做好事故记录，划清责任界限，并以此作为事故处理和索赔依据。

可能发现的问题：错发、混装、漏装、丢失、损坏、受潮、污损及单证少缺等，如果有这些问题，那么首先找出造成差错的原因：是发货单位造成的，承运单位造成的，还是接运短途运输装卸中造成的？然后尽快处理，即尽量保护现场，做好事故记录，找责任方，划清责任界限，凭记录证据协商调节或索赔。

二、入库货物验收

货物入库之前，必须对货物进行验收，只有验收合格后方可入库。这里的验收也指检验(inspection)，即根据合同或标准，对标的物的品质、数量、规格、包装等进行检查、验证的总称。搞好商品验收，可为商品的储存保管工作打下良好的基础，能够对生产企业起到监督和促进作用，同时，验收记录是索赔、退货、换货的主要依据。货物验收完毕后，应尽快签返验收入库凭证(即验收单)，使货物及时入库。

常见的验收单见表2-3、表2-4：

表 2-3　　入库验收单(范例 1)

年　月　日　　　　　　　　　　　　　　　　　　　　编号：

<table>
<tr><td>入库名称</td><td colspan="3"></td><td>数量</td><td colspan="2"></td></tr>
<tr><td>验收部门</td><td colspan="2"></td><td>验收人员</td><td colspan="3"></td></tr>
<tr><td rowspan="2">验收记录</td><td rowspan="2" colspan="3"></td><td rowspan="2">结果</td><td colspan="2">合 格</td></tr>
<tr><td colspan="2">不合格</td></tr>
<tr><td rowspan="2">入库记录</td><td>入库</td><td colspan="2">单位</td><td colspan="2">入库</td><td>部门</td></tr>
<tr><td>主管</td><td colspan="2">经办</td><td colspan="2">主管</td><td>入库人</td></tr>
</table>

表 2-4　　入库验收单(范例 2，企业内部验收)　　年　月　日

<table>
<tr><td colspan="2">来货单位</td><td colspan="2"></td><td colspan="5">提单号</td></tr>
<tr><td>品名</td><td>规格</td><td>单位</td><td>数量</td><td>进货单价</td><td>总金额</td><td>核拨价</td><td>合同号</td><td>验收及处理意见</td></tr>
<tr><td></td><td></td><td></td><td></td><td></td><td></td><td></td><td></td><td></td></tr>
</table>

采购员　　　　　　仓管员　　　　　　财务　　　　　　核价员

备注：1. 此表一式三联：分别交采购部、仓管部、财务保存和记账；

2. 使用办法：前 4 列由采购员填写，第 5 列由核价员填写，第 6 列验收后由采购员填写。

目前，验收单还没有固定统一的格式，其验收项目及货物信息详略程度也主要根据企业的实际需要来定，但不管采用何种格式，必须详细记载交接单位和经办人。

(一)商品验收程序

商品验收程序及操作见表 2-5：

表 2-5　　商品验收程序及操作

步　骤	操作说明
1. 验收准备	货物入库验收的第一道程序。主要工作有：收集整理所需凭证；熟悉验收要求；准备所需器具；准备所需材料；落实存放地点
2. 核对凭证	主要有三类凭证： 一是由货主提供的入库通知单、订货合同副本； 二是由供货单位提供质量保证书、装箱单、说明书、保修卡等； 三是由承运单位提供提货通知单、货运单、货运记录单等
3. 确定验收比例	根据合同要求确定验收比例，合同无要求时，从以下要素考虑：商品价值、商品性质、气候条件、厂商信誉、生产技术等

续表

步　骤	操作说明
4. 实物验收	一是大数点收（即大包装数量验收）和包装的外观检查；二是细数（即每包内的具体数量）和质量的验收
5. 做出验收记录	根据验收结果，仓管员要认真填写仓库商品验收单
6. 验收中发现问题的处理	在货物验收过程中，会发现各种各样的问题，比较常见的问题有数量上的短缺、质量上的缺陷、包装上的残损，以及业务资料、凭证的不符不齐全等，针对每种情况采用相应的处理方式。一般数量短缺可以按照实际数量质检收货，或者与货主协商补货到齐后再一起收货；质量不符合要求的则一律拒收；入库前已有部分货损残损的，则首先查明是哪一方责任，再协商处理；证件不齐全时，商品堆放在待检区，证齐后再验收，在此之前不验收、不入库、更不发料；单证不符的待处理，不得动用

（二）数量检验的方法和标准

数量检验是保证入库货物数量准确的必要措施，入库时一次进行完毕，一般在质量检验之前，由仓管方组织进行。根据货物性质和包装情况，主要有以下三种检验方法：

1. 计件法

即对以件数供货或以件数为计量单位的物品，在数量检验时清点其全部件数的做法。一般带有附件和成套的机电设备还需检查主件、构建、部件、零件和工具；固定包装的小件物品，如果包装完好，打开会对保管不利的，那么国内货采用抽检法按一定比例开箱点件验收，一般抽检5%～15%，其他的只点大包装数，即大数点收；贵重物品应酌情提高检验比例或全点；进口货物则按合同或者惯例办理。

2. 检斤法

检斤是对按重量来供货或以重量为计量单位的物品，在数量检验时称重。货物重量一般有毛重、皮重和净重之分。毛重是指货物包括包装在内的重量；净重是指货物本身的重量；皮重是指包装的重量。一般毛重减去皮重等于净重。

物品重量一般是指其净重。金属材料及有些化工产品多半是按理论换算检斤验收，先通过检尺，然后按规定的换算方法换算成重量验收，对于进口货物，原则上全部检斤，若合同另有约定按理论换算重量交货，则按合同规定办理。另外，有标量或者标准定量的化工产品，按标量计算，核定总重量。

所有检斤货物，都应填写磅码单，必要时还要做好换算依据等记录。

3. 检尺求积法

检尺求积是对以体积为计量单位的物品，如木材、钢材、竹料、沙石等，先检尺，后求体积的数量验收。

小看板：数量检验的范围

- 不带包装(散装)货物的检斤率为100%，不清点件数；有包装的毛检斤率为100%，回皮率为5%~10%，清点件数为100%；
- 定尺钢材检尺率为10%~20%；非定尺钢材检尺率为100%；
- 贵重金属材料100%过净重；
- 有标量或者标准定量的化工产品，按标量计算，核定总重量；
- 同一包装、规格整齐、大批量的货物，包装严密、符合国家标准且有合格证的货物采取抽查的方式验量。抽查率为10%~20%。

(三)质量检验方法和标准

质量检验包括货物的外观质量检验和内在质量检验。

1. 外观质量检验

外观质量检验主要包括：(1)包装检验；(2)货物外观检验；(3)货物重量、尺寸检验；(4)标签、标志检验；(5)气味、颜色、手感检验。这些一般由仓库自行组织进行，检验的方法主要是依靠检验人员的感官来查验，即视觉检验、听觉检验、触觉检验及嗅觉、味觉检验。例如，检查包装有无撬开、开缝、挖洞、污破损、水渍和沾湿等不良情况；检查货物是否受潮、变形、玷污、破碎、腐蚀、霉烂、损伤等。

外观质量一般需要全部检验，检验后，及时填写检验记录单。

2. 内在质量检验

内在质量检验是对货物的内容进行检验，包括机械物理性能、化学成分、使用功能等进行鉴定。内在质量检验一般由专业技术检验单位进行，经检验后出具检验报告说明货物质量。检验的方法主要是依靠专业的测试仪器检验和运行检验，根据货物的情况抽检或者全检。

小看板：质量检验的范围

- 带包装的金属材料，抽验5%~10%；无包装的金属材料全部目测查验。
- 入库量10台以内的机电设备，验收率为100%；100台以内，验收不少于10%；运输、起重设备100%查验。
- 仪器仪表外观质量缺陷查验率为100%。
- 易于发霉、变质、受潮、变色、污染、虫蛀、机械性损伤的货物，查验率为5%~10%。
- 外包装质量缺陷检验率为100%。
- 对于供货稳定，信誉、质量较好的厂家产品。特大批量货物可以采用抽查的方式检验质量。
- 进口货物原则上100%逐件检验。

三、入库手续办理

验收合格的商品需要办理入库交接手续(接收货物、接收文件、签署单证)，进行登账、立卡和建档，这是入库作业的最后一个环节。

(一)登账

商品入库后，要及时登记入账。如果是电子数据库，即仓储管理信息系统，则按系统要求进入入库子系统，完成相应的入库成功确认。如果是纸质登账，则必须遵循以下规则:

(1)必须以正式合法的凭证为依据，如入库单、出库单等。

(2)一律用蓝、黑墨水笔登账，用红墨水笔销账。

在记账时，其数字书写应只占空格的2/3，便于改错。如果登账有误，不得刮擦、挖补、涂抹或用其他药水更改字迹。正确的操作是在错误处下面用红笔画一横线，表示注销，然后在其上方填上正确的文字或数字，并在更改处加盖更改者的印章。

(3)登账要连续、完整，不得隔行、跳页；账页应依次编号，年末结存后转入新账，旧账页入档妥善保管。

(4)每天登账，经常查对，保证账账相符、账卡相符、账物相符。材料进库日报表样表见表2-6:

表2-6　　材料进库日报表　　编号:　　年　月　日

名称	单位	数量	原库存量	现有存量	供应厂商	备注

填表:　　审核:　　制表:

(二)立卡

立卡就是对入库到相应储位上的货物填写货卡，一般插放在货物下方的货架支架上或摆放在货垛正面的明显位置。货卡又称料卡、货牌，上面记载了货物的一些基本信息，如货品编号、名称、规格、管理员姓名、供应商名称、入出库情况等。每次货物入库上架或者码垛后，都应按入库单所列内容填写货卡，并且发货后应按出库凭证随发随销，及时更新。货卡样式见表2-7:

表 2-7　　　　　　　　　　　　**货卡(料卡)范例**

日期	单据号码	发料量	存量	收料量	退回	订货记录	备注

目前，货卡样式也没有统一或者固定格式，关于商品信息的详略程度，一般根据企业的实际情况而定。

(三)建档

入库商品都应该建档，档案应一物一档，统一编号，妥善保管。其保存期限根据实际情况来定，一般库区气候资料和商品储存保管的试验资料应长期保存。存档资料一般包括以下内容：

(1)在出厂时，货物的各种技术资料和凭证，如合格证、装箱单、质量标准、送货单、发货清单等。

(2)货物运输单据、普通记录、货运记录、残损记录、装载图等。

(3)入库通知单、验收记录、磅码单、技术检验报告。

(4)保管期间的检查、保养作业、通风除湿、翻仓、事故等直接操作记录；存货期间的温度、湿度、特殊天气的记录等。

(5)出库凭证，交接签单、送出货单、检查报告等。

(6)回收的仓单、货垛牌，仓储合同、存货计划、收费存根等。

(7)其他有关该货物仓储保管的特别文件和报告记录。

当然，随着仓储的信息技术的广泛应用，建档工作会越来越容易，并且有的步骤可以省去。但是，不管信息技术怎样发展，入库的手续登账、立卡和建档这三个环节是必不可缺的。

【技能训练】：

1. 你知道吗？远成武汉分公司的货物接运是哪一种接货方式呢？在此种接运方式中要注意哪些事项？

2. 2013 年 7 月 10 日，远成集团湖北公司从广州—武汉通过铁路有一批商品到站。基本信息如下表：

品名	规格	单位	数量	单价	金额	备注
螺帽	200 毫米	个	500	1.00	500.00	
螺栓	200 毫米	个	500	2.00	500.00	
漏电保护器	3 型	盒	100	10.00	1000.00	

部门经理安排由公司新聘的员工小王来负责完成这批货物的入库工作，小王该如何完成这批货物的入库？

【习题自测】：

一、判断题

1. 仓库作业过程是仓库以入库、出库为中心的一系列作业阶段和作业环节的总称。(　　)

2. 铁路专用线接运在卸车前进行检查。(　　)

3. 专用线接运卸车过程中要按车号、品名、规格分别堆放；对品名不符、包装或损坏的商品，应另外堆放，写明标志，并会同承运部门进行检查，编制记录。(　　)

4. 在完成商品接运工作的同时，每一个步骤应有详细的记录，并详细列明接运商品到达、接运、交接等各环节的情况。接运工作全部完成后，所有的接运资料，如接运记录、运单、运输普通记录、货运记录、损耗报告单、交接证以及索赔单和文件、提货通知单及其他有关资料等均应分类输入电脑系统以备复查。(　　)

5. 办理商品入库交接手续必须核对凭证，其中入库通知单、订货合同副本由供货单位提供。(　　)

6. 数量检验时有标量或者标准定量的化工产品，按标量计算，核定总重量。(　　)

7. 对于供货稳定，信誉、质量较好的厂家产品，特大批量货物可以采用抽查的方式检验质量。(　　)

8. 外包装质量缺陷检验率为99%。(　　)

9. 仪器仪表外观质量缺陷查验率为100%。(　　)

10. 数量检验时清点件数为90%。(　　)

11. 在办理入库手续时，登账要连续、完整，可以隔行、跳页。(　　)

二、单选题

1. 内在质量检验是对货物的内容进行检验，不包括(　　)进行鉴定。

A. 物理结构　　B. 化学成分　　C. 使用功能　　D. 感官检验

2. 在数量检验时，不带包装(散装)货物的检斤率为(　　)，不清点件数。

A. 60%　　B. 80%　　C. 90%　　D. 100%

3. 在数量检验时，同一包装、规格整齐、大批量的货物，包装严密、符合国家标准且有合格证的货物采取抽查验量。抽查率为(　　)。

A. 10%~15%　　B. 5%~10%　　C. 0%~5%　　D. 10%~20%

4. 以下(　　)货物的接运方式一般将接货与检验工作结合起来同时进行。

A. 铁路专用线接货　　B. 车站、码头提货

C. 仓库自行接货　　D. 仓库内接货

5. 数量检验时贵重金属材料(　　)过净重。

A. 60%　　B. 80%　　C. 100%　　D. 90%

三、多选题

1. 仓库作业过程是仓库以(　　)为中心的一系列作业阶段和作业环节的总称。

   A. 入库　　B. 进货　　C. 保管　　D. 出库

   E. 搬运

2. 一般根据合同要求确定验收比例，合同无要求时，可以从以下(　　)要素考虑。

   A. 商品价值、商品性质　　B. 气候条件

   C. 厂商信誉　　D. 生产技术

3. 常用的检验方法有(　　)。

   A. 视觉检验　　B. 听觉检验　　C. 触觉检验嗅觉　　D. 味觉检验

   E. 测试仪器及运行检验

4. 数量检验的方式有(　　)

   A. 计件　　B. 检斤　　C. 检尺求积　　D. 整车复衡

5. 接货工作中可能发现的问题有(　　)。

   A. 错发、混装　　B. 漏装　　C. 丢失、损坏　　D. 受潮、污损

四、简答题

1. 货物接运的方式有哪些？
2. 简述商品入库检验与验收的作用和内容。
3. 怎样办理入库交接手续，需要注意哪些事项？

任务二　储存保管保养作业

【任务描述】：

又到一年一度的梅雨季节了，小明所在的仓库最近苫垫材料用得比较多。入库商品特别是怕潮怕湿商品堆码时非常注意衬垫防潮，尽管如此，在通风散潮、盘点及出库时还是发现了部分商品受潮，甚至少量的霉腐。另外，还发现有些商品有异味，有些底层商品发粘发软了……尽管每次这些损耗数量不是很多，但一个月汇总统计下来，损耗商品的金额还是让人吃惊。这不，仓库又接到了"关于进一步加强在库物资的保管保养和控制库存损耗的通知"。怎样做好在库物资的保管保养工作呢？小明思索着……

【任务分析】：

商品保管保养是一项综合性、科学性的应用技术工作，它是针对商品不同的特性积极主动创造适宜的储存条件，采取合适的措施，以保证商品储运的安全，保证储存质量，减少损耗，并同时控制储存费用开支，为企业创造经济效益和社会效益。商品保管保养的基本思想是“以防为主，防治结合”，其内容包括进库商品的合理堆码衬垫、及时的盘点和整个储存期的科学保管保养。

【知识精讲】：

一、堆码苫垫作业

为便于保管和装卸、运输，按一定要求被分类堆放在一起的一批物品称为货垛(Goods Stack)。以货垛方式存储的货物需要进行必要的堆码和苫垫作业。

(一)堆码作业

堆码(stacking)是指将物品整齐、规则地摆放成货垛的作业(《物流术语》GB/T18354—2006)。货物堆码包括码垛和苫垫，涉及码垛设计、堆码方式、货垛衬垫加固和苫盖等。在堆码作业时，一般会根据商品的特性、形状、规格、重量及包装质量等，同时考虑到仓库地坪承载能力、仓容定额和储存的要求，将商品分别叠堆成各种垛型。精湛的堆码技术、合适的垛型、合理的码垛，对提高仓容利用率和入库商品的储存保管质量，以及入出库收发作业效率和商品养护的效果，有着不可低估的作用。堆码的基本原则与要求见表2-8。

表 2-8　　**堆码的基本原则与要求**

堆码的基本原则与要求	作用与意义
(1)分区分类堆存	是保证物品储存质量的重要手段，是堆码必须遵循的第一原则。包括不同类别分区分类堆存；不同规格批次的物品分类分堆存放；残损次品与合格物品分开堆存；需分拣的物品分拣后分开堆存
(2)面向通道、不围不堵	指货物的包装标志面向通道，便于识别，这样可以方便出入库，方便货物库内的移动，提高仓库物流速度和作业的安全性
(3)尽可能码高、货垛稳固	可以极大地提高仓容利用率，但必须重不压轻、大不压小、缓不压急、重心居中，货垛要稳固牢固
(4)适当的搬运活性、摆放整齐	可以减少作业时间和次数，极大提高物品装卸搬运的效率和质量，降低货损
(5)尽量“五五化”堆码	即每垛商品(长或者宽)按五或者五的倍数来堆码，便于清点计数

(二)码垛设计

1. 垛基

垛基是整个货垛的基础，类似于建筑物的地基，需要有较好的承重能力。设计时必须保证垛基能将整垛物品的重量均匀地传递给地坪；同时，保证垛基空间为搬运作业提供方便，并将物品与地面隔离，起到防水、防潮和通风的作用；也保证垛基存放的物品不发生变形。

2. 垛形与码垛

(1)垛形的概念。

垛形是指货垛的外部轮廓形状。不同的跺形其稳定性不一样，对货物的安全保证能力也不一样，相应的苫盖方式也不一样。根据货垛立面的形状可将垛型分为矩形、正方形、三角形、梯形、半圆形，另外，还可以组成矩形—三角形、矩形—梯形、矩形—半圆形等复合形状。常见的垛形有平台垛、立体梯形垛、起脊垛、井形垛、梅花形垛、行列垛。

(2)码垛操作的基本要求。

码垛操作有六大基本要求，即合理、牢固、定量、整齐、节约、方便。具体要求如下：

➢ 合理：即不同性质、品种、规格、等次、批次的货物和不同客户的货物堆放合理，不混存，分开堆放。货垛的形式合理，即货垛的形式适应货物的性质，有利于货物保管，能充分利用仓容和空间；货垛间距合理，符合作业要求以及防火安全要求，做到大不压小，重不压轻，缓不压急，不会围堵货物，特别是后进货物不堵先进货物，确保先进先出。

➢ 牢固：即堆放稳定结实，货垛稳定牢固，不偏不斜，必要时采用衬垫物料固定，不压坏底层货物或者外包装，不超过库场地坪承载能力。当货垛较高时，上部适当向内收小。易滚动的货物，使用三角木或木契固定，必要时使用绳索、绳网对货垛进行绑扎固定。

➢ 定量：即每一货垛的货物数量保持一致，能过目成数。因此，常采用固定的长度和宽度，且为整数，如堆袋成行，每层货量相同或成固定比例递减。同时，每垛的数字标记清楚，货垛牌或者料卡填写完整，摆放在显眼位置。

➢ 整齐：即货垛堆放整齐，货垛上每件货物都摆放整齐，垛边横看成行，竖看成列，垛不压线，货物外包装的标记和标志一律朝垛外。

➢ 节约：即尽可能堆高，避免少量货物占一个货位，以节约仓容，提高仓库利用率；妥善组织安排，做到一次作业到位，避免重复搬运，节约劳动消耗；合理使用苫垫材料，避免浪费。

➢ 方便：即选用的垛型、尺度、堆垛方法应方便堆垛、搬运装卸作业，以提高作业效率；同时，垛型方便点数、查验货物，方便通风、苫盖等保管作业。

3. 货垛参数

货垛参数是指货垛的长、宽、高，即货垛的外形尺寸，它决定了货垛的大小，一般每

小看板：货垛的“五距规范”

1. 顶距：平顶库房顶距为0.2~0.5米以上，人字形屋顶以不超过横梁为准；

2. 灯距：库内照明灯要求安装防暴灯，灯头与商品的平行距离不少于0.5米；

3. 墙距：外墙距为0.3~0.5米，内墙距为0.1~0.2米，货场只有外墙距，一般为0.8~3米；

4. 柱距：一般留0.1~0.3米的柱距；

5. 垛距：库房一般为0.5~1米，货场一般不少于1.5米。

此外，对于易燃商品还应该留出适当的防火间距。

个货垛不宜过大，以便于货物先进先出和货位的周转。

在货垛参数设计时，一般先确定货垛的长度，如长形材料的定尺长度就可作为货垛的长度，而包装成件成箱的物品的垛长应为包装长度或者宽度的整数倍。货垛的宽度则根据库存物品的性质、保管条件要求、搬运方式、数量多少以及收发制度等确定，一般多以两个或者五个单位包装为货垛宽度。货垛的高度主要考虑到库房的高度、地坪承载能力、物品本身和包装物的承压能力以及装卸搬运设备情况来确定，如果可能，则应尽量堆高，以提高仓容利用率。

(三)码垛方法

1. 重叠式

重叠式又称直堆法，是逐件、逐层向上重叠堆码，一件压一件的堆码方式。为了保证货垛稳定，通常在堆码一定层数后改变方向继续向上，或者长宽各减少一件继续向上堆放(俗称四面收半件)。这种堆码方法方便计数，但稳定性较差，适用于袋装物品、箱装、箩筐装物品，以及平板、片式物品等。堆出来的垛形常呈平台垛或者立体梯形垛。见图2-1：

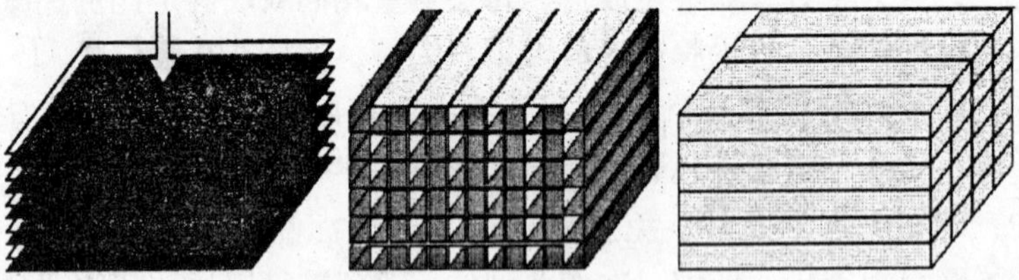

图2-1　重叠式堆码

2. 压缝式

即将底层并排摆放，上层每件放在下层的两件货物之间。上下层件数的关系依次为“2顶1”、“3顶2”、“4顶3”、“5顶4”、“6顶5”等。这种堆码如果每层货物都不改变方向，则形成梯形状；如果每层都改变方向，则类似于纵横交错式。见图2-2：

图 2-2　压缝式堆码

3. 纵横交错式

即在堆码时，每层货物都改变方向向上堆放。这种堆码方法使得上下相邻两层相互压住，较为稳定，但操作起来不方便，需要的作业空间较大。适用于管材、捆装、长箱装物品等。见图 2-3：

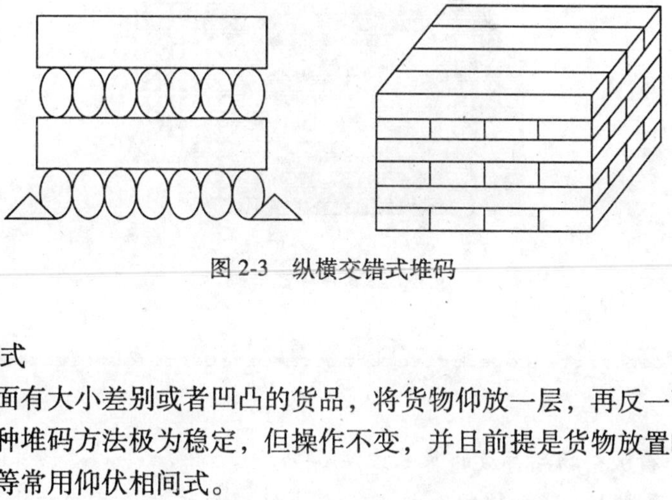

图 2-3　纵横交错式堆码

4. 仰俯相间式

即对上下两面有大小差别或者凹凸的货品，将货物仰放一层，再反一面伏放一层，仰伏相见相扣。这种堆码方法极为稳定，但操作不变，并且前提是货物放置时能倒置。如槽钢、钢轨、箩筐等常用仰伏相间式。

5. 通风式

即货物在堆码时，每件相邻的货物之间都留有空隙，或层与层之间采用压缝式、纵横交叉式及通风材料，以便通风。这种方法适用于需要通风量较大的货物堆码。可以用于所有箱装、桶装以及裸装物品堆码。见图 2-4：

6. 衬垫式

即在码垛时，隔层或者隔几层铺放衬垫物，衬垫物平整牢靠后，再往上堆码。

这种方式适用于不规则且较重的物品，如无包装电机、水泵等。

7. 直立式

即货物保持垂直方向码放的方法。使用于不能侧压的货物，如玻璃、油毡、油桶、塑料桶等。

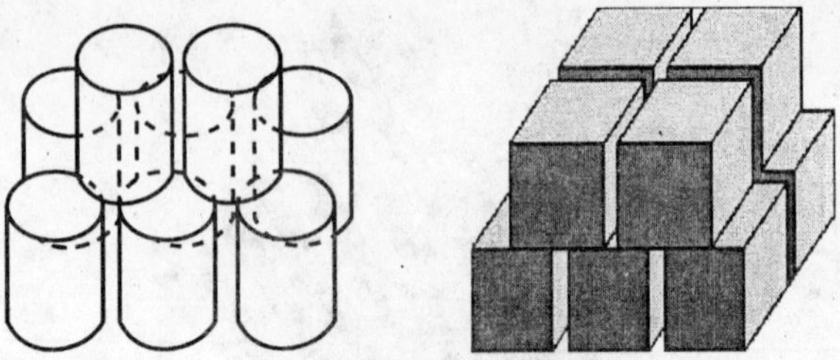

图 2-4　通风式堆码

8. 栽柱式

即码放货物前在货垛两侧栽上木桩或者钢棒，然后将货物平码在桩柱之间，几层后用铁丝将相对两边的柱栓联，再往上摆放货物。这种方法适用于棒材、管材等长条状物品。见图 2-5：

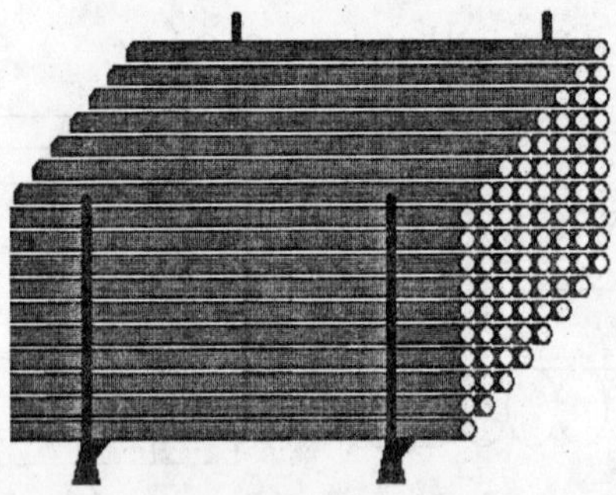

图 2-5　栽柱式堆码

小看板：物品存放的基本方法

1. 货架存放法。即将货物存放在货架上的储存方法。适用于小件、品种规格复杂且数量较少，包装简易或脆弱、以损害、不便堆垛，特别是价值高而需要经常查验的货物存放；

2. 散堆法。即直接将货物就地堆高储存的堆码方法。适用于粮食、碎料、煤炭、矿石、石灰及黄沙等没有包装的大宗货物。由于散堆货物具有流动性和散落性，因此，货垛之间应该留有加大的间距；

3. 堆垛法。即上面介绍的码垛法，也就是将货物按一定规则进行堆垛存放。适用于有包装(如箱、桶、袋、箩筐、捆、扎等包装)的货物和裸装的计件货物等。此法能充分利用仓容，做到仓库内整齐，方便作业和保管。

(四)垫垛

1. 垫垛的概念

垫垛是指在货物码垛前，在预定的货位地面位置，使用衬垫材料进行铺垫。常见的衬垫材料有：枕木、废钢轨、货板架、木板、帆布、芦席、钢板等。

2. 垫垛的目的

垫垛的目的是使地面平整，堆垛货物与地面隔离，地面杂物、尘土与货物隔离；货物的泄漏物能留存在衬垫材料之内，不会流动扩散，便于收集和处理，同时通过强度较大的衬垫物使重物的压力分散，避免地坪的损伤。

3. 垫垛的基本要求

首先，衬垫物应具有足够的抗压强度，垫垛的地面要平整坚实，衬垫物要摆平放正，并保持同一方向；其次，衬垫物间距适当，直接接触货物的衬垫面积与货垛底面积相同；最后，衬垫要有足够的高度，露天堆场一般要达到0.3~0.5米，库房内0.2米即可。

(五)苫盖

1. 苫盖的概念

苫盖是指采用专用苫盖材料对货垛进行遮盖，以减少自然环境中的阳光、雨雪、刮风、尘土等对货物的侵蚀、损害，并尽可能减少货物由于自身理化性质所造成的自然损耗，确保货物在储存期间的质量。常用的苫盖材料有芦席、竹席、帆布、油毡布、油毡纸、塑料膜、铁皮铁瓦、玻璃钢瓦、塑料瓦等。

2. 苫盖的目的和要求

苫盖的目的是为了给货物遮阳、避雨、挡风、防尘。苫盖的要求就是为了实现苫盖的目的，因此，需要选择合适的苫盖材料(如防潮防火等)，苫盖牢固，必要时在苫盖物外用绳索、绳网绑扎或者用重物压盖，接口要紧密，底部应与垫垛平齐，不能拖地或腾空，不露出垛外，并牢固地绑扎在垛外侧或地面的绳桩上，苫盖时还要注意苫盖材质和季节。

3. 苫盖的方法

常见的苫盖方法归纳见表2-9：

表2-9　常见的苫盖方法及说明

方　法	说　明
(1)就垛苫盖法	即直接将大面积的苫盖材料(如帆布、油布、塑料膜)覆盖在货垛上遮盖，此方法操作简单方便，比较适宜于起脊躲和大型包装货物的苫盖，但基本不通风
(2)鱼鳞式苫盖法	即将苫盖材料从货垛的底部开始逐渐向上围盖，从外形看似鱼鳞状逐层交叠。此法一般采用面积较小的席子、瓦等材料，如果需要顶部和四周通风，即可以通过席子下部翻转来隔离苫垛实现

续表

方法	说明
(3)活动棚苫盖法	即采用及时安装活动棚架方式苫盖或者将苫盖物做成一定形状的棚架，需要时移动棚架到货垛上苫盖。此方法苫盖时快捷，通风性能好，但活动棚需要占用仓库位置，购置成本也较高
(4)隔离苫盖法	即用竹竿等在货垛四周及垛顶隔开一定空间打起框架，框架上盖上苫盖材料(如油布、塑料等)，使苫盖材料与货物隔离开来。此方式防雨、隔热功能较好

二、盘点作业

仓库中的货物总是处于不断的收发存动态变化中，在作业过程中可能有差错，如果存放时间太长或者保管保养不当以及计量工具的合理误差，则也会有数量和质量的变化，日积月累，库存的账面数据与实际存量就会不相符。为了对库存物资的数量进行有效的控制，并核实其在库中的质量情况，必须定期或者不定期地对其进行清点和检查，这一过程称为盘点作业。

(一)盘点作业的目的

1. 确定现存量，并修正料账误差

通常物料在一段时间不断接收与发放后，容易产生误差，这些误差的形成主因有：

(1)库存资料记录不确实，如多记、误记、漏记等。

(2)库存数量确实发生了变化，如损坏、遗失、验收与出货清点出错等。

(3)盘点方法选择不恰当导致误差，如误盘、重盘、漏盘等。

2. 计算企业之损益

通过盘点，除了可以核实平常收发存过程中的差错外，还可以检查库存量是不是最佳数量以及储存期是否恰当，这种检查可以直接反映企业流动资产的使用情况，准确地计算出企业一段时间内的实际损益。

3. 稽核货品管理的绩效

通过盘点，可以使每一种库存物资的出入库的管理方法和保管状态变得清晰。如呆、废品的处理状况，存货周转率、物料的保养维修，均可借盘点发现问题，以谋改善之策。

(二)盘点的方法

1. 根据盘点的形式分为账面盘点和现货(实物)盘点两种

(1)账面盘点。

又称为永续盘点法，即从存货账卡或电脑库存数据库上查询物品的盘点期内出入库信息、库存结余量及库存金额，一般根据每天进出库的情况逐笔汇总，此法简单易行。

(2)现货(实物)盘点。

现货(实物)盘点法又简称实盘，是实际去仓库清点核实所要盘点的物资的库存量，并依据货品单价计算出实际库存金额，包括动态盘点法、连续(循环)盘点法和期末盘点法。

动态盘点法是只要商品发生过收发作业，就马上核对商品余额是否与账卡相符的方法。此法有利于及时发现差错并及时处理，一般适用于贵重库存商品或对企业生产经营至关重要的物资。

连续盘点法也称循环盘点法，是指每天或者每周按顺序清点一部分商品，一个循环周期将每种物品至少清点一次的方法。在实际操作时，可以按货区实行分区轮盘、分批分堆盘点、最低存量盘点，逐次循环。

期末盘点法是指在会计期末计算时统一清点所有库存商品数量的方法。此时所有的物品需要一次清点完毕，工作量大，并且所有的进出库作业都必须停止，因此，有时候会影响生产经营。

2. 根据盘点的时间安排有定期(例行)盘点、临时盘点和抽盘

(1)定期(例行)盘点。

即规定每月某日为仓库的盘点日，逢法定节假日可另行安排的方法。它是仓库开展自查自检的好方法，也是货品管理的需要。

(2)临时盘点。

即在企业发生较大人事变动或者有货损货差及临时其他需要时，临时安排盘点。

(3)抽盘。

即根据需要，除了例行盘点、临时盘点外，专门安排人员按照一定比例密度进行随机抽盘。

(三)盘点的程序及操作

1. 盘点准备

仓库盘点工作必须有充分的准备，主要有盘点程序和方法的确定、人员的选定、盘点资料的准备以及盘点人员的培训。

(1)确定盘点程序与方法。

首先对于以往盘点工作的不理想先加以检讨修正后，再确定盘点程序与方法。通常企业的盘点程序与方法应经过会议通过后列入企业正式的盘点程序或盘点制度中。

(2)决定盘点日期。

因为在盘点时，计划盘点的货品一切收发工作都必须停止，所以盘点时间的决定要配合财务部门成本会计的决算选择销售淡季，如每月进行重点存货盘点及财务盘点，每半年进行一次全面的存货盘点及财务盘点，每年进行一次全面的财务盘点。

(3)盘点人员的确定。

盘点人员的确定主要是选定总盘人、主盘人、会点人、协点人以及监点人。

- 总盘人——负责盘点工作的总指挥，督导盘点工作的进行及异常事项的裁决；
- 主盘人——负责实际盘点工作的推动；
- 会点(初盘)人——负责数量点计；
- 填表人——负责填写盘点人的数量记录；

➢ 核对(复盘)人——与盘点人分段核对填表人的填写情况，确保数据准确性；
➢ 协点人——负责盘点时，料品搬运及整理工作；
➢ 抽查(监控)人——由总经理派员担任，负责盘点过程的抽查监督。

(4)盘点人员培训。

由于盘点工作量较大，除仓储部门外，其他部门必须增派人员协助进行。为了保证盘点工作顺利进行，必须施以短期培训，使每位参与人员充分发挥其作用。一般人员培训分两部分：一是对所有人员进行盘点方法训练；二是针对复盘与监盘人员进行认识货品的训练。

(5)盘点资料的准备。

包括盘点所需要的库存资料和盘点记录及盘点结果分析的相关表格等的准备。

2. 实盘

即按预先计划的盘点程序和方法，以及各盘点参与人员的工作安排，在安排的时间内清点货品库存数量。

3. 盘点结果评估检讨

包括查清盘点差异的原因和盘点结果的处理。例如，对盘盈、盘亏的主要原因进行适当的调整与处理，及时地处置呆废品和不良品。

小看板：盘点欲了解的问题

➢ 在这次盘点中，实际存量与账面存量的差异是多少？
➢ 这些差异是发生于哪些品种？
➢ 平均每一差异量对公司损益造成多大影响？
➢ 在每次循环盘点中，有几次确实存在误差？
➢ 平均每个货品发生误差的次数又为多少？

三、保管保养作业

商品保管保养是一项综合性、科学性的应用技术工作，它是针对商品不同的特性积极主动创造适宜的储存条件，采取合适的措施，以保证商品储运的安全，保证储存质量，减少损耗，并同时控制储存费用开支，为企业创造经济效益和社会效益。

商品保管保养的目的在于通过实践和科学的研究，认识、发现并总结其储存期间发生质量变化的内外因素和变化规律，探究相应的控制技术，维护商品使用价值，避免货损，从而保障企业的经济效益和社会效益，同时，还要研究制定商品安全储存期和合理的损耗率，以提高整个行业的仓储保管保养水平。

商品保管保养的基本思想是“以防为主，防治结合”。首先是积极主动地预防损失损耗，一旦发生，又能及时地采取相应的措施，避免因使用价值受到影响而出现过多过大的损耗。因此，在保管期间，要根据各种商品自身特点，库存数量的多少、发生质量变化的速度、季节变化，甚至损耗危害程度，按轻重缓急分别采取相应的技术措施，使商品质量不发生变化，最大限度地避免和减少损耗损失，并节约保管保养费用，这就是商品保管保养的主要任务。

（一）库存商品质量变化的形式

1. 物理机械变化

物理机械变化是指只改变物质本身的外表形态，不改变其本质，没有新物质的生成，并且有可能反复进行的质量变化现象。物品的机械变化是指物品在外力的作用下，发生形态变化。物理机械变化的结果不是数量损失，就是质量降低，甚至使物品失去使用价值。其常见表现形式和储存注意事项见表2-10：

表2-10　**物理机械变化形式和储存注意事项**

具体表现形式	含　义	储存注意事项
(1)挥发	是低沸点的液体商品经汽化而散发到空气中的现象。挥发的速度与气温的高低、空气流动速度的快慢、液体表面接触空气面积的大小成正比关系	防止物品挥发的主要措施是增强包装密封性、控制仓库温度。高温季节要采取降温措施，保持较低温度条件以防挥发
(2)溶化	指固体商品在保管过程中吸收空气和环境中的水分，当吸收量达到一定程度时，就会转化为融溶状或液体的现象。物品溶化与空气温度、湿度及物品的堆码高度有密切关系	物品溶化后，形态发生了变化，会给储运造成很多不便。因此，易溶化商品，应存放于干燥阴冷的库房，避免与含水量大的商品同库储存，堆码时注意底层商品防潮隔潮，还要进行库房温湿度控制，防止其吸湿溶化
(3)熔化	指熔点低的商品受热后发生软化以致为液体的现象。物品的熔化，除受气温高低的影响外，还与物品本身的熔点、物品中杂质种类和含量高低成正比	商品熔化后，有的会造成商品流失、粘连包装、玷污其他商品；有的因溶解产生热而体积膨胀，使得包装爆破；有的则因商品软化导致货垛倒塌。因此，储存这类商品时，应选择阴冷通风仓库，并采用密封、隔热等措施，加强温度控制
(4)渗漏	指液体商品（特别是易挥发的）由于包装容器不严密，包装质量不符合物品性能的要求，或在搬运装卸时碰撞震动破坏了包装，而发生跑、冒、滴、漏的现象	应加强入库包装验收和在库检查及温湿度的控制
(5)串味	指吸附性较强的物品吸附其他气体、异味，从而改变本来气味的变化现象。具有吸附性、易串味的物品，它的成分中含有胶体物质，以及疏松、多孔性的组织结构	应加强包装密封性能，不与有强烈气味的商品混存以及注意储存环境的清洁卫生

续表

具体表现形式	含 义	储存注意事项
(6)玷污	指物品外表沾有其他物质，或染有其他污秽的现象	对外观质量要求高的商品(如服饰、仪器等)要特别注意储存环境的清洁卫生和包装的严密性
(7)沉淀	指含有胶质和易挥发成分的物品，在低温或高温等因素影响下，部分物质的凝固，进而发生沉淀或膏体分离的现象	沉淀不影响商品的质量，但会影响其卖相和销售。因此，储存期间要注意温湿度的控制和储存期的控制
(8)破碎与变形	是常见的机械变化，是指物品在外力作用下所发生的形态上的改变	对于容易发生破碎和变形的物品，主要注意妥善包装，轻拿轻放，在库堆垛高度不能超过一定的压力限度

2. 化学变化

化学变化是构成物品的物质发生变化后，不仅改变了物品的外表形态，而且也改变了物品的本质，既有新物质生成，又不能恢复原状的变化现象。物品化学变化过程即物品质变过程，严重时会使物品失去使用价值。其常见表现形式和储存注意事项见表2-11：

表2-11　**化学变化形式和储存注意事项**

变化形式	含义	储存注意事项
(1)氧化	指物品与空气中的氧或其他能放出氧的物质化合的反应。物品发生氧化后，质量降低，甚至氧化时产生热量会导致自燃甚至爆炸	一定要储存在干燥、通风、散热快和温度比较低的仓库内
(2)分解	指某些性质不稳定的物品，在光、电、热、酸、碱及潮湿空气的作用下，由一种物质生成两种或两种以上物质的变化。商品发生分解后，不仅数量减少，质量降低，有的还会由于反应热和生成可燃气体，引发事故	要严格防范促使其分解的储存环境
(3)水解	指某些物品在一定条件下，遇水发生分解的现象。水解后商品性质发生了变化，即变质了	储存期间必须防水
(4)化合	指物品在储存期间，在外界条件的影响下，两种或两种以上的物质相互作用，从而生成一种新物质的反应	尽量避免商品相互混存，跑、冒、遗漏，相互影响
(5)聚合	指某些物品，在外界条件的影响下，能使同种分子互相加成而结合成一种更大分子的现象。聚合后质量降低	储存期间要特别防范阳光和温度的影响，以免聚合

续表

变化形式	含义	储存注意事项
(6)裂解	指高分子有机物(如棉、麻、丝、毛、橡胶、塑料、合成纤维等),在日光、氧、高温条件的作用下,发生了分子链断裂、分子量降低,从而使其强度降低,机械性能变差,产生发软、发黏等现象	要特别注意储存自然环境和温度的控制
(7)老化	指含有高分子有机物成分的物品(如橡胶、塑料、合成纤维等),在日光、氧气、热等因素的作用下,性能逐渐变坏的过程	储存期间一定要防范高温和热,进行必要的温湿度控制
(8)风化	指含结晶水的物品,在一定温度和干燥空气中,失去结晶水而使晶体崩解,变成非结晶状态的无水物质的现象	储存期间要控制温湿度,防范失去结晶水而变质

3. 生化变化及其他生物引起的变化

生化变化是指有生命活动的有机体物品,在生长发育过程中,为了维持它的生命,本身所进行的一系列生理变化。其常见表现形式和储存注意事项见表2-12:

表2-12　**生化变化形式和储存注意事项**

变化形式	含　义	储存注意事项
(1)呼吸作用	指有机物品在生命活动过程中,不断地进行呼吸,分解体内有机物质,产生热量,维持其本身生命活动的现象。正常的呼吸作用是保持有机体生命活动的需要,同时也使其有一定的抗病性和耐储存性,但呼吸过旺,会消耗其营养物质,降低商品质量,呼吸过弱,又会导致生命停止	储存期间,应保证其正常而最低的呼吸,利用其生命活性减少损耗,延长储存时间
(2)发芽	指有机体物品在适宜条件下,冲破"休眠"状态,发生的发芽、萌发现象。发芽后有机体商品的营养物质会转化为可溶性物质供自身生长,从而降低其质量	储存期间必须控制他们自身的水分,并加强温湿度管理,防止发芽、萌发
(3)胚胎发育	主要指的是鲜蛋的胚胎发育。胚胎发育后其新鲜度和食用价值会大大降低,所以必须抑制鲜蛋的胚胎发育	应加强温、湿度管理,最好是低温储藏或截止供氧条件
(4)后熟作用	指瓜果、蔬菜等类食品在脱离母株后继续其成熟过程的现象。后熟作用能改进色、香、味以及适口的硬脆度等,但后熟后蔬菜、水果容易发生腐烂变质,难以继续储存甚至失去食用价值	这类食品,一般在成熟之前采摘采收并通过控制储存条件来调节其后熟,延长储存时间和销售时间

续表

变化形式	含 义	储存注意事项
(5)霉腐	是物品在霉腐微生物作用下发生的霉变和腐败现象。霉腐会使商品受到不同程度的损失，严重的甚至导致人畜使用后中毒	一定要控制好仓库温湿度，特别是在温度高、湿度大，霉腐微生物易大量生长的季节
(6)虫蛀	即物品在储存期间，遭到仓库害虫的蛀蚀。虫蛀不仅使商品有破碎和孔洞，而且害虫排泄的各种代谢物也会污染商品，影响其质量和外观，降低商品的使用和食用价值	一定要注意储存环境的清洁卫生定期杀虫

(二)影响库存物变化的因素

影响库存物变化的因素有商品自身理化性质决定的内因和储存环境决定的外因。具体情况见表 2-13：

表 2-13　　影响库存物变化的因素及说明

影响因素	类 别	具体表现形式及说明
1. 内因	(1)物品的物理性质：主要决定货物的外观质量和种类以及形态	吸湿性、导热性、耐热性、透气性
	(2)物品的机械性质：指物品的形态、结构在外力作用下的反应	弹性、可塑性、强力、韧性、脆性等
	(3)物品的化学性质：指物品的形态、结构以及物品在光、热、氧、酸、碱、温度、湿度等作用下，发生改变物品本质相关的性质	化学稳定性、物品的毒性、腐蚀性、燃烧性、爆炸性
	(4)化学成分：包括无机成分的物品和有机成分的物品。无机成分物品的构成成分中不含碳，但包括碳的氧化物、碳酸及碳酸盐； 有机成分物品指以含碳的有机化合物为其成分的物品，但不包括碳的氧化物，碳酸与碳酸盐	碳的氧化物、碳酸及碳酸盐，如化肥、部分农药、搪瓷、玻璃、五金及部分化工物品等。含碳的有机化合物为其成分的物品
	(5)物品的结构：指物品分子间的间距所决定的结构形态	气态物品、液态物品、固态物品

续表

影响因素	类　别	具体表现形式及说明
2. 外因	(1)自然因素：指大气环境所决定的方方面面	温度、湿度、大气中有害气体和日光、尘土、虫鼠雀等以及自然灾害(主要有雷击、暴雨、洪水、地震、台风等)
	(2)人为因素：主要指在仓储作业开展中，由于人的不当操作和误操作使得库存商品发生数量和质量变化	保管场所选择不合理、包装不合理、装卸搬运不合理、堆码苫垫不合理、违章作业
	(3)储存期：指商品在仓库中储存的时间	在仓库中停留的时间愈长，发生变化的可能性就愈大，而且发生变化的程度也愈深

(三)库存物品保管保养措施

库存物品保管保养贯穿于整个仓储作业过程中，从严格验收入库物品、适当安排储存场所、科学进行堆码苫垫、控制好仓库温度湿度、定期进行物品在库检查和必要养护到搞好仓库清洁卫生，都会影响到物品保管保养的效果和质量。下面主要从商品的保管和养护技术方面来总结商品的保管保养措施。

1. 仓库温、湿度的控制与调节

商品的储存环境对其储存质量有直接的影响，而其中最突出的是库房的温湿度。物品储存期间发生的霉变、虫蛀、锈蚀、挥发、溶化等都与温湿度密切相关。根据不同商品的性质，控制和调节好仓库的温湿度，是仓储商品保管的重心。

(1)温、湿度控制的常用方法。

控制库房温湿度方法很多，如人工吸潮、排潮、加热、降温和密封库房等，特别是利用自然通风办法调节库内温湿度，对仓库保管更具有经常和普遍的应用价值。

①通风。

通风是指利用库内外空气温度不同而形成的气压差，使库内外空气形成对流，来达到调节库内温湿度的目的。当库内外温度差距较大时，空气流动就越快；若库外有风，借风的压力更能加速库内外空气的对流。它是根据大气自然流动的规律，有计划、有目的地组织库内外空气的对流与交换的重要手段，是调节库内温湿度、净化库内空气的有效措施。通风的目的主要有通风降温、升温和通风散湿。

通风的方式、时机和操作见表2-14。

当然，通风也有一些相应的注意事项，具体如下：

➢ 尽可能利用自然通风，并且风力不超过5级以减少其副作用(指给库内带入灰尘及杂物等)，但库内有有害气体需要及时排出时例外；

➢ 选择通风机通风时要考虑其经济性；

表 2-14　　通风的方式、时机和操作

方　式	通风时机和操作
按通风动力可分为自然通风和强迫通风两种方式。前者是利用库内外本身的压力差，通过库房门窗、通风洞，使库内外空气进行自然交换；后者又称机械通风或人工通风，是利用通风机械所产生的压力或吸引力，使库内外空气形成压力差，从而强迫库内空气发生循环、交换和排除，达到通风的目的	1. 对于通风降温的，在气温高的季节，只要库外湿度低于库内时，就可以通风，这类商品一般对空气湿度要求不高，而对温度要求比较严格，比较怕热。比如玻璃和铁桶装的易挥发的化工原料、医药和化学试剂等液体商品 2. 对于通风升温的，主要是在冬季，一些怕冷的商品，只要库外温度高于库内都可以进行通风，以提高库内温度 3. 对于通风散湿的，如易霉腐、溶化、锈蚀的商品，主要是利用通风散潮，降低库内的相对湿度。所以，首先要比较库内外绝对湿度的高低，然后再考虑气温和相对湿度的高低，来决定是否通风。通常，当库外空气的相对湿度和绝对湿度都低于库内时，可以通风，当库外温度和绝对湿度都低于库内时，而相对湿度稍高时，也可以通风；库内外温度接近，库外相对湿度比库内低或者库内外相对湿度接近而库外温度较库内低时，都可以通风

➢ 强迫通风多采用排出式，即在排气口处安装排风扇。但对于产生易燃、易爆气体和腐蚀性气体的仓库，应采用吸入式通风方式，以防止易燃、易爆气体和腐蚀性气体经由排风口时产生火花引起燃烧爆炸即腐蚀排风设备，降低其寿命；

➢ 为了较好地达到通风目的，通风必须与仓库密封相结合。

②密封。

密封是将储存物品在一定空间，使用密封材料，尽可能严密地封闭起来，使之与周围大气隔离，防止或减弱自然因素对物品的不良影响，创造适宜的保管条件。

密封的目的通常主要是为了防潮，但同时也能起到防锈蚀、防霉、防虫、防热、防冻、防老化等综合效果。但是密封是相对的，不可能达到绝对严密的程度。密封可用不同的介质在不同的范围内进行。密封注意事项见表 2-15：

表 2-15　　密封注意事项

注意事项	说　明
密封前检查	必须检查商品质量、温度和本身含水量。如果有生霉、生虫、发热、含水量超过安全范围，就不能密封。同时，若包装材料过潮，则也不宜密封
密封时间	一般根据商品的性能和气候情况来确定，怕潮、怕霉和怕溶化的商品，应该选择在相对湿度较低的时节进行密封。例如，早晚和梅雨季节就不适宜密封
密封材料	常用的密封材料有塑料薄膜、油毡纸、防潮纸和芦席等。密封材料本身必须干燥(即包装材料水分含量合格)清洁、无异味

在实际密封时，根据实际情况的需要，可以有以下的密封形式，见表 2-16：

表 2-16　　　　　　　　　　　　　密封的形式及含义

分类依据	密封形式	含义及说明
根据所用介质不同分类	大气密封	就是将封存的物品直接在大气中密封，物品间隙中充满大气，密封后基本保持密封时的大气湿度
	干燥空气密封	是指在密封空间内充入干燥空气或者放置吸湿剂，使空气变干燥，防止物品受潮。一般干燥空气密封的相对湿度在 10%~50%，根据具体情况而定
	充氮密封	是指在密封空间充入干燥的氮气，形成缺氧的环境，以便减少氧的危害
	去氧密封	是指在密封空间内放入还原剂，吸收空气中的氧，从而形成缺氧的气氛，为封存物品提供相对有利的储存条件
根据密封的范围不同分类	整库密封	即以整个库房为对象，将门窗缝隙用毡条、橡胶条或者棉布条堵严，留做出入的门加装隔潮门，门上挂棉门帘或者用气帘隔潮，并且地面采用水泥沥青、油毛毡等制成防潮层隔潮，墙壁外涂防水砂浆、内涂沥青和油毛毡，库内做吊平顶等。这种方式一般适用于储存量大、进出库不频繁和整进整出的商品。若密封库有易霉、怕虫蛀的商品，可用药剂在库内进行杀菌消毒，以防霉菌虫害滋生
	货垛密封	即以某一堆垛的物品为对象，用塑料薄膜或者苫布垫好底，然后再将货垛四周围起，以便减少气候变化对商品的影响。此方法比较适用于临时存放的、易霉忌潮和易干裂的商品。另外，未经过干燥处理的新仓库，里面的商品在储存时也必须实行分垛密封保管
	货架/货柜/货厨密封	主要是对出入库频繁、零星而又忌潮易霉、易干裂、易生虫、易锈蚀的商品，在储存时，一般在柜内放一容器，内装硅胶或者氯化钙等吸湿剂，以保持货柜干燥。如果同时需要防虫，则可以在柜内放入适量的驱虫剂
	按件/箱密封	主要是将商品进行严密的封闭包装，一般适用于数量少、体积小的易霉易锈蚀的商品

总之，密封要根据商品养护的情况，考虑储存条件和气候情况，因地制宜，就地取材，灵活应用。但是，密封只能起到控制库房温度的作用，并没有调节作用。因此，使用时一般需要与其他温湿度控制的方法相结合，才能达到预期的效果。

小看板：包装含水量及标准

包装含水量指包装用品的干湿程度，即含水量的多少。目前我国部分地区对几种主要包装安全含水量制定的幅度标准是：

1. 木箱 18%~23%；
2. 纸箱 10%~14%；
3. 胶合板箱 15%~16%；
4. 布包装 9%~10%。

③除湿。

除湿又称吸潮，一般与密封配合，用以降低库内空气湿度。特别是在梅雨季节或者阴雨天，当库内湿度过高，对商品保管不利，而库外湿度又过大，不适宜进行通风散潮时，可以在密封库内用吸潮的办法降低库内湿度。

吸潮除湿主要是用吸湿剂或者机械吸湿，这种除湿方法是最常用的方法之一，吸湿剂吸湿是静态吸湿，机械吸湿是动态吸湿。常用的吸湿剂有生石灰、氯化钙和硅胶，除此之外，根据实际情况，还可以因地制宜，就地取材，如使用木炭、炉灰和干谷壳进行吸湿。

机械吸湿是近年来仓库普遍采用的除湿方法，即利用机械吸潮的方法来降低空气的相对湿度，其效率高、体积小、重量轻、不污染物品。例如，当空气去湿机吸潮为 27℃，相对湿度为 70%时，一般 1 小时可吸水 3~4 千克。

④空气调节自动化。

空气调节自动化是近年来发展起来的，它是借助于自动化装置（如中央空调系统等），使空气调节过程在不同程度上自动地进行，其中包括空调系统中若干参数的自动测量、自动报警和自动调节等。

空气调节自动化效果好、容易操作、不污染商品，但目前成本相对较高。

小看板：1. 温湿度的相关概念

（1）温度。温度是表示物质冷热程度的物理量，具体指温标上的标度。

（2）湿度。湿度是表示大气干湿程度的物理量，常用绝对湿度、饱和湿度、相对湿度等方法表示。绝对湿度是指单位体积的空气中实际所含的水气量，在温湿度管理工作中用克/立方米来表示。（在气象中，绝对湿度是用水气压力来表示的，所用单位为“帕”或”帕斯卡”。）相对湿度是指在同温度下，空气的绝对湿度与饱和湿度的百分比。

(3)露点。露点是指保持空气的水汽含量不变而使其冷却，直至水蒸气达到饱和状态而将结出露水时的温度。当库内温度低于露点温度时，空气中的水汽会结露使物品受潮，因此在采用通风方式调节库内温湿度时，应避免露点温度出现。

(4)临界湿度。临界湿度是指使物品发生变化的相对湿度范围。

2. 温度的测定方法

测量库内外温度时需要使用温度计。在库房内放置温湿度表时，温湿度表应放置在库房的中央，离地面约1.4米处，不可放在门窗附近或墙角。

3. 大气温湿度和库房温湿度变化规律

(1)大气温度变化规律

温度的日变化规律通常为单峰型，即大气温度从上午8点开始迅速升高，到下午2至3点达到最高，过后随着日照减弱而逐渐下降，到次日凌晨2点左右为最低。

(2)大气湿度变化规律

绝对湿度反映空气中水蒸气的实际含量，由于在不同的自然地理条件下，或在不同的季节中，绝对湿度的日变化规律不完全相同，因此在我国有一高一低(单峰型)和两高两低(双峰型)绝对湿度日变化形式。

(3)库内温度的变化

库内温度的变化与库外气温的变化大致相同。但由于仓库建筑物的防护作用，库内温度与库外温度又有差别，库内温度的日差比较小。另外，库外温度对库内的影响需要一定时间，所以库内温度的变化滞后于库外。不同仓库隔热保温性能不同，库内温度变化的实际情况也就不同。

(4)库内湿度的变化

库内绝对湿度的变化直接受库外湿度的影响，在没有密封的情况下库内外湿度不会有太大的差别。但是由于库内外气温不同，在绝对湿度相同的情况下，库内外的相对湿度会有差别，即当库内温度高于库外时，其相对湿度低于库外，而当库内温度低于库外时，其相对湿度高于库外。

2. 仓库商品防老化

商品防老化是指塑料、橡胶、纤维、皮革、涂料、黏接剂等一类高分子商品在加工、储运、使用过程中，由于受到各种因素的影响，而出现外观质量、物理机械性能下降等现象。

防老化的具体方法是：

(1)清除杂质，以降低或消除杂质对老化的影响。

(2)在满足商品使用性能的基础上，运用共聚、交联改变分子构型、减少不稳定结构等方法，以提高制品的耐老化性能。

(3)改进成型加工工艺，对制品进行热处理，以消除制品内部残余应力，稳定制品尺寸。

(4)添加防老化剂，延长商品的寿命。

此外，商品储存切忌露天堆放，防止日光暴晒，应放在温度变化较小的仓库内；同时注意堆码方法，垛高要适度，不宜堆压太多，以免底层受压过重而造成高分子蠕变；注意库房清洁、卫生；加强对库存商品的定期、定时检查等。

3. 仓库防虫害

在仓库的虫害防治工作中应做到以下几个方面：

(1)做好环境卫生。

要特别注意害虫喜藏匿和过冬之处，定期做好消毒工作。对储存易生虫商品的库房，在害虫繁殖期之前可使用磷化铝、溴甲烷、硫酸氟等进行一次熏蒸，或在库内墙角、走道、垛底、苫垫物料等喷洒杀虫药剂。

(2)化学药剂防治害虫。

常用的防虫、杀虫药剂有以下几种：驱避剂、杀虫剂、熏蒸剂。

小看板：仓库管理由5S到6S再到8S

"6S管理"由日本企业的5S扩展而来，是现代工厂行之有效的现场管理理念和方法，其作用是：提高效率，保证质量，使工作环境整洁有序，预防为主，保证安全。6S的本质是一种执行力的企业文化，强调纪律性的文化，不怕困难，想到做到，做到做好，作为基础性的6S工作落实，能为其他管理活动提供优质的管理平台。

整理(Seiri)——将工作场所的任何物品区分为有必要的和没有必要的，除了有必要的留下来，其他的都消除掉。目的：腾出空间，空间活用，防止误用，塑造清爽的工作场所。

整顿(Seiton)——把留下来的必要用的物品依规定位置摆放，并放置整齐加以标志。目的：工作场所一目了然，消除寻找物品的时间，整整齐齐的工作环境，消除过多的积压物品。

清扫(Seiso)——将工作场所内看得见与看不见的地方清扫干净，保持工作场所干净、亮丽的环境。目的：稳定品质，减少工业伤害。

清洁(Seiketsu)——将整理、整顿、清扫进行到底，并且制度化，经常保持环境处在美观的状态。目的：创造明朗现场，维持上面的3S成果。

素养(Shitsuke)——每位成员养成良好的习惯，并遵守规则做事，培养积极主动的精神(也称习惯性)。目的：培养有好习惯、遵守规则的员工，营造团队精神。

安全(Security)——重视成员安全教育，每时每刻都有安全第一观念，防患于未然。目的：建立起安全生产的环境，所有的工作应建立在安全的前提下。

用以下的简短语句来描述6S：

整理：要与不要，一留一弃；

整顿：科学布局，取用快捷；

清扫：清除垃圾，美化环境；

清洁：清洁环境，贯彻到底；

素养：形成制度，养成习惯；

安全：安全操作，以人为本。

6S管理发展到今天，有很多企业又在此基础上提出了8S，即在原先的6S基础上增添了节约(Save)和学习(Study)，适应了当前社会的发展需要。

4. 仓库金属制品的防锈蚀

所谓金属制品的锈蚀是指通常所说的金属制品的生锈和腐蚀。

金属锈蚀，由于受到不同环境的影响，可分为大气锈蚀、海水锈蚀、土壤锈蚀等。习惯上人们所讲的锈蚀通常是指金属在大气中的锈蚀。这种锈蚀跟大气的温湿度、空气中的有害气体和灰尘有极大的关系。空气中的二氧化碳、硫化氢、氯化氢等会加速金属的锈蚀。特别是在相对湿度较大时，二氧化碳气体含量在很大程度上决定了锈蚀的速度。另外，金属材料本身的组织结构、化学成分、理化性质、表面状态和应力状态以及经过冷、热加工而产生的不均匀性，会加速其锈蚀。

金属防锈的方法主要有以下几种：

(1)涂油防锈。

即在金属表面喷涂一层具有缓蚀作用的防锈油脂来保护金属，使之在一定程度上与空气中的氧、水分以及有害物质隔离开来，以达到防止或者缓解金属生锈。常用的防锈油脂有黄蜡油、机油、凡士林和防锈油等，其中以防锈油效果最好。涂油防锈法简单易行，但其防锈期断，或者因为防锈油变质、干裂，因此仍有生锈的危险。

(2)气相防锈。

气相防锈是利用气相防锈剂在金属商品周围挥发出缓蚀气体，以隔阻空气中的氧、水分等有害因素的腐蚀作用，从而达到防锈的目的。它是一种较新的防锈方法，使用方便、节省人力和费用、防锈期长，可以适用于复杂结构金属商品。气相防锈剂种类很多，常用的有几十种，不同的金属商品，需要选择不同种类的气相防锈剂。目前，气相防锈的形式有气相防锈纸防锈、粉末法气相防锈剂和溶液法气相防锈剂三种。

(3)可剥性塑料封存。

可剥性塑料是用高分子合成树脂为基础原料，加入矿物油、增塑剂、防锈剂、稳定剂以及防霉剂等制成的。可剥性塑料有热熔型和溶剂型两种。前者加热融化后，浸涂于金属商品表面，冷却后形成一层膜层，后者用溶剂溶解后，浸涂于金属商品表面，溶剂蒸发后能形成一层较薄的膜层。这两种膜都有阻隔外界环境不良因素，防止金属商品生锈的效用，启封时用手即可剥除，是现在常用的一种金属制品防锈的方式。

【技能训练】：

1. 某时，仓库外测得干球温度为30℃，湿球温度为28℃，该仓库的货物要求保管在70%~80%的适度范围，仓库应该采取怎样的保管措施？

2. 大豆属于吸湿性强、散湿性也很强的农作物，在相对湿度高的条件下储藏，极易吸湿转潮；在相对湿度低的条件下储藏，也容易散湿降水。新收获的大豆，入库后由于进行后熟作用，生理活动比较旺盛，堆内湿热容易积聚，同时正值季节交换，气温逐渐下降，故容易出现表层结露和局部转潮的现象，往往会引起大豆发热霉变。李明是某库大豆保管员，他将如何进行大豆的保管？

3. 不同的堆码方式分别适用于哪些物品？

4. 怎样确定衬垫物的材料和数量？

5. 仓库盘点盘亏、盘赢了是什么意思？出现这些状况怎样处理？

【习题自测】：

一、判断题

1. 各种不同立面的货垛都有各自的特点。矩形垛、三角形垛的稳定性好，梯形垛、正方形垛易于堆码。（　　）

2. 物品的堆码方式主要取决于物品本身的性质、形状、体积、包装等，一般情况下多采取平放，使重心最低，最大接触面向下，易于堆码，如片状易碎品等。（　　）

3. 衬垫式堆码方式适用于不规则且较重的物品，如无包装电机、水泵等。（　　）

4. 苫盖的目的是为了给物品遮阳、避雨、挡风、防尘等。（　　）

5. 棉麻、丝、毛衣物置于室外太阳底下晾干。（　　）

6. 橡胶、塑料、合成纤维容器或商品码垛时堆得较高。（　　）

7. 花生油、大豆油等油类商品存放在敞开的铁桶里。（　　）

8. 防止车床、刨床的刀具生锈可定期涂抹机油并检查。（　　）

9. 生产部门在金属表面进行电镀是为了防止该金属产品表面形成电解液膜，从而达到防锈的目的。（　　）

10. 在害虫抵抗力最弱的时期或环境温度较高时化学药剂杀虫效果最好。（　　）

11. 润滑油、沥青制品、油毡需要密封并于阴凉处存放。（　　）

二、单选题

1.（　　）适宜存放对温湿度要求不高且出入库频繁的物品。

A. 封闭式仓库　B. 半封闭式仓库　C. 露天式仓库　D. 罐式仓库

2. 空气的相对湿度随气温的降低而（　　）

A. 上升　B. 下降　C. 不变　D. 无关

3. 通风散潮的基本条件是库内的绝对湿度（　　）库外的绝对湿度。

A. 等于　B. 大于　C. 小于　D. 无关

4.（　　）是将每票物品按件排成行或列排放，每行或列一层或数层高，垛形呈长条形。

A. 行列垛　B. 立体梯形垛　C. 平台垛　D. 井型垛

5. 常见堆码方式中（　　）是逐件、逐层向上重叠堆码，一件压一件的堆码方式。

A. 重叠式　B. 纵横交错式　C. 仰伏相间式　D. 压缝式

6.（　　）是指在物品码垛前，在预定的货位地面位置，使用衬垫材料进行铺垫。

A. 堆码　B. 码垛　C. 垫垛　D. 垛基

7.（　　）是指根据物品的包装、外形、性质、特点、重量和数量，结合季节和气候情况，以及储存时间的长短，将物品按一定的规律码成各种形状的货垛。

A. 分货　B. 堆码　C. 分拣　D. 上架

8. 苫盖的方法主要有（　　）、鱼鳞式苫盖法和活动棚苫盖法。

A. 整体苫盖法　B. 就垛苫盖法　C. 局部苫盖法　D. 选择苫盖法

9. 垫垛要求要有足够的高度，露天堆场一般要达到(　　)米。

A. 0.3~0.5　　B. 1~2　　C. 0.5~1　　D. 0.1~0.3

三、多选题

1. 堆码的基本原则包括(　　)。

A. 节省空间　　B. 选择适当的搬运活性

C. 分类存放　　D. 面向通道

2. 堆码的基本要求为(　　)。

A. 合理　　B. 牢固　　C. 整齐　　D. 方便

3. 物品堆码存放的基本方法有(　　)。

A. 平堆法　　B. 散堆法　　C. 罗列法　　D. 堆垛法

4. 影响商品安全储存的最主要因素有(　　)。

A. 温度　　B. 湿度　　C. 包装材料　　D. 商品本身所含水分

5. 为防止鸡蛋储存时变质，以下可行的方法有(　　)。

A. 低温储存　　B. 减少储存环境中氧气的含量

C. 加强温湿度控制　　D. 用石灰水稍微浸泡

6. 以下(　　)属于商品储存期间发生的物理机械变化。

A. 破裂　　B. 沉淀　　C. 渗漏　　D. 串味

7. 下列业务活动中，属于商品保管业务活动的有(　　)。

A. 商品验收　　B. 商品堆码　　C. 库存盘点　　D. 复核

E. 货位编号

四、简答题

1. 商品堆码的方式有哪些？各有什么特点？

2. 常用的苫垫材料有哪些？苫垫作业有何作用？

3. 盘点作业怎样开展？常用的盘点方法有哪些，各有什么优势？

4. 货物入库安排储存，首先要考虑其储存安全。那么在选择储存条件时，要考虑哪些因素？

5. 温湿度控制的常用方法有哪些？

6. 商品密封要注意哪些事项？

五、计算题

1. 甲仓库进了一批罐装食品，纸箱最高堆 4 层，其底面积为 0.6 平方米，每箱重 30 千克，库房地坪承载能力为 6 吨/平方米，求该箱的单位面积储存量定额。

2. 书店今日到货 7800 本书籍，每包书的外形尺寸是 30 厘米×30 厘米×30 厘米，外包装上的堆码极限标志为 10 包，需要为该书准备多少平方米的货位？

3. 某仓库进了一批木箱装的罐头食品 100 箱，每箱毛重 30 千克，箱底面积为 0.3 平方米，箱高 0.25 米，木箱标志显示允许承受的最大重压力为 100 千克，地坪承载能力为 5 吨/平方米，若不采用货架储存，则求该批货物的可堆高层数、货垛高度及货垛占地面积。

4. 某仓库的单位面积技术定额为 6 吨/平方米，现有 5 米×4 米仓库货位，计划堆存某五金商品一批，已知该五金商品为木箱包装，箱尺寸为：50 厘米×20 厘米×20 厘米，每箱重 30 千克，问该货位能堆放多少箱？可采用怎样的垛型，如何开垛？

任务三　出 库 作 业

【任务描述】：

2013 年 9 月 25 日，上海申美饮料食品有限公司由于业务需要，向上海腾飞物流有限公司提出请求，要将自己储存在腾飞物流有限公司上海吴中仓库中的 100 箱 350 毫升听装饮料、500 箱 550 毫升听装乳品，运送至上海联华超市。以上货物全部由快达物流运输公司负责承运，车辆为沪 B13415，驾驶员张飞负责运输。

申美饮料提供的单据有出库订单、发货单、出车单等。腾飞物流仓储工作人员将如何完成这批货物的出库工作呢？

【任务分析】：

出库作业又称发货业务，是仓库管理部门根据出库凭证，将所需商品发放给需用单位所进行的各项业务的总称。其主要包括两个方面的工作：

一是用料单位方面，要有规定的领料凭证。

二是仓库管理方面，必须核查领料凭证的正误，按所列商品的品种、规格、型号、数量等项目组织备料，并保证把商品及时、准确、完好地发放出去。

【知识精讲】：

出库作业是仓储作业的最后一个环节，标志着商品储存阶段的终止，并且即将进入流通过程。货物出库作业必须由货主的出库通知或请求驱动，杜绝非正式凭证和白条出库。因此，出库作业是指按照货主开出的出库凭证（如提货单、调拨单、出库请求单、出库通知单等）的要求，及时进行货物出库前准备、核单备料、复核、点交、登账、清理及发运的整个作业过程。

一、出库方式及准备

(一)出库方式

出库方式由供需双方根据具体情况事先商定，一般有送货、收货人自提、过户、取样、转仓五种方式。见表 2-17：

表 2-17 出库方式及特点

出库方式	含　义	特　点
1. 送货	是指仓库根据货主单位的出库通知或者出库请求，使用仓库自有车辆把物品运送到收货地点或者通过发货作业委托运输部门送达收货单位的发货方式	是一种常用的出库方式，也是仓库的延伸功能。能合理地使用运输工具，减少运费，仓库可预先安排作业，缩短发货时间，方便收货单位取货
2. 自提	即收货人自己提货，通常收货人或其代理持取货凭证直接到仓库取货，仓库凭单发货	在仓库现场交接后双方划清责任，比较适宜于流通型仓库中小批量商品的出售或者生产型企业内部下游生产车间离仓库较近，在生产需要时，自己提货
3. 过户	即一种就地划拨的形式，物品实物并不出库，但是所有权已从原货主转移到新货主的账户上	仓库必须根据原货主的正式过户凭证才能办理过户手续
4. 取样	货主由于商检或样品陈列需要，到仓库提取货样的出库形式	出库量少，通常要开箱拆包、分割抽取样品。仓库必须根据正式取样凭证发出样品，并做好账务记载
5. 转仓	是货主为了业务方便或改变储存条件，将货物自甲仓库转移到乙仓库	仓库必须根据货主开出的正式转仓单，办理专仓手续

(二)出库准备

仓管人员接到出库通知单后，应及时做好出库准备工作。主要包括以下几个方面：

1. 编制出库计划

在商品出库时，特别是在量比较大，涉及的客户多时，就会面临从哪个仓库出库，出多少，什么时候出库，怎样出库等一系列问题为了使出库工作进行得有条不紊，一般应该编制商品出库计划表。见表 2-18：

表 2-18　　　　　　　　　　　　　　**商品出库计划表**

商品编码	商品名称	出库单号	单位	数量	规格	仓号	仓位	出库时间	备注

2. 检查库存

即仓管员根据出库通知单(或者出库请求)上所列商品明细，核实该商品的库存量是否足够。若不够，则应尽快采取补货措施。

3. 货物的拆分与拼装

有些需求是零散货，需要拆箱(或托盘)，必须提前进行拆分作业。另外，一些批量较小的货物，需要提前进行拼装，以便节省出入库作业时间。

4. 货物的包装检查整理

货物出库之前，需要检查其包装，判断包装是否符合即将进行的出库运输要求，如果不符合，则需要加固或者重新包装。

5. 出库所需设备、工具的准备

根据将要出库的商品类别，准备好合适的设备和包装材料，如手推车、叉车、周转箱、扫描仪等。特别是需要拼箱和改装的出库商品，应准备好需要的包装和衬垫材料，及打包工具。

6. 理货场地和人员准备

即根据出库货物的特点和数量，留出充足的理货场地，并安排好相应的仓管作业人员和装卸搬运人员，按要求完成出库作业。

7. 发货作业合理安排

发货作业处理时间较紧，工作量较大，涉及的作业人员较多，合理安排出库作业人员的工作任务，进行合理的组织，是顺利完成发货的必要保证。

小看板：做好出库物品的包装和标记、标志

当保管员从调度手中接到出仓通知后，应做好以下几项工作：

1. 在进出仓业务的通告牌上写明隔天的出仓商品的品名、规格、数量以及商品的货位货号、发往地点等，以利于工班的及时配合。

2. 按提货单所写的入库凭证号码，核对好储存凭证(即为保管员的账)，以储存凭证上所列的货位货号寻找到该批商品货垛，然后将提货单与储存凭证、桩脚卡、商品进行核对，确认无误后要做好出仓标记以确保单货相符。

3. 如果是堆码的商品，则保管员应和堆桩工协商撤桩方法；如果堆桩工和保管员意见不统一，则一般应按保管员的意见办。

4. 在有理货条件的情况下，可先将出仓商品按商品去向、关单，运到理货场地上，并理好货，以利于运输车辆一到即能进行装车作业。对运到理货场地上的商品，应写明关单。

5. 销账销卡，轧清桩脚余数。一般而言销账销卡在商品出库后进行更好些。

二、出库理货中的拣货及补货

货物在进入理货区域之前，一般需要按照出库单证或者客户订单来拣选，即拣货。如果在拣货时库存不够，则还需要进行补货作业。

(一)拣货作业

1. 拣货作业的目的及功能

在物流中心的仓库里一般通过 EIQ 分析后再下达相应拣货任务。拣货作业的目的也就在于正确且迅速地集合顾客所订购的商品。据统计，在有拣货作业的仓库里，拣货作业直接相关的人力更占 50%以上，且拣货作业的时间投入也占整个仓库的 30%~40%。由此可见规划合理的拣货作业方法，对于仓库的运作效率具有决定性的影响。

2. 拣货单位

基本上，拣货单位可分成栈板、箱、单品及特殊品四种。

(1)单品：是拣货的最小单位，单品可由箱中取出，可以用人手单手拣取者。

(2)箱：是由单品组成，可由栈板上取出，人手必须用双手拣取者。

(3)栈板：是由箱叠栈而成，无法用人手直接搬运必须利用堆高机或拖板车等机械设备。

(4)特殊品：体积大、形状特殊，无法按栈板、箱归类，或必须在特殊条件下作业者，如大型家具、桶装油料、长杆形货物、冷冻货品等，都属于具有特殊的商品特性，拣货系统的设计将严格受限于此。

3. 拣货的要点与策略

(1)拣货的要点。

- 不要等待——即零闲置时间，看到所需商品马上拣起；
- 不要拿取——即零搬运(多利用输送带、无人搬运车)，拣起即放入相应的拣货周转箱；
- 不要走动——即以商品移动代替人走动，拣选人员固定位置拣选，不走动；
- 不要思考——即零判断业务(不依赖熟练工)，不需考虑商品任何情况；
- 不要寻找——即储位管理好，不需寻找拣选商品；
- 不要书写——即免纸张(Paper-less)和相应的读写操作；
- 不要检查——即利用条码由电脑检查，拣选人员拣选时不检查。

(2)拣货策略。

拣货时必须采用一定的策略和方法，常用的拣货方式有订单拣取和批量拣取两种。见表2-19：

表2-19　　常用的拣货方式

拣货方式	含义及说明	优点	缺点
订单拣取(Single Order Pick)	这种作业方式是针对每一张订单，作业员巡回于仓库内，将客户所需的商品逐一由仓库中挑出集中的方式，是一种较传统的拣货方式	(1)作业方法单纯； (2)前置时间短； (3)导入容易且弹性大； (4)作业员责任明确，派工容易、公平； (5)拣货后不用再进行分类作业，适用于大批量订单的处理	(1)当商品品项多时，拣货行走路径加长，拣取效率降低； (2)拣货区域大时，搬运系统设计困难
批量拣取(Batch pick)	把多张订单集合成一批，依商品类别将数量加总后再进行拣取，之后依客户订单类别作分类处理	(1)适合订单数量庞大的系统 (2)可以缩短拣取时行走搬运的距离，增加单位时间的拣货量	对订单的到来无法做即刻的反应，必须等订单累积到一定数量时才做一次处理，因此会有停滞时间产生

小看板：批量拣取的四种订单分批原则

- 合计量分批原则；
- 时窗分批原则；
- 定量分批原则；
- 智慧型的分批原则。

4. 拣货资讯

(1)传票。

以传票支援拣货的做法，即直接利用客户的订单或以公司的交货单来作为拣货指示凭据。

优点：无须利用电脑等设备处理拣货资讯，适用于订购品项数甚少或小量订单的情况，较配合订单别拣取方式。

缺点：

①此类传票易在拣货过程中受污损，或因存货不足、缺货等注记直接写在传票上，导致作业过程发生错误，甚或无法判别确认。

②未标示储位的产品，必须靠拣货人员的记忆在储区中寻找存货位置，造成许多无谓

的搜寻时间及走行距离。

(2)拣货单。

将原始的客户订单输入电脑进行拣货资讯处理后再列印拣货单的方式。此法的优缺点如下：

优点：

①避免传票在拣取过程中受污损。在检品过程中再使用原始传票查对，可修正拣货过程或拣货单列印发生的错误。

②产品的储位编号显示在拣货单上，同时可按路径先后次序排列储位编号，引导拣货员循最短路径拣货。

③可充分配合分批、分区、订单分割等拣货策略，提升拣货效率。

缺点：

①拣货单处理列印工作耗费人力、时间。

②拣货完成后仍需经过检品过程，以确保其正确无误。

(3)贴标签。

优点：

①结合拣取与贴标签之动作，缩短整体作业时间。

②可落实拣取时即清点拣取量的步骤(若拣取未完成标签即贴完，或拣取完成但标签却仍有剩，则表示拣取过程可能有错误发生)提高拣货的正确性。

缺点：

①若要同时印出货格标签，必须统一下游贩售点的商品货格及标签形式。

②货格标签必须贴在单品上，至于单品以上的包装作业则较困难。

(4)显示方式。

在货品料架上安装灯号来显示出拣货位置，而后再发展成在料架上装设液晶显示器，可同时显示出应拣取多少数量的方式，即数位拣取系统。

(5)条码。

(6)资料传递器(Data Carrier)。

(7)无线通信。

(8)电脑随行指示。

(9)自动拣货系统。

5. 拣货模式及相对应设备

(1)模式Ⅰ：P→P；

(2)模式Ⅱ：P→P+C；

(3)模式Ⅲ：P→C；

(4)模式Ⅳ：C→C；

(5)模式Ⅴ：C→C+B；

(6)模式Ⅵ：C→B；

(7)模式Ⅶ：B→B。

详见配送中心运营管理，在此不再赘述。

(二)补货

补货是指将货物从仓库保管区域搬运至拣货区域(动管区)，以保证拣货需要的作业活动。在拣货作业中，补货是很重要的一个作业环节，其准确率和及时性直接关系到拣选区的作业状况。

补货的类型及特点见表2-20：

表2-20 补货的类型及特点

分类依据	类型	特 点
按补货发生的时机	批次补货	是在每天或者每批次拣取前，先由拣货系统的电脑(或者单据资料)计算出货品总需要拣取量，再查对动态拣货区的批量，并且在拣取前一特定时点补足货品。其原则是一次补足，较适用于每天作业量变化不大、紧急插单不多或是每次批次拣取量不容易事先掌握的情况
	定时补货	是将每天划分为数个时点，补货人员在规定时间内检视动态拣选区货架上货品存量，不足时则立即补足。其原则是定时补足，适合于分批拣货时间固定并且处理紧急时间也固定的仓库
	随机补货	是指定专门补货人员，随时巡视动态拣选区货架上货品存量，不足基本存量时随时补货。其原则是不定时补足，适合于每批次拣选量不大的情况、紧急插单较多及一日内的作业量不容易事先掌握的情况
按补货产生的原因	主动补货	是仓库管理人员根据拣选区的存储现状，对目前库存数量没有达到存储货位上线的货位进行人为的生成补货。通常，在仓库里面有调度人员定期检查拣选区的情况，针对存货不足的货位从系统里面生成主动补货。这种方式只是为了缓解拣选作业区被动生成补货导致的出库效率低下的问题，所以，一般在拣选区作业不忙的时候进行
	被动补货	是指在拣选区货位的存货量低于系统设置的下限，不够订单要求的出库数量时，由系统自动生成的补货。如果是在全人工管理的仓库，被动补货则由拣货员发现库存不足时，报补货员进行补货。此补货法是预分配不足导致的补货，及时性要求高，在产生被动补货之后必须马上补充，并且在系统里确认，否则会影响下一环节的拣货工作
	紧急补货	是为了在紧急情况下控制仓库出库节凑，人为生成的补货。其一般发生在下游环节急需，但是在拣货区库存又不足的情况下，其及时性要求最高，需要补货人员尽快完成

三、出库作业办理

(一)货物出库的要求

为了保证出库作业的顺利开展，提高出库效率，减少出库商品的数量差错，并且保证出库商品的质量，商品出库有以下基本要求：

(1)按程序作业。

(2)按凭证发货，坚持“先进先出”原则。

(3)必须及时、准确，保证需要，尽量一次完成，以防差错。

(4)出库商品要符合运输要求(包装)。

(二)出库的一般程序

出库作业之前，对于将要到期的仓储物，仓库一般有催提的义务，即到期催提，也就是在合同约定期或者出库作业之前的合理提前期通知提货人按期提货。催提后再做出库前的准备工作。而对货主请求出库的货物，则直接按其出库通知单来做出库前的准备工作。

一般出库程序包括：核单备料—复核—包装—点交—登账—现场和档案清理

1. 核单备料

核单工作的主要内容包括：

(1)审核出库凭证的合法性和真实性；

(2)审核出库凭证的有效期等；

(3)核对收货单位，必须核对收货单位是否正确，特别是在有“背书”时，更是要严格按照“背书”要求出库，一定要注意签章的真伪与一致性；

(4)核对商品品名、型号、规格、单价、数量、收货单位、到站、银行账号；

(5)出库商品应附有质量证明书或抄件、磅码单、装箱单等，机电设备等配件产品，其说明书及合格证应随货物同到。

核单无误后即开始备料，遵循先进先出的原则，易霉易坏的先出，失效期近的先出。在备料中，凡是记重货物，一般以入库验收时表明的重量为准，不再重新记重；需要分割或拆捆的应根据情况进行。

2. 复核

商品出库复核，是指在商品出库过程的各个工序中，根据商品出库凭证进行的反复核对工作，主要是保证出库商品的数量准确、质量完好、包装完善，避免差错事故。复核工作贯穿在出库作业的各环节。出库的复核形式主要有专职复核、交叉复核和环环复核三种。

为防止差错、错发、漏发和重发等，备料后应立即进行复核。复核的内容包括：货物品名、型号、规格、数量是否与出库单一致；配套是否齐全；技术证件是否齐全；外观质量和包装是否完好。

3. 包装

出库的商品如果没有符合运输方式所要求的包装，则应在出库前进行包装。根据商品外形特点，选用适宜的包装材料和包装方式，包装完整、牢固，唛头等标记正确清楚，其重量和尺寸，应便于装卸和搬运。如果包装上有破损、潮湿、水渍、油渍、污损，则均不能出库；如果捆扎松散，则应加固整理，保证运输的安全。包装后要写明收货单位、到站、发货号、本批总件数、发货单位等。

4. 点交

商品经复核后，如果是本单位内部领料，则将商品和单据当面点交给提货人，办清交接手续；如果系送料或将商品调出本单位办理托运的，则与送料人员或运输部门办理交接手续，当面将商品交点清楚。交清后，提货人员应在出库凭证上签章。

5. 登账

点交后，保管员应在出库单上填写实发数、发货日期等内容，并签名。然后将出库单连同有关证件资料，及时交货主，以使货主办理货款结算。保管员把留存的一联出库凭证交实物明细账登记做账。

6. 现场和档案清理

出库完毕后，要及时清理现场和档案。现场清理包括清理库存商品、库房、场地、设备和工具等。档案清理是指对收发、保养、盈亏数量和垛位安排等情况进行整理更新分析，使剩下的物料账、物和资金相符，并总结保管经验。

小看板：商品出库作业“三不三核五检查”

- “三不”——未接单据不翻账、未经审单不备库、未经复核不出库；
- “三核”——核实凭证、核对账卡、核对实物；
- “五检查”——品名检查、规格检查、包装检查、件数检查、重量检查。

（三）出库过程中出现问题的处理（见表 2-17）

表 2-17　　**出席过程中出现问题的处理**

出库中的问题	处 理 措 施
1. 出库凭证上的问题	一是出库凭证超过提货期的，必须先办理手续，按规定补足逾期仓储保管费，方可发货；二是任何非正式凭证都不能作为发货凭证；三是在提货时，用户发现出库凭证上有关商品任何错误（如品名、规格等开错了），保管员没权力自行调换后再发货；四是发现出库凭证有疑点以及假冒、复制、涂改的，应该及时与仓库保卫部门以及出具出库单的单位或者部门联系，核实后妥善处理；五是商品进库未验收或者期货未进库的出库凭证，一般暂缓发货，并且通知货主，待货到验收后再发货提货期顺延；六是出库凭证遗失后，客户及时与仓库发货员和账务人员联系挂失，此时，如果货已经被提走，则保管人员不承担责任，但需要协助货主单位找回商品；如果货还没有被提走，则经仓库查实后，第一时间做好挂失登记，并将原凭证作废，缓期发货；七是出库凭证不齐全，或者提货人不具备提货资格，则需要补齐相关凭据以及签字流程，同时开具提货资格证明，否则不予发货。

续表

出库中的问题	处理措施
2. 提货数与实存数不符	首先应及时核实出库凭证的合理性，并对仓库内部货物进行盘点，查找原因并合理处理。在实存数小于提货数时，可以正常出库，但需要找出原因，以便处理。无论是何种原因造成的，都必须和仓库主管部门以及货主单位及时取得联系再做处理，并向提货人解释清楚。如果提货人急需提货，则按实际库存数发货，并开具实际发货数量证明
3. 串发货和错发货	如果商品尚未离库，则应该立即组织人员重新发货；如果物品已经离开了仓库，则保管人员应该及时向主管部门和货主通报串发货和错发货的品名、规格、数量和提货单位等情况，会同货主单位和运输部门共同协商解决。一般在没有直接经济损失的情况下由货主单位重新按实际发货数冲单(票)解决，如果已经形成直接损失，则应按赔偿损失单据冲转调整保管账
4. 包装破漏	在发货过程中发现包装破漏要及时更换，不让问题商品流入下一个环节。事后再跟厂家或者上游环节沟通看是否有修复可能。能修复则修复后继续销售，否则退回厂家或者上游环节重新加工后销售
5. 漏记账和错记账	无论是漏记账还是错记账，一经发现，除及时向有关领导如实汇报情况外，同时还应该根据原始出库凭证(历史账页里漏记账和错记账一般可以从财务那里找出出库通知的第三联核实)查明原因并调整保管账，使之与实际库存数相符。如果漏记账和错记账给货主单位、运输单位和仓储部门已经造成了损失，则应予以赔偿，同时追究相关人员的责任

【技能训练】:

1. 仓储作业流程是怎样的，如何开展这些作业?

2. 出库复核是否可以省略? 为什么?

3. 请阐述怎样实现仓储系统优化?

4. 某制造企业物流经理最近遇到了头疼的事情。该企业每天的全国需求量为 1000 立方米，月物流费用为 100 多万元，80%的货物由自备仓库提供。经过多次的物流改革、组织结构的调整、仓储进出库作业的培训和改革、信息系统的改进等措施，企业仍旧进出库效率低下，缺货、错发货、串发货及破损严重，物流费用很高，到底问题出在哪里? 有人给物流经理提出了物流外包的战略。但是，该经理了解到目前我国实施物流外包的企业中，有超过 30%的客户对供应商不满意，主要原因有合作双方沟通不畅、信息反馈滞后、缺乏应急措施；物流供应商的信息技术系统落后，不能对物流活动进行有效的跟踪和监控，缺乏标准化的运作程序，同一客户的不同项目、不同环节的服务水平参差不齐；缺乏持续改进机制；服务功能单一等。这给物流经理出了一个难题，不知道该如何选择？假如你是物流经理，你会如何抉择，具体的相关措施和策略又怎样？

【习题自测】：

一、单选题

1. 摘果式拣货比播种式拣货前置时间(　　)，拣货后不用再进行分类作业。

A. 短　　B. 长　　C. 相同　　D. 无法比较

2. 以下出库形式中，(　　)商品并没有离开仓库。

A. 取样　　B. 转仓　　C. 自提　　D. 过户

二、多选题

1. 仓储作业过程是指仓库从接收物品开始直到把这些物品完好的发放出去的全部活动过程，包括(　　)三个阶段。

A. 入库　　B. 出库　　C. 验收　　D. 储存

2. 在分拣作业中，最常用的作业方法是(　　)。

A. 摘果式　　B. 播种式　　C. 插秧式　　D. 分梨式

3. 仓库作业流程中，出库作业包括哪些作业环节(　　)。

A. 盘点　　B. 核证　　C. 备货　　D. 复核　　E. 交货

三、简答题

1. 出库有哪些方式，都需要办理正式的出库手续吗？

2. 紧急补货有什么要求？

3. 出库时发现出库凭证有问题怎样处理？

项目三　仓储运营管理

学习目标

【知识目标】：熟悉仓储合同和仓单的性质、格式；
掌握定量与定期订购法、ABC库存法、MRP及JIT库存控制法；
掌握仓储成本的构成和收入，了解仓储经济核算的指标；
认识仓储安全管理的重要性，掌握仓储安全管理的方法。

【技能目标】：能够草拟仓储合同，正确填写仓单；
能够采用定量与定期订购法、ABC库存法、MRP及JIT库存控制法进行库存控制；
能够计算仓储成本，并有效的降低仓储成本；
能够进行仓储的安全管理。

【引入案例】：

六大策略帮助零售业提高仓储管理效率

众多零售商经历了价格战的洗礼后，纷纷意识到，要在竞争激烈的零售市场取得长远的胜利，必须提高仓储管理效率，以支持前台不断增加的消费需求，为客户提供满意的服务。为此，曼哈顿(Manhattan Associates)提出了以下六大策略，帮助零售商透过先进的仓储管理系统改善仓库运作。

(1)不断考核评估与分析：对于库位的安排，畅销品往往存放在仓库的中心位置，而滞销品则存放于仓库的角落。问题是，许多仓库每月甚至每季度才查看核对一次哪些是畅销品，哪些是滞销品。现今市场变化极快，例如在风和日丽的三月，人们喜欢为阳台添置一些户外家具，如果零售商不能及时预见这一购物趋势，将畅销品摆放在方便拣货的位置，就会令拣货员浪费宝贵的时间，辛苦地在角落里寻找太阳眼镜、草坪躺椅或坐垫一类的热销品。借助于仓储管理系统(WMS)，可以不断对库存进行考核评估和分析，快速确定哪些是畅销品，哪些是滞销品，并将产品自动归入相应的库位。

(2)优化任务分配：提高工作效率，意味着减少怠工时间。这包括避免“空车运转”，即运转没有承载货物的叉车。在复杂的仓库环境中，管理者很难做到纵观全局，因此必须依靠智能化的仓储管理系统来优化司机任务分配，如缩短拣货距离，提高拣货效率。

(3)充分利用供应商信息：如果一切运作正常，那么我们需要准确记录供应商有哪些货品置于叉车的托盘上。大多数时候，收货仓库并没有利用供应商提供的货物资料，而是重新统计入库信息，增加了许多工作量。如果能避免重复的工作，则能大幅度提高仓储效率。例如，供应商可以采用条形码，将托盘上的货物与电子信息相结合，那么收货仓库只需通过条形码，即可扫描电子信息内容。这样，不仅可以加快收货流程，也可确保库存准确度。

(4)避免不必要的入库程序：仓库一边将物品拣货和上架，而另一边却又收集下架完全相同的货品，类似情况经常发生。如果可以将这些即将入库的货品直接运出，省去不必要的储存步骤，就可以显著提高工作效率。可惜的是，在众多仓库中，只有少数管理者会利用仓储管理系统提供的交叉转运功能(Cross-docking)，将货物直接从入货处转运至发货处。

(5)考虑有限容量：无论活动层多大，仓库容量始终有限。超过这一容量，通常会导致物流成本增高，造成员工加班赶工，或者由于员工出错而需后续整改，同时还有可能导致货品发货延迟。采用与仓储管理系统直接连接的订单管理系统(OMS)，可在受理订单时根据仓库容量，做到量力而行。当订单管理系统表显示仓库容量已经达到极限时，公司可及时预见，与客户达成协议，延迟一天交货或从另一仓库供货。如果零售商店与订单管理系统连接，那么运货次数可以与仓库容量自动匹配。客户可获得实际保障，而不是空头承诺。

(6)确定交付货品和对象：对于许多零售商而言，除了传统的商场销售渠道之外，还会透过网店直接销售货品予顾客。有的网店可以让顾客先将商品放进购物篮中，之后才确认是否购买。但是顾客却往往失望地发现之前放进购物篮中的商品已经卖完。对于零售商来说，可以采取多种方式来解决这一问题。例如，为网站的销售预留足够的库存；或者通过智能系统查看商店是否有存货，并通知顾客前往商店提货，避免顾客失望。

因此，零售商想要改善客户服务并且在竞争激烈的市场中取得盈利，未必需要加重仓储管理的负担。如果能够跳出旧有的思维模式，积极迈向仓储智能化及信息化，则可令运作更加畅顺轻松且高效。

任务一　仓储商务管理

【任务描述】：

仓库营业是一种专为他人储藏、保管货物的商业营业活动。仓储企业在为客户提供仓储服务的过程中，需要与客户签订仓储合同和仓单。请思考：什么是仓储合同和仓单？仓储企业在签订仓储合同和仓单时应注意哪些风险和防范技巧？

【任务分析】:

仓储商务管理对于仓储企业具有重大意义，仓储经营管理的内容既包括仓储企业对内部仓储业务活动的管理，也包括对仓储商务活动的管理。仓储企业在经营中常常需要与客户签订仓储合同等。仓储合同的标的是仓储保管行为，仓储合同的标的物是仓储物，有一定的法律要件。仓单，是指由保管人在收到仓储物时向存货人签发的表示已经收到一定数量的仓储物的法律文书。既是存货人已经交付仓储物的凭证，又是存货人或者持单人提取仓储物的凭证，因此，仓单具有一定的法律效力，内容必须完备。仓单可以标准仓单的形式进入商品交易所并遵照商品交易所的相关管理规定进行注册、流通和注销。

【知识精讲】:

一、仓储合同管理

(一)仓储合同的含义和法律特征

仓储合同又称仓储保管合同，是指保管人储存存货人交付的仓储物，存货人支付仓储费的合同。《合同法》第381条规定："仓储合同是保管人储存存货人交付的仓储物，存货人支付仓储费的合同。"《合同法》第395条规定："本章没有规定的，适用保管合同的有关规定。"

就实质而言，仓储合同属于保管合同，但由于仓库营业的性质，使仓储合同成为一种特殊的保管合同，它属于商事合同的范畴，在合同主体、保管对象、成立条件等方面不同于一般保管合同。其法律特征主要有：

1. 保管人须为有仓储设备并专门从事保管业务的人

仓储合同区别于一般保管合同的一个重要标志就是在仓储合同主体的特殊性，即仓储合同中为存货人保管货物的一方必须是仓库营业人。仓库营业人，它可以是法人，也可以是个体工商户、合伙、其他组织等，但必须具备一定的资格，即必须具备仓储设备和专门从事仓储保管业务的资格。在我国，仓储保管人应当是在工商行政管理机关登记，从事仓储保管业务，并领取营业执照的法人或其他组织。

2. 仓储合同是诺成合同

实践合同又称要物合同，是指除了当事人意思表示一致外，尚须交付标的物才能成立的合同。因为仓储人的专业性和营利性，在保管的物品入库前，保管人必然会作出一定的履行合同的准备，支出一定的费用。因此，承认仓储合同为诺成合同，有助于使保管人于前述情况下，得基于违约责任主张损害赔偿责任。

3. 仓储合同是双务、有偿合同

仓储合同的当事人双方于合同成立后互负给付义务：保管人须提供仓储服务，存货人须给付报酬和其他费用，如果存货人或者仓单持有人逾期提取仓储物，那么保管人应当加收仓储费，双方的义务具有对应性和对价性。

4. 仓储合同所保管的物品是特定物或特定化的种类物

存货人交付储存保管的货物既可以是一定数量的特定物，也可以是一定品质数量的种类物。就较为普遍的情况而言，仓储保管人在保管储存期限届满或者依照存货人的请求而返还仓储物时，一般采取的是原物返还。

5. 仓储合同中货物的交付与归还以仓单作为凭证

存货方主张货物已交付或行使返还请求权以仓单为凭证，这是仓储合同的重要特征。

(二)仓储合同的种类

按照不同仓储经营方式中，仓储标的物是否为特定物或特定化了的种类物以及仓储是否移转所有权，仓储合同可以分为一般仓储合同、消费仓储合同、混藏仓储合同与仓库租赁合同。

1. 一般仓储合同

一般仓储合同以特定物或特定化的种类物为标的物，当合同期限届满时，保管人的原物返还于存货人。

2. 混藏仓储合同

混藏仓储合同是指存货人将一定品质数量的种类物交付保管人储藏，而在储存保管期限届满时，保管人只需以相同种类、相同品质、相同数量的替代物返还的仓储合同。

3. 消费仓储合同

消费仓储合同是指存货人不仅将一定数量品质的种类物交付仓储保管人储存保管，而且与保管人相互约定，将储存物的所有权也移转于保管人处，在合同期届满时，保管人以相同种类、相同品质、相同数量的替代品返还的仓储合同。消费式仓储合同的不同之处是涉及仓储物所有权转移到保管人，自然地保管人需要承担所有人的权利和义务。消费式仓储经营人的收益，除了约定的仓储费(一般较低)外，更重要的是消费仓储物与到期购回仓储物所带来的差价收益。

4. 仓库租赁合同

仓库租赁合同是指仓库所有人将所拥有的仓库以出租的方式开展仓储经营，由存货人自行保管商品时签订的合同。仓储人只提供基本的仓储条件、进行一般的仓储管理，如环境管理、安全管理等，并不直接对所存放的商品进行管理。仓库租赁合同严格意义上来说不是仓储合同，只是财产租赁合同。但是由于仓库出租方具有部分仓储保管的责任，所以具有仓储合同的一些特性。

(三)仓储合同的订立

根据《合同法》的规定，只要存货人与保管人之间依法就仓储合同的有关内容经过要约与承诺的方式达成意思表示一致，仓储合同即告成立。

(1)要约。所谓要约，就是一方当事人向另一方发出的以订立合同为目的而提出的合同条件。要约是特定的合同当事人所为的意思表示，它以具体的、足以使合同成立的主要条件为内容，向要约人希望与之缔结合同的相对人发出，且表明一经对方承诺即受约束。在仓储合同中，一般来说，要约的内容至少应当包括以下内容：标的物数量、质量、仓储费用。即使没有具体的数量、质量和仓储费用表述，也应当可以通过具体的方式来确定这些内容。根据仓储合同的特点和现实环境，仓储合同的要约最好是书面发出，特别是大批货物的储存与保管，更是要提出可行的储存计划。

(2)承诺。承诺是受要约人完全同意要约内容的意思表示。承诺必须是在要约的有效期限内作为，并与要约的内容完全一致。在仓储合同订立过程中，保管人一经承诺，仓储合同即告成立，且同时生效。

(四)仓储合同的主要条款

仓储合同的主要条款，是存货人与保管人双方协商一致而订立的，规定双方所享有的主要权利和承担的主要义务的条款，是合同的内容，仓储合同的主要条款是检验合同的合法性、有效性的重要依据。依一般理解《合同法》第 386 条所规定的仓单的有关事项，都应当为仓储合同的主要条款。但是，仓储合同的主要条款又不能局限于此。《仓储保管合同实施细则》第 7 条规定：合同应具备以下主要条款：

1. 双方当事人名称
2. 货物的品名、品种、规格
3. 货物的数量、质量、包装
4. 货物验收的内容、标准、方法、时间
5. 储存期间、货物保管条件和保管要求
6. 货物进出库手续、时间、地点、运输方式
7. 货物损耗标准和损耗的处理
8. 计费项目、标准和结算方式，银行账号、时间
9. 责任划分和违约处理
10. 合同的有效期限
11. 变更和解除合同的期限
12. 争议的解决方式

(五)仓储合同当事人的权利和义务

1. 存货人的权利与义务

(1)存货人的义务。

①告知义务。存货人的告知义务包括两个方面：对仓储物的完整明确的告知和瑕疵告知。所谓完整告知，是指在订立合同时存货人要完整细致地告知保管人仓储物的准确名称、数量、包装方式、性质、作业保管要求等涉及验收、作业、仓储保管、交付的资料，特别是危险货物，存货人还要提供详细的说明资料。存货人寄存货币、有价证券或者其他贵重物品的，应当向保管人声明，由保管人验收或者封存，存货人未声明的，该物品毁损、灭失后，保管人可以按照一般物品予以赔偿。存货人未明确告知的仓储物属于夹带品，保管人可以拒绝接受。

所谓瑕疵，包括仓储物及其包装的不良状态、潜在缺陷、不稳定状态等已存在的缺陷或将会发生损害的缺陷。保管人了解仓储物所具有的瑕疵可以采取针对性的操作和管理，以避免发生损害和危害。因存货人未告知仓储物的性质、状态造成的保管人验收错误、作业损害、保管损坏由存货人承担赔偿责任。在订立合同时，必须预先告知保管人。

②妥善处理和交存货物。存货人应对仓储物进行妥善处理，根据性质进行分类、分储，根据合同约定妥善包装，使仓储物适合仓储作业和保管。存货人应在合同约定的时间向保管人交存仓储物，并提供验收单证。

③支付仓储费和偿付必要费用　如果存货人提前提取仓储物，则保管人不减收仓储费。如果存货人逾期提取，则应加收仓储费。由于未支付仓储费，保管人有对仓储物行使留置权的权利，即有权拒绝将仓储物交还存货人或应付款人，并可通过拍卖留置的仓储物等方式获得款项。仓储物在仓储期间发生的应由存货人承担责任的费用支出或垫支费，如保险费、货物自然特性的损害处理费用、有关货损处理、运输搬运费、转仓费等，存货人应及时支付。

④及时提货。存货人应按照合同的约定，按时将仓储物提离。保管人根据合同的约定安排仓库的使用计划，如果存货人未将仓储物提离，则会使得保管人已签订的下一个仓储合同无法履行。

(2)存货人的权利。

①查验，取样权。在仓储保管期间存货人有对仓储物进行查验、取样查验的权利，能提取合理数量的样品进行查验。由于查验，当然会影响保管人的工作，取样还会造成仓储物的减量，但存货人合理进行的查验和取样，保管人不得拒绝。

②保管物的领取权。当事人对保管期间没有约定或约定不明确的，保管人可以随时要求寄存人领取保管物；约定不明确的，保管人无特别事由，不得要求寄存人提前领取保管物，但存货人可以随时领取保管物。

③获取仓储物孳息的权利。《合同法》第 377 条规定："保管期间届满或者寄存人提前领取保管物的，保管人应当将原物及其孳息归还寄存人。"可见，如果仓储物在保管期间产生了孳息，则存货人有权获取该孳息。

2. 保管人的权利和义务

(1)保管人的义务。

①提供合适的仓储条件。仓储人经营仓储保管的先决条件就是具有合适的仓储保管条件，有从事保管货物的保管设施和设备。包括适合的场地、容器、仓库、货架、作业搬运设备、计量设备、保管设备、安全保卫设施等条件。同时，还应配备一定的保管人员、商品养护人员，制定有效的管理制度和操作规程等。同时，保管人所具有的仓储保管条件还要适合所要进行保管的仓储物的相对仓储保管要求。

②验收货物。保管人应该在接受仓储物时对货物进行理货、计数、查验，在合同约定的期限内检验货物质量，并签发验货单证。验收货物按照合同约定的标准和方法，或者按照习惯的、合理的方法进行。

③签发仓单。保管人在接受货物后，根据合同的约定或者存货人的要求，及时向存货人签发仓单。在存期届满，根据仓单的记载向仓单持有人交付货物，并承担仓单所明确的责任。保管人根据实际收取的货物情况签发仓单。保管人应根据合同条款确定仓单的责任事项，避免将来向仓单持有人承担超出仓储合同所约定的责任。

④合理化仓储。因其保管不善所造成的仓储物在仓储期间发生损害、灭失，除非保管人能证明损害是由于货物性质、包装不当、超期等以及其他免责原因造成的，否则保管人要承担赔偿责任。

⑤返还仓储物及其孳息的义务。保管人应在约定的时间和地点向存货人或仓单持有人交还约定的仓储物。仓储合同没有明确存期和交还地点的，存货人或仓单持有人可以随时要求提取，保管人应在合理的时间内交还存储物。作为一般仓储合同，保管人在交返仓储物时，应将原物及其孳息、残余物一同交还。

⑥危险告知义务。当仓储物出现危险时，保管人应及时通知存货人或仓单持有人，并有义务采取紧急措施处置，防止危害扩大。包括在货物验收时，发现不良情况、发生不可抗力损害、仓储物的变质、仓储事故的损坏以及其他涉及仓储物所有权的情况，都应该告知存货人或仓单持有人。

(2)保管人的权利。

①收取仓储费的权利。仓储费是保管人订立合同的目的，是对仓储物进行保管所获得的报酬，是保管人的合同权利。保管人有权按照合同约定收取仓储费或在存货人提货时收取仓储费。

②保管人的提存权。储存期间届满，存货人或者仓单持有人不提取货物的，保管人可以催告其在合理期限内提取，逾期不提取的，保管人可以提存仓储物。

③验收货物的权利。验收货物不仅是保管人的义务，而且也是保管人的一项权利。对于货物存在的不良状况，有权要求存货人更换、修理或拒绝接受，否则需如实编制记录，以明确责任。

(六)仓储合同的风险及防范

在仓储合同中有仓库营业人(仓管方)与存货方两方当事人。就实质而言，仓储合同属于保管合同中的一种，由于仓库营业的性质，使得它具有不同于一般保管合同的性质，同时也面临着不小的法律风险：

1. 存货人在货物品名、种类、数量、质量等方面弄虚作假

依据保管货物的不同保管难度，仓库营业人有着不同的收费标准。存货人常常出于想少交保管费或其他方面的动机，在货物的品名和种类上弄虚作假。大部分情况下，存货人为了降低仓储费用，故意将危险物品作为普通物品，将特别货物当做一般货物，将贵重物品作为普通物品。存储易燃、易爆、有毒等危险物品和易腐物品，必须在合同中注明，并提供必要的资料，否则造成货物毁损或人身伤亡，应由存货方承担赔偿责任直至刑事责任。

2. 存货人对将交付储存的货物的保管要求和保管条件提供虚假的信息

根据《仓储保管合同实施细则》的规定，对于易燃、易爆、有毒等危险物品和易腐物品以外的物品，存货人有意或无意地提供一些保管条件或保管要求，从而引起保管人轻信，而遵照这些保管要求和保管条件对货物进行保管，以致造成货物毁损、短少、污染、变质、灭失等后果。如果存货人出于恶意，故意陈述不当的保管条件和保管要求，就会误导仓库营业人。此时的责任该由谁承担，法律上并无明确规定。由于证据难以寻找，很多情况下都由仓储公司当了冤大头。

3. 存货人欺诈保管费用

保管费用的收取是仓库营业人得以正常开展仓储保管业务的物质。在实践中，有的存货人可以会采取多种手段对仓库营业人进行欺诈，如诡称将账记在其他单位身上；有的存货人在与仓库营业人签订仓储合同时，在货物的质量上弄虚作假，或以次品充当正品，或

其交付储存的货物已经过了有效期或者即将到达有效期，或者其交付储存的货物即将或已经变质，却当做质量合格的物品。

4. 存货人转让合同的风险

有的存货人与仓库营业人签订了仓储合同，然后转予其他急需仓库使用的第三人，以赚取差额利润。按照合同的有关法规，合同权利义务一般只能存在于订立合同的双方之间，如果有一方将合同权利和义务转让第三人，那么必须征得另一方当事人的同意。擅自转让合同的行为是无效的，存货人出于牟利的目的，对仓库营业人构成了欺诈。

5. 仓储企业不按合同或物业惯例进行保管，给存货人造成损失

对于易燃、易爆、易渗漏、有毒等危险物品或者易腐、超限等特殊货物，有着特别的保管要求。在实践中，仓库营业人出于经济目的，心存侥幸心理，而伪称其具备这种保管能力，与存货人签订合同。最后发生了货物损失或人身伤亡等事故。有的仓库营业人在接受存货人的货物后，甚至未经存货人的同意，就擅自使用保管物。按合同法规定，这种行为属于违约的行为，应对存货人的损失予以赔偿。

6. 存货人不履行提货及交款义务而造成"死库"

由于委托方音信全无、企业倒闭、涉嫌骗汇等原因，各仓储企业内超出两年以上的货物积压，有的甚至仓储期限已近十年之久。积压货物占用了大量仓库面积，货物均已明显锈蚀、腐败、变质，既影响到其他正常货物的仓储，又极易产生环境污染问题，企业既无法收回仓储费，又无法处理。

针对以上情况，仓储企业可采取一些防范措施。其一，细签合同，及时补救。要有效地防止风险发生，首先得把好合同这一关。具体而言，企业在合同上填写货物的名称、数量、质量时要准确、清楚，不要产生歧义。合同中要明确货物的保管要求和保管条件，注明货物的合理损耗标准和损耗处理。货物的进出库手续、时间、地点和运输方式也必须在合同中明确规定。对于货物入库时的交接手续，可以按照《仓储保管合同实施细则》第10条的规定来执行。由存货方或运输部门、供货单位送货到库的，或者由保管方负责到供货单位、车站、港口等处提运货物的，必须按照该细则第11条或国家有关规定当面交接清楚，分清相互之间的责任。为防发生争议，应在合同中明确规定计费项目、标准和结算方式。对保管费、转仓费、出入库装卸费，车皮、站台、专用线占用圳及包装整理等费用，应予以具体规定。合同中应当明确规定费用的承担人及计算标准、支付方式、支付时间、开户银行及账号等内容。其二，利用担保增强合同的安全性。企业可利用法律作关于保障合同债的安全性的规定，如保证、抵押等。合同管理制度中的公证、鉴证等，都可以用来强化合同的安全性。对于仓库营业人来说，有时会遇到拖欠甚至赖着不交保管费和有关费用的事。这时，仓库营业人如果事先为合同设置了担保，则可以要求担保人清偿债务或者就抵押物优先受偿，这样，仓库营业人即使遇上欺诈行为，也可以尽量减少损失。

二、仓单

(一)仓单的概念

所谓仓单，是指由保管人在收到仓储物时向存货人签发的表示已经收到一定数量的仓

储物的法律文书。《合同法》第 385 条规定："存货人交付仓储物的，保管人应当给付仓单。"

仓单，既是存货人已经交付仓储物的凭证，又是存货人或者持单人提取仓储物的凭证，因此，仓单实际上是仓储物所有权的一种凭证。同时，仓单在经过存货人的背书和保管人的签署后可以转让，任何持仓单的人都拥有向保管人请求给付仓储物的权利，因此，仓单实际上又是一种以给付一定物品为标的的有价证券。

由于仓单上所记载的权利义务与仓单密不可分，因此，仓单有如下效力：①受领仓储物的效力。②转移仓储物所有权的效力。仓单上所记载的仓储物，只要存货人在仓单上背书并经保管人签字或者盖章，提取仓储物的权利即可发生转让。

小看板：仓单份数

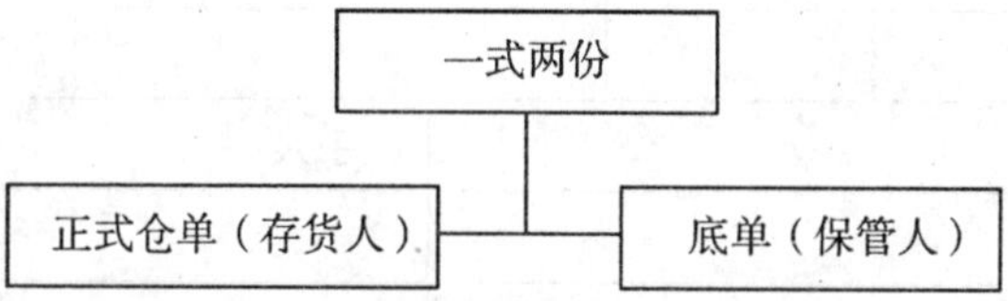

注：仓单副本则根据业务需要复制相应份数，但须注明为"副本"。

（二）仓单的内容

仓单作为收取仓储物的凭证和提取仓储物的凭证，依据法律规定还具有转让或出质的记名物权证券的流动属性，它应当具备一定形式，其记载事项必须符合《合同法》及物权凭证的要求，使仓单关系人明确自己的权利并适当行使自己的权利。根据《合同法》第 386 条的规定，保管人应当在仓单上签字或者盖章，仓单包括下列事项：①保管人的签字或者盖章；②存货人的名称及住所；③仓储的品种、数量、质量、包装、件数和标记等物品状况，以便作为物权凭证，代物流通；④仓储物的损耗标准；⑤储存场所和储存期间；⑥仓储费及仓储费的支付与结算事项；⑦若仓储物已经办理保险的，则仓单中应写明保险金额、保险期间及保险公司的名称；⑧仓单的填发人、填发地和填发的时间。

仓单是由保管人在收到仓储物时向存货人签发的表示已经收到一定数量的仓储物的法律文书，目前是由各仓储单位自行编制，因此没有统一的格式。表 3-1 是某仓储企业仓单的正面，表 3-2 是该仓单的反面，该仓单为一式四联。

表 3-1　　　　**仓单(正面)**

公司名称：
公司地址：

电话： 账号： 储货人： 银主名称：	传真： 批号： 发单日期： 起租日期：

兹收到下列货物依本公司条款(见后页)储仓

唛头及号码	数量	所报货物	每件收费	每月仓租	进仓费	出仓费

总件数：	经手人：
总件数(大写)：	
备注： 核对人：	

表 3-2　　　　**仓单(反面)**

存货记录

日　期	提单号码	提货单位	数　量	结　余	备　注

储 货 条 款

一、本仓库所载之货物种类、唛头、箱号等，均系按照储货人所称填列，本公司对货物内容、规格等概不负责。

二、货物在入仓交接过程中，若发现与储货方填列的内容不符，我公司有权拒收。

三、本仓库不储存危险物品，客户保证入库货物绝非为危险品，如果因储货人的货物品质危及我公司其他货物造成损失时，储货方必须承担因此而产生的一切经济赔偿责任。

四、本仓单有效期一年，过期自动失效。已提货之分仓单和提单档案保留期亦为一年。期满尚未提清者，储货人须向本公司换领新仓单。本仓单须经我公司加印硬印方为有效。

五、客户(储货人)凭背书之仓单或提货单出货。本公司收回仓单和分提单，证明本公司已将该项货物交付无误，本公司不再承担责任。

小看板：仓单生效必须具备两个要件：

1. 保管人须在仓单上签字或者盖章；
2. 仓单须包括一定的法定必要记载事项。

（三）仓单的功能

仓单，作为仓储保管的凭证，其作用是显而易见的。主要表现在以下几个方面：

1. 仓单是保管人向存货人出具的货物收据

当存货人交付的仓储物经保管人验收后，保管人就向存货人填发仓单。仓单是保管人已经按照仓单所载状况收到货物的证据。

2. 仓单是仓储合同存在的证明

仓单是存货人与保管人双方订立的仓储合同存在的一种证明，只要签发仓单，就证明了合同的存在。

3. 物权证明

它代表仓单上所列货物，合法获得仓单的仓单持有人具有该仓单上所记载的仓储物的所有权，仓单持有人有权要求保管人返还货物，有权处理仓单所列的货物。仓单的转移，也就是仓储物所有权的转移。因此，保管人应该向持有仓单的人返还仓储物。也正由于仓单代表着其项下货物的所有权，所以，仓单作为一种有价证券，也可以按照《担保法》的规定设定权利质押担保。

4. 仓单是提取仓储物的凭证

当仓单持有人向保管人提取仓储物时，应当出示仓单。若保管人一经填发仓单，则持单人对于仓储物的受领，不仅应出示仓单，而且还应缴回仓单。仓单持有人为第三人，而该第三人不出示仓单的，除了能证明其提货身份外，保管人应当拒绝返还仓储物。

5. 融资和担保工具

由于仓单具有物权功能，仓单也代表着仓储物的价值，成为有价证券，可以作为一定价值的担保，因而仓单可以作为质押、财产保证的融资工具和其他信用保证。

小看板：仓单灭失怎么办？

仓单灭失在特殊情况下，也可以提货：

(1)通过人民法院的公示催告程序；

(2)提供担保提货。

（四）仓单的流通

仓单作为有价证券，可以流通，流通的方式可以是转让仓单项下仓储物的所有权，即转让仓单；还可以是按照《担保法》的规定，以仓单出质，即以仓单设定权利质押，使质权人在一定条件下享有提取仓单项下仓储物的权利。流通的形式有两种：

仓单的最重要特征，是作为物权凭证的有价证券，具有流通性。《合同法》第387条规定："仓单是提取仓储物的凭证。存货人或者仓单持有人在仓单上背书并经保管人签字或者盖章的，可以转让提取仓储物的权利。"

1. 仓单转让

仓单转让，均须符合法律规定的形式，才能产生相应的法律效力。存货人转让仓单必须在仓单上背书并经保管人签字或者盖章，若只在仓单上背书但没有保管人签字或者盖章，则即使交付了仓单，转让行为也不能生效。因而，背书与保管人签章是仓单转让的必要的形式条件，缺一不可。背书是指存货人在仓单的背面或者粘单上记载被背书人(即受让人)的名称或姓名、住所等有关事项的行为。保管人的签字或盖章则是确保仓单及仓单利益，明确转让仓单过程中法律责任的手段。《合同法》第387条规定："仓单是提取仓储物的凭证。存货人或者仓单持有人在仓单上背书并经保管人签字或者盖章的，可以转让提取仓储物的权利。"这一规定表明了仓单的可转让性及其法律要求。背书的基本格式为：

兹将本仓单转让给×××(被背书人的完整名称)

×××(背书人的完整名称)

背书经办人签名、日期

小看板：怎样的仓单转让才有效？

(1)背书过程完整；　　(2)经保管人签署；

(3)仓单中没有说明不得背书的。

2. 仓单出质

质权人享有提取仓单项下仓储物的权利。存货人以仓单出质，应当与质权人签订质押合同，在仓单上背书并经保管人签字或者盖章，将仓单交付质权人，质押合同生效。当债务人不履行被担保债务时，质权人就享有提取仓储物的权利。

如果仓单要进入商品交易所进行上市流通，则必须使用标准仓单。所谓标准仓单是指指定交割仓库在完成入库商品验收、确认合格并签发《货物存储证明》后，按统一格式制定并经交易所注册可以在交易所流通的实物所有权凭证。标准仓单的表现形式为《标准仓单持有凭证》。标准仓单持有凭证，是在交易所办理标准仓单交割、交易、转让、质押、注销的凭证，受法律保护。其内容包括：会员号、会员名称、投资者编码、投资者名称、品种、类别、等级、生产年份、仓单数量、冻结数量、抵押数量等，交易所依据《货物存储证明》代为开具。

(1)仓单质押的风险及防范。

①客户(货主企业)资信风险。在选择客户时，一定要谨慎，要重点考察企业的经营能力和信用状况。评估担保对象的信用状况主要依据担保对象的历史履约情况和履约意愿来判断，具体包括三个方面：首先，应调查客户偿还债务的历史情况；其次，分析客户在以往的履约中所表现的履约能力；最后，应调查客户履约是处于自愿，还是被采取法律诉讼或其他行动的结果。凡有不良信用记录的，应杜绝与其合作。

②质押商品的种类要有一定的限制。要选择适用广泛，易于处置，价格涨跌幅度不大，质量稳定的品种，如黑色金属、有色金属、大豆等，同时，还要考察货物来源的合法性，对于走私货物和违禁物品要及时举报。

③加强对仓单的管理。虽然我国合同法中规定了仓单上必须记载的内容：存货人的名称或者姓名和住所、仓储物的品种、数量、质量、包装、件数和标记、仓储物的损耗标准、储存场所、储存期间、仓储费、仓储货物保险情况、填发人、填发地点和填发时间。但目前我国使用的仓单还是由各家仓库自己设计的，形式很不统一，因此要对仓单进行科学的管理，使用固定的格式，按制定方式印刷；同时，派专人对仓单进行管理，严防操作失误和内部人员作案，保证仓单的真实性、唯一性和有效性。

④加强对质押货物的监督管理。仓储企业在开展仓单质押业务时，一般要与银行签订“不可撤销的协助行使质押权保证书”，对质押货物的保管负责，丢失或损坏由仓库承担责任。因此，为了维护自身利益和履行对银行的承诺，仓储企业要加强对质押货物的监管，保证仓单与货物货单一致，手续完备，货物完好无损。

⑤注意提单风险。对于同一仓单项下的货物在不同时间提取的情况，要依据货主和银行共同签署的“专用仓单分提单”释放，同时，按照仓单编号、日期、金额等要素登记明细台账，每释放一笔，就要在相应仓单下作销账记录，直至销售完成为止。

小看板：2012年中国物流与采购行业十件大事——钢贸行业仓单重复质押

——2013 年 1 月 17 日中国物流与采购联合会发布

钢贸行业仓单重复质押：钢贸流通行业仓单重复质押问题引发多方债务纠纷，金融物流风险受到广泛关注。

解析：搞金融物流必须设计好流程和机制。第一，必须有保障机制，即金融服务方必须有自己的作业基地或租赁的第三方作业基地，实际控制货物。如果把货物直接存放于获得资金的企业方，那么一定存在风险，派人管理也很难防范。第二，必须有防范机制，即一定得有货权转移的合法法律手续，使之在法律上没有问题。如果法律上没有漏洞，那么第三方合谋的机会就会减少。第三，就是实际能够处置货物的能力，这是供应链服务企业的核心竞争力，没有货物的处置能力，也存在风险，这就涉及商业模式问题。

(2)仓单质押的意义。

开展仓单质押业务，既可以解决货主企业流动资金紧张的困难，同时保证银行放贷安全，又能拓展仓库服务功能，增加货源，提高效益：

首先，对于货主企业而言，利用仓单质押向银行贷款，可以解决企业经营融资问题，争取更多的流动资金周转，达到实现经营规模扩大和发展，提高经济效益的目的。

其次，对于银行等金融机构而言，开展仓单质押业务可以增加放贷机会，培育新的经济增长点；又因为有了仓单所代表的货物作为抵押，贷款的风险大大降低。

最后，对于仓储企业而言，一方面，可以利用能够为货主企业办理仓单质押贷款的优势，吸引更多的货主企业进驻，保有稳定的货物存储数量，提高仓库空间的利用率；另一方面，又会促进仓储企业不断加强基础设施的建设，完善各项配套服务，提升企业的综合竞争力。

小看板：仓单质押的操作流程

1. 货主(借款人)与银行签订《银企合作协议》、《账户监管协议》。

2. 仓储企业、货主和银行签订《仓储协议》。

3. 仓储企业与银行签订《不可撤销的协助行使质押权保证书》。

4. 货主按照约定数量送货到指定的仓库，仓储企业接到通知后，经验货确认后开立专用仓单；货主当场对专用仓单作质押背书，由仓库签章后，货主交付银行提出仓单质押贷款申请。

5. 银行审核后，签署贷款合同和仓单质押合同，按照仓单价值的一定比例放款至货主在银行开立的监管账户。

6. 在贷款期内实现正常销售时，货款全额划入监管账户，银行按约定根据到账金额开具分提单给货主，仓库按约定要求核实后发货；贷款到期归还后，余款可由货主(借款人)自行支配。

7. 银行划扣相应的保证金或收贷后签发《提货通知书》。

8. 物流监管方凭银行签发的《提货通知书》给予办理相关质押物的放行手续，同时签发《提货通知单回执》并送达银行。

【技能训练】：

1. 小组分析讨论仓储经营者如何在仓储合同签订和履行中的避免法律风险。
2. 学生模拟合同签订的双方，进行仓储合同的洽谈与拟订。
3. 正确填写一份仓单。

【习题自测】:

一、不定项选择题

1. 仓储合同法律特征有(　　)。

A. 诺成合同　　B. 实践合同　　C. 双务合同　　D. 有偿合同

2. 仓储合同可以分为(　　)。

A. 一般仓储合同　B. 消费仓储合同　C. 混藏仓储合同　D. 仓库租赁合同

3. 仓单的法律特征(　　)。

A. 仓单是提货凭证　　B. 仓单是所有权的法律文书　　C. 仓单是有价证券

4. 仓单生效必须具备两个要件(　　)。

A. 保管人须在仓单上签字或者盖章　B. 仓单须包括一定的法定必要记载事项

C. 保管人向存货人交付仓单　　D. 存货人在仓单上背书

二、名词解释题

1. 保管合同　　2. 仓储合同

三、简述题

1. 简述仓储合同的法律特征有哪些?

2. 仓储合同当事人的权利和义务有哪些?

3. 简述仓单的含义和功能。

四、案例分析题

1. 某果品公司与仓储公司签订一份储藏荔枝合同。合同签订后，果品公司按约定将荔枝交付，仓储公司验收。入库后，在约定的储存期间内，仓储公司发现水果有腐烂现象，就将此情形通知了果品公司。两天后，仓储公司发现腐烂较多，会影响到其他果品，于是就通知了果品公司马上处理。但果品公司未理睬。仓储公司见再不处理，不仅荔枝会全部烂掉，并且其他果品也会因此而发生腐烂，就将该批荔枝清理出库，将其中尚能食用的变卖，事后将此情况通知了果品公司。储存期满，果品公司前来提货，仓储公司将变卖的价款交给果品公司，其拒收，并要求仓储公司赔偿其全部损失。问：仓储公司对给果品公司不能提取储存的荔枝应否负赔偿责任?

2. 某建筑公司为承接某项工程，需购买钢材 200 吨。因工程建材计划审批中遇到困难，不能按预定的时间开工。于是，建筑公司与某储运公司订立了仓储合同，约定由该储运公司负责储存钢材 200 吨，时间为半年，仓储费 5 万元。合同签订后，双方按约定办理了钢材的入库手续。三个月后，因工程计划得到批准，建筑公司向储运公司提出提货，并交付 3 万元；而储运公司则认为合同约定的储存期未满不能提货，要求建筑公司交付 5 万元才能提货，双方发生纠纷。问：建筑公司可否提前提取储存的钢材?

任务二 库存控制与管理

【任务描述】:

库存对企业而言，既不能缺少又不能太高，你知道有哪些方法可以有效地协调平衡企业的库存量吗?

【任务分析】:

库存(Stock)是指储存作为今后按预定的目的使用而处于闲置或非生产状态的物品。广义的库存还包括处于制造加工状态和运输状态的物品(GB/T18354—2006)。为了保证企业的正常经营活动，库存是必要的，但是库存同时又占用了大量的资金，增加了企业成本。怎样既能保证经营活动的正常进行，又使流动资金的占用量最小，即在期望的客户服务水平和相关的库存成本之间寻找平衡，是库存管理人员最关注的问题。要解决这个问题，就必须对仓库中的库存量进行合理的控制。常见的库存控制方法有 ABC 与 CVA 库存控制、MRP 库存控制法及 JIT 库存控制法。

【知识精讲】:

一、ABC 与 CVA 库存控制管理

1. ABC 分类管理法的基本原理和思想

ABC 分类管理法源于帕累托曲线。1879 年，意大利经济学家帕累托在研究社会财富的分配时得出一个重要结论：80%的财富掌握在 20%人的手中，而 80%的人只拥有 20%的财富，这 20%的人对整个社会经济的发展至关重要，于是提出了“重要的少数和次要的多数”规律。后来，人们发现这一规律普遍存在于社会的各个领域中，于是将其称为帕累托现象，也就是常说的 8/2 原则。

这一现象在仓储的库存上亦有体现。一般来说，仓库的库存物资种类繁多，每个品种的价格不同，库存量也不等。有的物资品种、数量不多但价值很大，而有的物资品种、数量很多但价值却不高。为了使有限的时间、资金、人力等资源能得到更有效的利用，需要对库存物资进行分类管理，将管理的重点放在重要的库存物资上，即依据库存物资重要程

度的不同分配相应的资源，分别进行管理，这就是库存的 ABC 分类管理。

ABC 分类管理法(ABC classification)又称为重点管理法，指将库存物品按品种和占用资金的多少分为特别重要的库存(A 类)、一般重要的库存(B 类)和不重要的库存(C 类)三个等级，然后针对不同等级分别进行控制(GB/T18354—2006)。属于 A 类的是数量少价值高的、最重要的物资，这些物品品种少，大约只占全部库存物品总品种数的 10%左右，而单位价值却很大，大约要占到全部库存物品总金额的 70%左右。属于 C 类的是为数众多的低值物品，其特点是，从品种数量来看，这类物品的品种数大约要占到全部物品总品种数的 70%左右，而金额大约只占全部物品总金额的 10%左右。B 类物品则介于这两者之间，从品种数和金额看，大约都只占全部物品总数的 20%左右。在管理控制库存时，对金额高的 A 类物资，作为重点加强管理与控制；B 类物质进行一般的管理和控制；C 类物资品种数量繁多，但价值不高，只需稍加管理和控制。

A、B、C 三类物资的价值及数量比率见表 3-3：

表 3-3　**A、B、C 三类物资的价值及数量比率**

品　种	类　别	销售额
10%	A	70%
20%	B	20%
70%	C	10%

2. ABC 分类管理法的操作步骤

仓库如果采用 ABC 分类管理法对库存进行控制，一般有以下实施步骤：

(1)分析收集库存数据。

根据仓库的账面或者仓储管理信息系统里的库存数据，将需要分类管理的库存物资的有关信息找出，主要有每种商品的单价、商品年销售量或者库存量等。

(2)处理数据。

对收集到的原始数据进行整理汇总并按要求进行计算，即把各种库存物资全年平均耗用量分别乘以它的单价，计算出各种物资耗用总量以及总金额。按照各品种物资占用金额的大小顺序重新排列，并分别计算出各种物资所占用总数量和总金额的比重，即百分比，然后算出累计百分比。

(3)编制 ABC 分类表。

在总品目数不太多的情况下，可以用大排队的方法将全部品目逐个列表。按销售额的大小，由高到低对所有品目顺序排列；将必要的原始数据和经过统计汇总的数据，如销售量、销售额、销售额百分数填入；计算累计品目数、累计品目百分数、累计销售额、累计销售额百分数。见表 3-4：

表 3-4　　ABC 分类表

物品名称	品种数累计	品种数累计百分比	物品单价	平均库存	物品单价乘以平均库存	平均资金占用额累计	平均资金占用额累计百分比	分类结果

(4)绘制 ABC 分析图。

以库存品种数累计百分比为横轴，以年销售额累计百分比为纵轴，在坐标图上描点，并联结各点，则得到 ABC 曲线。按 ABC 分类管理法对应的分类标准，将画出的 ABC 曲线图分成 A、B、C 三个区域，则哪个品种的点落在哪个区域就为那一类。由此得到库存物资的 A、B、C 类分别为哪些品种。见图 3-1：

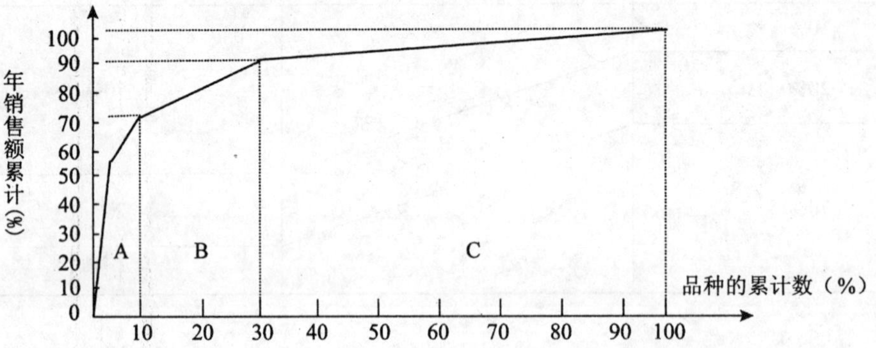

图 3-1　ABC 分析图

(5)确定重点管理方式。

根据 ABC 分析的结果，对 A、B、C 三类商品采取不同的管理策略。

3. ABC 库存管理措施

ABC 库存管理措施见表 3-5：

表 3-5　　ABC 库存管理措施

类　别	管 理 措 施
A 类	1. 勤进货，最好买了就用，用时再买，宁缺勿多，以降低库存量，减少占用资金，提高资金周转率。 2. 同供应商建立良好关系，关注进货价格，保证进货质量和供货及时。 3. 注意储存条件，确保商品保存质量。 4. 经常检查，严加控制。

续表

类别	管理措施
B类	1. 采用比A类货物相对简单的管理方法。 2. B类货物可以采用定期订购方式或定期与定量混合的订购方式。 3. 进行一般检查，一般控制即可，库存量可较大。
C类	1. 将一些货物不列入日常管理的范围，如对于螺丝等数量大且价值低的货物不作为日常盘点的货物，并可规定最少出库的批量，以减少处理的次数。 2. 由于物品价值较低，安全库存量可以大一些，以减少订购次数，降低费用。 3. 减少这类货物的盘点次数。 4. 给予最低的优先作业次序。

4. CVA库存管理法

(1)CVA库存管理法的提出。

企业在生产经营过程中需要用到多种物料，其中有一部分物料属于关键物料，具有不可替代性，对于生产和经营具有重要意义，如果这些关键物料缺货会严重影响正常生产经营，甚至会导致生产停工待料，经济损失巨大。尤其是B类物品和C类物品在管理中可能不被重视，其中的关键物料，就有可能产生上面的问题，给企业带来不必要的风险，比如，许多机电设备中防止漏气的密封圈，价值不高，在ABC分类中属于C类物品，库存控制时不会被重视。但是如果机电设备缺了它，则无法正常运转，无法生产。因此，从生产和经营的角度看，密封圈属于机电设备的关键零部件，虽然价值不高，但是缺了它，生产经营将无法继续进行。这反映出ABC库存管理法存在的缺陷，即部分关键物料得不到应有的重视。因此有必要对ABC库存分类进行更细的分类：将A类物品再分为关键的和次要的；将B类物品也分为关键的、次要的和不重要的；将C类物品亦分为关键的、次要的和不重要的。对于关键的物料，按照ABC分类法，即使是C类物品，也应该加强管理，保证供应，避免缺货。这实质就是CVA库存管理法。

(2)CVA库存管理法的基本思想。

CVA库存管理法是指关键因素分析法(Critical Value Analysis，CVA)。CVA的基本思想是按照物料对生产经营的关键性或客户的重要性将物料或客户需求分成3~5类，即最高优先级、较高优先级、中等优先级和较低优先级等。不同等级的物料在生产经营中的地位不同，需要采取不同的管理策略。见表3-6：

表3-6　**CVA库存管理法**

管理类别	优先级	说明	管理策略
最高优先级	Ⅰ	生产经营中的关键物品或A类客户的需求	不允许缺货
较高优先级	Ⅱ	生产经营中的基础性物品或B类客户的需求	允许偶尔缺货
中等优先级	Ⅲ	生产经营中比较重要的物品或C类客户的需求	允许在合理范围内缺货
较低优先级	Ⅳ	生产经营中需要，但可替代物品	允许缺货

CVA 库存管理法比 ABC 分类管理法有更强的目的性。但是在使用中，不要确定太多的高优先级物品，因为太多的高优先级物品，结果是哪种物品都得不到应有的重视。在实际工作中经常把两种方法结合使用，效果更好。

小看板：ABC 分类管理法的灵活应用

ABC 分类管理法是运用数理统计方法对种类繁多的各种事物及其构成事物的诸多因素，根据其特征进行分类排队，以抓住主要矛盾，分清重点与一般，有区别地实施管理和匹配相应的资源的定量科学分类管理技术。ABC 分类法的分类依据是影响事物的主要因素，在库存物资的管理上，通常按照库存物资的品种和占用资金的多少来划分 ABC 三类，但在实际中可以灵活应用，即可以根据企业实际情况，以其他的要素来划分 ABC 三类，进行相应的资源匹配。例如，九州通药业在对其库存物资进行 ABC 分类时是按照库存物资的出入库频率高低进行划分的。A 类是出入库频率高的常用药品，配以 AS/RS 进行入库、出库、储存作业，从而提高作业效率；B 类是出入库频率一般的药品，配以机械作业(如叉车、手推车等)和人工作业相结合的入库、出库、储存作业方式；C 类是出入库频率不高的药品，主要采用人工作业的入库、出库、储存的作业方式。

二、定量与定期订购库存控制法

定量与定期订购库存控制法是通过控制物资采购的量来达到控制仓库库存的目的。

(一)定量订购库存控制法

1. 定量订货法的工作原理

定量订货法是预先规定一个订货点和订购批量，随时监控货物库存，当实际储备量降到订货点时，就按固定的订购批量发出订货的一种监控技术。运用这种方法，每次订购的数量不变，而订购时间由市场对物资的需求速度来决定。定量订货法可以分为不确定型的定量订货法和确定型的定量订货法。定量订货法模型图见图 3-2。

(1)不确定型的定量订货法。

在表示定量订货法的坐标系中，纵轴表示库存的数量，用 Q 表示，横轴表示时间，用 T 表示。在纵轴上有几个重要的点，Q_S 为安全库存，Q_K 为订货点，Q_{max} 为名义最高库存量。

由于库存量和提前期的变化是随机的，也就是库存量下降速度 $R_1 \neq R_2 \neq R_3 \neq L$，当提前期 $T_{K1} \neq T_{K2} \neq T_{K3} \neq L$，因而提前期需求量 $Q_{L1} \neq Q_{L2} \neq Q_{L3} \neq Q_L$，各个提前期的平均需求量就是 Q_{LP}。

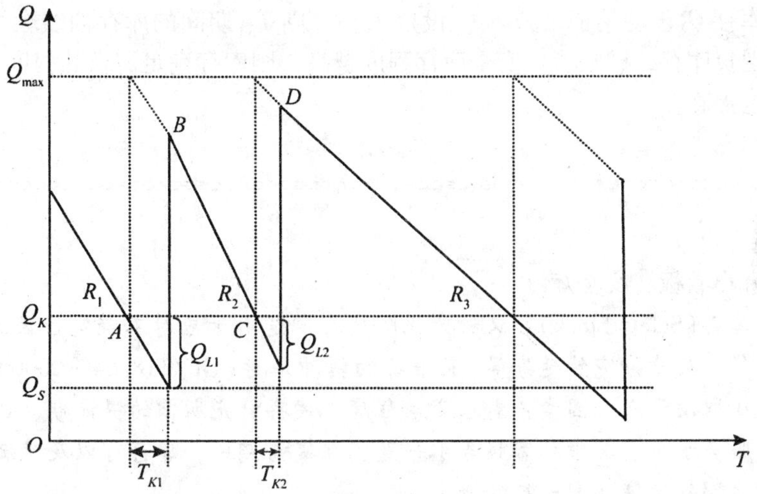

图 3-2　定量订货法模型图

实施订货点控制技术之前，已经确定了订货点 Q_K 由两个部分构成：一部分是安全库存 Q_S，另一部分是提前期需求量 Q_L。$Q_K=Q_S+Q_L$。在系统开始运作之时，从 0 时刻开始，每天检查库存，假设在第一个周期，随着生产和销售的进行，库存量以 R_1 的速度下降到 A 点，即订货点 Q_K，系统发出订货信息，订货量为 Q^*。随后进入订货量提前期 T_{K1}。在提前期内，生产经营继续进行。当提前期 T_{K1} 结束时，在 T_{K1} 内消耗的库存量 Q_{L1} 使库存水平下降到最低。在 T_{K1} 周期末，库存水平正好下降到安全库存 Q_S。这时所订货批量到达，实际库存上升一个 Q^*，到达 $Q_{\max}=Q_S+Q^*$（B 点时），然后进入第二个周期的循环。假设第二个周期的销售速度为 R_2，库存下降到 C 点，即订货点 Q_K 时，系统又发出订货信息，订货批量为 Q^*。随后进入第二个订货进货提前期 T_{K2}，T_{K2} 结束时，T_{K2} 内所消耗的库存数量为 Q_{L2}，使库存水平又下降到最低，由于提前期需求量小于提前期平均需求量 Q_{LP}，因而实际库存高于安全库存 Q_S。这时所订的货物批量到达，实际库存又增加一个 Q^*，再次达到高库存（D 点）。随着生产经营的不断进行进入第三个周期，这样不断循环下去。

（2）确定型的定量订货法。

确定型的系统运行原理和不确定型的系统运行原理是一样的，只是由于库存量和提前期的变化是稳定的，也就是库存量下降速度 $R_1=R_2=R_3=L$，提前期 $T_{K1}=T_{K2}=T_{K3}=L$，因而提前期需求量 $Q_{L1}=Q_{L2}=Q_{L3}=Q_L$，各个提前期的平均需求量 Q_{LP} 等于每个提前期的需求量 Q_L。所以每个周期发出订单后订货批量到达的时间及实际的最高库存量是相同的。

定量订货法系统运行的结果，由于控制了订货点和订货批量，所以就控制了最高库存水平。名义最高库存（虚线表示）$Q_{\max}$ 不会超过 Q_K+Q^*，实际各点的最高库存不会超过 $Q_K+Q^*-Q_{LP}$。

综上分析，不管是确定型的还是非确定型的定量订货法，对用户需求的满足程度主要取决于安全库存量大小的设置，应根据库存满足率要求的大小来设定安全库存的数量。如上图所示，在整个库存变化中所有的需求量均被满足，没有缺货现象，但是第三周期的消耗量，安全库存 Q_S 被动用了，如果 Q_S 设定太小，则 T_{K3} 期间的库存曲线会下降到横坐标线以下，出现负库存，即缺货。安全库存程度越高，则库存满足需求的程度也就越高，但是相应成本也提高。

小看板：安全库存

安全库存(Safety Stock)，又称为保险库存，是用于应对不确定性因素(如大量突发性订货、交货期突然延期等)而准备的缓冲库存(GB/T18354—2006)。安全库存量的大小取决于三个因素：需求变动程度、库存补充所需的提前期、企业想为顾客提供的服务水平。其中顾客服务水平是指在提前期中，库存可以及时满足顾客需求而不发生因缺货使顾客等待的概率。

2. 定量订货法的控制要求

(1)确定一个订货点，解决什么时候订货的问题。

(2)确定每次订购的数量，解决每次订货多少的问题。

(3)确定订货如何具体实施与操作，以及库存系统的基本库存、安全库存和周转率等。

(4)对库存物资进行动态盘点，随时了解货物的储存数量。

3. 订货点的确定

在定量订货法中，订货点以库存水平作为参照点，当库存水平降低到某个库存水平时就发出订货信息。因此，将发出订货信息时的库存水平称为订货点。

订货点的设立是控制库存水平的关键因素，订货点的高低决定了库存成本和服务水平。订货点不能太高，如果订货点太高，库存量过大，则会导致占用资金和库存成本增大。同样订货点也不能太低，如果太低，可能会造成缺货损失，妨碍企业经营活动的持续进行，进而降低服务水平。因此订货点要适度。影响确定合理订货点的因素有三个：

(1)需求速率，指的是货物需求的速率，用单位时间内的平均需求量 R_P 表示。需求速率越高，则订货点就越高。

(2)提前期，指从向供应商发出订单到收到货物的这段时间，用 T_K 表示。提前期的长短取决于路途的远近和运输工具速度的快慢以及其他某些提前不能预测的影响因素。若提前期越长，则订货点就越高。

(3)提前期需求量，指按照已有的需求速率在提前期内发生的需求量，用 Q_L 表示，关系式为：提前期需求量 $Q_L=R_P\times T_K$。

因此，合理的订货点量等于提前期需求量加上安全库存量，关系式为：

订货点 Q_K=提前期需求量 Q_L+安全库存量 $Q_S=R_P\times T_K+Q_S$

4. 订货批量的确定

订货批量是指每一次订货的数量。订货批量的高低不仅直接影响库存量的高低，而且直接影响货物供应的满足程度。因此，订货批量要合理。订货批量的大小主要有以下影响因素：

(1)需求速率。需求速率越高，订货批量就越大；反之，订货批量就越小。

(2)经营费用。经营费用分配越低，订货量可能就越大；反之，订货批量就越小。

5. 定量订购控制法的优缺点

(1)优点。

①能经常地掌握库存储备动态，及时地提出订购，不易出现缺货；

②保险储备量较少；

③每次订购量固定，故能采用经济订购批量模型，亦便于包装运输和保管作业。

(2)缺点。

①要随时掌握库存动态，对安全库存和订货点进行严格控制，占用了一定的人力和物力；

②订货模式过于机械，缺乏灵活性；

③订货时间不能预先确定，不利于人员、资金、工作业务的计划安排；

④受单一订货的限制，难以享受到合并订购的好处(如价格优惠、减少运输和采购费用等)。

6. 定量订货法的适用范围

(1)单价比较便宜，不便于少量订货的产品，如螺栓、螺母等。

(2)需求预测比较困难的维修材料，如马达的机修配件。

(3)品种数量繁多、库房管理事务量大的物品。

(4)消费量计算复杂的产品。

(5)通用性强、需求量比较稳定的产品等。

(二)经济订货批量(EOQ)模型

1. 含义

经济订货批量模型(Economic Order Quantity，EOQ)就是通过平衡采购订货成本和仓储保管成本，确定一个最佳的订货批量来实现最低总库存成本的方法。它可以根据需求和订货、到货间隔时间等条件是否处于确定状态分为确定条件下的模型和概率统计条件下的模型。

2. 经济订货批量基本模型

(1)不允许缺货、瞬时到货的确定型存储模型。

这种情况有以下假设条件：

①只涉及一种产品；

②缺货费用为无穷大，因此不允许缺货；

③货物需求是连续的、均匀的，即货物每天的需求量为常数；

④货物储存量减少到零时，可即刻得到补充；

⑤每次订货费用不变；

⑥货物单位时间储存费用不变。

此时，与物资仓储有关的成本分为三大类：采购成本、订货成本和保管成本。因需求是均匀连续的，所以有：

①平均库存量等于订购批量的一半，即 $\overline{Q}=\frac{1}{2}Q$

②年保管成本=平均库存量×年单位物资存储费用，即 $\overline{Q}H=\frac{1}{2}QH$

③年采购成本=年需求量×单价，即年采购成本=DP

④年订购成本=年订购次数×每次订购费用，即年订购成本=$\frac{D}{Q}C$

设年库存总成本为 TC，则有：

$$TC=DP+\frac{D}{Q}C+\frac{1}{2}QH$$

式中：D 为物资的年需求量；

P 为物资单价；

H 为单位物资年存储费用；

C 为每次订购费用；

Q 为订货批量。

我们的目的是使总费用即 TC 值最小，对 Q 求导，并求 TC 的极小值，即令

$$\frac{dTC(Q)}{dQ}=-\frac{DC}{Q^2}+\frac{1}{2}H=0$$

得出 $Q^*=\sqrt{\frac{2DC}{H}}$

这就是著名的经济订货批量公式。

在实际中，因单位物资存储费用直接搜集较烦琐，一般运用单位物资存储费用率来求得。令 I 为单位物资年存储费率，则 $H=IP$。

相应的经济订货批量公式就变为：$Q^*=\sqrt{\frac{2DC}{IP}}$

(2)不允许缺货、持续到货的确定型存储模型。

该模型在假设条件下，除进货需持续进行的条件以外，其余皆与上述模型相同。该模型的货物不是一次全部到达，而是持续到达。储存量也不是一下子由 0 增至最大值，而是逐步地增加。在进货的过程中，货物同时也被消耗。

设每日送货量为 r，故该批货全部送达所需日数为 $\frac{Q}{r}$，称为送货期。设物品每日耗用量为 d，故送货期内全部耗用量为：$\frac{Q}{r}d$。由于物品是边送边用，所以每批物品送完时，最高库存量为：$Q-\frac{Q}{r}d$。平均存量则为：$\frac{1}{2}\left(Q-\frac{Q}{r}d\right)$，于是，总库存成本公式变为：

$$TC=DP+\frac{D}{Q}C+\frac{1}{2}\left(Q-\frac{Q}{r}d\right)H$$

对 Q 求导，并计算 TC 的极小值，最后得出：

$$Q^{*}=\sqrt{\frac{2DC}{H}\times\frac{r}{r-d}}$$

3. 考虑有数量折扣的经济订货批量模型

供应商为了吸引顾客一次购买更多的商品，往往会有批量折扣购货的政策，即对于一次购买数量达到或超过某一数量标准时给予价格上的优惠。这个事先规定的数量标准，称为折扣点。在批量折扣的条件下，由于折扣之前购买的价格与折扣之后购买的价格不同，因此，需要对原经济批量模型做必要的修正。其计算步骤如下：

(1)计算经济批量。用确定型经济批量的方法，按原价计算经济订货批量 EOQ。

(2)计算总成本。按照步骤①的计算结果分别计算出按原价采购的经济批量的总成本 TC 和按享受折扣单价时的经济批量采购的总成本 $TC_{折}$。

(3)进行判断分析。把按原价采购的经济批量的总成本 TC 和按享受折扣单价时的经济批量采购的总成本 $TC_{折}$ 进行比较，若 $TC>TC_{折}$，则应以供应商提供的折扣数量为最佳采购批量；若 $TC\leqslant TC_{折}$，则应以按原价计算的经济订货批量 EOQ 为最佳采购批量。

(三)定期订货库存管理法

1. 定期订货法的工作原理

定期订货法是从时间上控制订货周期，从而达到控制库存量目的一种库存控制方法。这种方法不需要每天检查库存，只是在订货周期来临前检查即可。

其基本工作原理是：预先确定一个订货周期 T 和一个最高库存量 Q_{max}，周期性地检查库存，发出订货。订货批量的大小应使得订货后的名义库存量达到额定的最高库存量 Q_{max}。定期订货法的模型图见图 3-3：

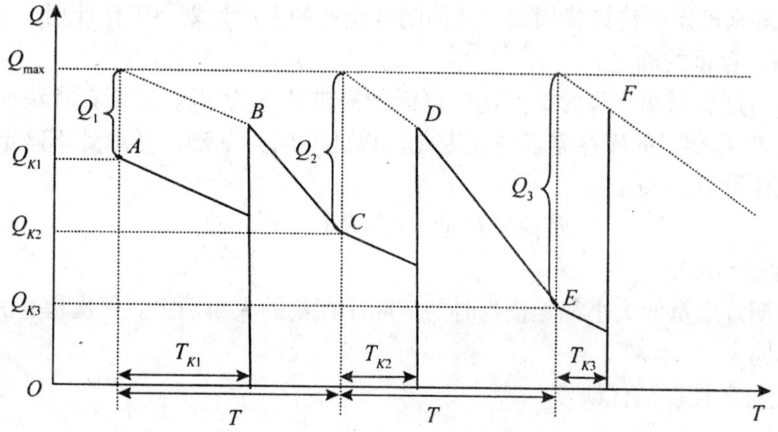

图 3-3　定期订货法模型图

在表示定期订货法的坐标系中，纵轴表示库存的数量，用 Q 表示，横轴表示时间，用 t 表示。在纵轴上有 Q_K、Q_{max} 等重要的点。

在系统运行前，先确定好订货周期，假设为 T，也确定好仓库库存控制的最高库存量，假设为 Q_{max}。假设在时间轴的 0 点开始执行定期订货法，到订货周期；来临时检查库存量，库存水平如果处在 A 点，库存量为 Q_{K1}，则发出订单。订货量取 Q_{max} 与 Q_{K1} 的差值，即第一次的订货量 $Q_1=Q_{max}-Q_{K1}$。随后进入第一个订货提前期 T_{K1}。提前期结束，所订购 Q_1 的商品到达，实际库存升高 Q_1，达到高库存(B 点)。然后进入第二个周期，生产或销售仍然按正常进行，整个过程中可以不管库存量的变化。经过一个订货周期，到了周期末的日子，又检查库存量，假设这时(C 点)的库存量为 Q_{K2}，又发出订货量 Q_2，Q_2 的大小等于 Q_{max} 与 Q_2 的差值。随后进入第二个订货提前期 T_{K2}。随着生产经营的进行，随即进入下一个周期，这样不断循环下去。

这样的库存操作为何能既控制库存量又满足用户的需求呢？实际上，刚订货时，包括订货量在内的名义库存量最高是 Q_{max}，待经过一个订货提前期消耗，所订商品到达，实际最高库存量比 Q_{max} 还要少一个提前期平均需求量，等于 $Q_{max}-Q_{LP}$。所以 Q_{max} 就是最高库存量的控制线，它是定期订货法用以控制库存量的一个关键性控制参数。

2. 定期订购法的控制要求

(1)确定订货周期，解决隔多长时间订货的问题。

(2)确定最高库存量 Q_{max}，解决企业库存量的高库控制线是多少的问题。

(3)确定订货量，解决一次订货多少的问题。

3. 订货周期的确定

订货周期与定量订货法的订货间隔期不同，定量订货法的订货间隔期是随机的，可能不等，而定期订货法的订货间隔周期总是相等的。订货周期的长短直接决定着最大库存量的大小，因而决定了库存费用的大小。

实际操作过程中，经济订货周期可通过结合供应商的生产周期和供应周期来调整，从而确定一个切实可行的订货周期。当然也可以结合人们比较习惯的时间单位，如周、旬、月、季、年等来确定经济订货周期，从而吻合企业的生产计划、工作计划。

4. 最高库存量的确定

假设 T 为订货周期，T_K 为提前期，每天的需求速率为 R_P。定期订货法的最高库存量是为了满足 $T+T_K$ 期间的库存需求的。因此，以此时间为基础，考虑到不确定因素，增加一个安全库存量 Q_S，则有：

$$\text{最高库存量 } Q_{max}=R_P(T+T_K)+Q_S$$

5. 订货量的确定

每个周期订货量的大小都是按当时的实际库存量的大小确定。每次检查的值不同，则订货量也不同。

6. 定期订购控制法优缺点

(1)优点。

①由于定期订购，可以将多种物品合并订购，这样可以降低订购和运输等费用；

②库存管理计划性强，对于工作计划的安排，实行计划管理十分有利。

(2)缺点。

①每次订货批量不一致，无法制定出经济订货批量，运营成本降不下来，经济性较差；

②安全库存量不能设置太少，因为它的保险周期较长，期间的需求量也较大，需求标准偏差也较大，因此需要设置较大的安全库存量来保障需求。

7. 定期订货法适用范围

(1)消费金额高、需要实施严格管理的重点物品。

(2)根据市场状况和经营方针经常调整生产或采购数量的物品。

(3)需求量变动幅度大，但变动具有周期性，可以判断其周期的物品。

(4)建筑工程、出口等对时间可以确定的物品。

(5)受交易习惯的影响，需要定期采购的物品。

(6)多种商品一起采购可以节省运输费用的。

(7)同一品种物品分散保管、同一品种物品向多家供货商订货、批量订货分期入库等订货、保管和入库不规则的物品。

(8)取得时间很长的物品，定期生产的物品。

(9)制造之前需要人员和物料的准备、只能定期制造的物品等。

小看板：定量订货法和定期订货法的比较

特　征	定量订货法	定期订货法
订货数量	每次订货数量相同	每次订货数量不同
订货时间	在库存量降低到订货点时订购	订货周期到来时订购
订货周期	每次订货周期发生变化	每次订货周期发生不变
库存检查	随时进行货物库存状态检查	在订货周期到来时检查库存
订货种类	每个货物品种单独进行订货	多品种统一进行订货
缺货情况	只发生在提前期	整个订货周期及提前期都有可能发生
订货对象	一般物资	昂贵、关键或重要物资

三、MRP 库存控制与管理

(一)物料需求计划(MRP)概述

1. 物料需求计划(MRP)的定义

物料需求计划(Material Requirement Planning，MRP)是指根据产品结构各层次物品的从属和数量关系，以每个物品为计划对象，以完工时期为时间基准倒排计划，按提前期长短区别各个物品下达计划时间的先后顺序，是一种制造企业内物料计划管理模式(GB/T18354—2006)。物料需求计划解决的是相关需求物料的库存控制问题。

MRP 系统运行的逻辑思想见表 3-7：

表 3-7　**MRP 系统运行的逻辑思想**

处理的问题	所需要的信息
生产什么？生产多少？	切实可行的主生产计划(MPS)
要用到什么？	准确的物料清单(BOM)
已具备什么？	准确的物料库存数据
还缺什么？何时需要？	MRP 的计算结果(生产计划和采购计划)

MRP 逻辑原理图见图 3-4：

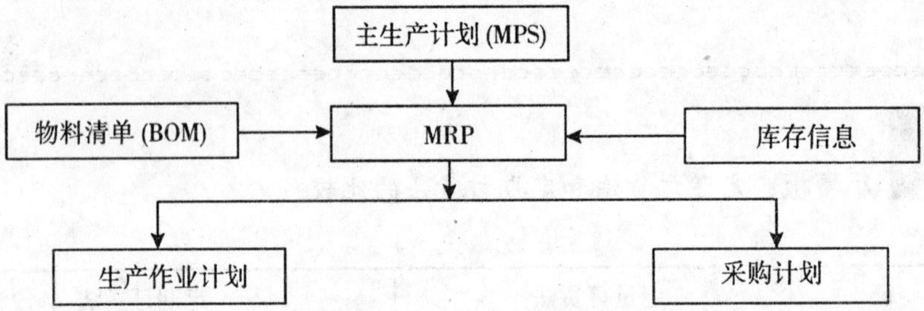

图 3-4　MRP 逻辑原理图

2. MRP 的提出和产生

由于相关需求物料破坏了使用订货点方法的前提——物料需求是连续性和库存量消耗的稳定性，所以对于这些非独立性需求的原材料、零部件等库存项目就不适合采用传统的定量或定期库存管理方法组织生产供应。

为此，美国生产与库存管理学会冲破了当时在企业生产线上必须保持大量库存以预防发生停工待料的传统观念的束缚，即对生产所需非独立性需求原材料、零部件等库存项目，实行与企业多阶段批量生产类型相适应，适时、适量订购，适时到货，保证了生产按节拍不间断地进行，从而降低了库存水平，节省了资金占用和保管费用。这种管理方法就是今天我们称之为物料需求计划的库存控制法，即 Material Requirement Planning，MRP。

由此可看出，MRP 是为了更有效地适应相关需求物品而发展起来的，是当时库存管理专家们为解决传统库存控制方法的不足，不断探索新的库存控制方法的过程中产生的。对相关需求的物品，由于其需求取决于最终产品的生产数量和交货期，因此要采用 MRP 对其进行控制，按最终产品的需求量和需求时间，来确定各种物资的需求数量和订购时间。所以，MRP 既是一种精确的排产(按优先次序)系统，又是一种有效的物料控制系统，它的目标是将库存量保持在最低限度，又能保证及时供应所需数量的物料。即怎样才能在需要的时间，按需要的数量得到真正需用的物料，实现低库存与高服务水平并存。

小看板：相关需求和独立需求

相关需求：在工业企业，特别是在汽车、机电等装配制造业中，进行产品生产需用的各种原材料、零部件等库存项目具有如下消耗特点：

1. 它们在消耗使用上彼此之间存在着先主后从的依存关系，后续工序的用料及其用量和用时由其前道工序的主项目决定。所以其需求类型具有非独立性质，称为非独立性需求(Dependent Demand)，即相关需求。

2. 非独立性需求的原材料、零部件等库存项目并不是每日连续均衡消耗，而是按照产品生产进度定期分阶段成批投入生产过程，这更贴近生产实际。

3. 它们的需用消耗量一般可按确定性处理，根据确定的最终产品生产数量，分阶段展开核算。

独立需求：与非独立性需求相对应，对企业生产的最终产品(包括部分外销零部件)的需求，主要由外界市场决定，彼此之间并不存在直接的依存关系，而相互独立，称为独立性需求(Independent Demand)。

(二)MRP基本原理

MRP系统并不是仅仅代替订货点法开订单的库存管理系统，而是一种能够提供物料计划及控制库存，决定订货优先度，根据产品的需求自动地推导出构成这些产品的零件与材料的需求量，由产品的交货期展开成零部件的生产进度日程和原材料与外购件的需求日期的综合管理系统，即将主生产计划转换为物料需求表，然后按物料需求量和需求时间进行生产或安排采购。MRP系统不仅给出需求数量，而且特别强调需要的时间，因此，系统的输出可以作为采购、生产等工厂中各项管理的输入。

MRP是通过主生产计划(MPS)明确企业将要生产什么、什么时候需要；通过物料清单(BOM)回答企业用什么生产、需要用些什么、什么时候需要；最后，库存信息(也叫库存状态文件)显示企业有什么，通过与库存记录比较回答企业还需要再得到些什么、什么时候需要。

1. 主生产计划MPS(Master Production Schedule)

主生产计划主要描述主产品及由其结构文件BOM决定的各种零部件的制造进度。主生产计划说明在可用资源条件下，企业在一定时间内，生产什么、生产多少、什么时间生产。见表3-8：

表 3-8　　　　　　　　　　　　**主生产计划**

产　品 需求时间(周)	1	2	3	4	5	6	7	8	9	10
产品 A(台)					80				20	
产品 B(台)						80		10		50

从表 3-8 中可以看出，产品 A 在第 5 周需要 80 台、第 9 周需要 20 台；产品 B 在第 6 周需要 80 台、第 8 周需要 10 台、第 10 周需要 50 台。

2. 物流清单 BOM(Bill of Material)

物料清单又可以称为产品结构文件，反映产品的层次结构，即所有零部件的结构关系和数量组成，通常用产品结构树来分析，见图 3-5：

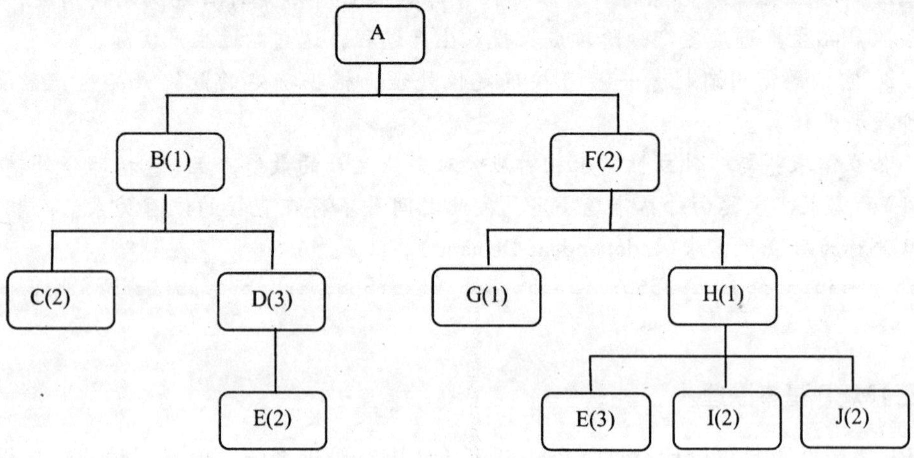

图 3-5　A 产品物料清单

该结构树反映出最终产品 A 由 1 个单位 B 和 2 个单位 F 组成。部件 B 又是由 2 个单位 C 和 3 个单位 D 构成。部件 F 又是由 1 个单位 G 和 1 个单位 H 构成。零件 D 需要 2 个单位 E。零件 H 又是由 3 个单位 E、2 个单位 1 和 2 个单位 J 构成。

3. 库存信息

库存信息又称为库存产品文件，反映的是对相关需求物料企业已有什么，是对企业的原材料、零部件、在制品等库存状态的一种反映。其主要参数如下：

(1)总需求量，是指部件或原材料等在需求时间内的需求总量，不考虑当前库存量。

(2)预计入库量，是指已经确定的，在规定时间内将到达的采购物料的数量。

(3)现有库存量，是指企业的仓库中可用的物料库存数量。

(4)净需求量，是指各具体的时间实际需求数量。

(5)已分配量，是指目前保存在企业仓库中，但已经分配出去了的物料数量。

(6)计划订货量，是指根据需求时间计算出的物料需求的数量。

(7)计划下达量，是指企业根据订货提前期应当发出订货的物料数量。

其中总需求量和净需求量可以根据主生产计划及物料清单和其他库存信息计算得出。

例如：已知A为最终产品，属于独立需求，其需求量由客户或市场所决定。且已知A在第9周的需求量为100，计算其他零部件的最佳需求量及发出订单时间。

A产品物料清单见图3-6：

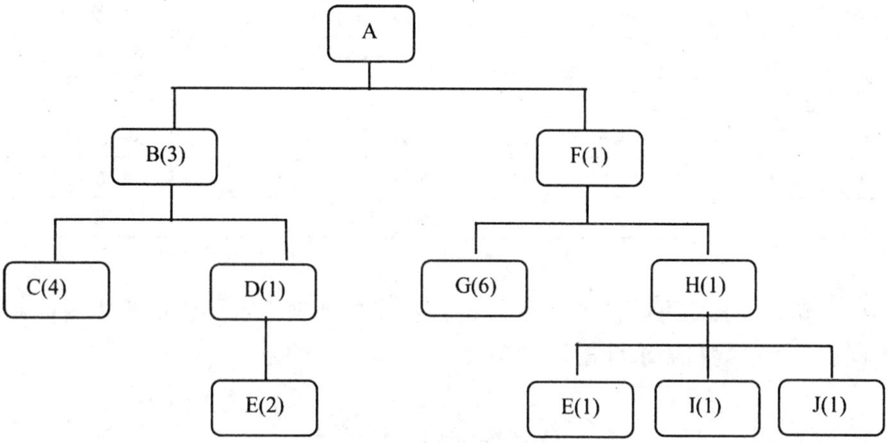

图3-6　A产品物料清单

A产品库存信息见表3-9：

表3-9　　A产品库存信息

名　称	库存量	总需求量	实际需求量
A	0		
B	250		
C	14		
D	20		
E	40		
F	16		
G	54		
H	10		
I	6		
J	40		

根据图3-6 A产品物料清单和表3-9 A产品库存信息可以计算出A产品的总需求量和实际需求量。见表3-10：

表 3-10　　　　**A 产品的总需求量和实际需求量**

名　称	库存量	总需求量	实际需求量
A	0	100	100−0＝100
B	250	3×100＝300	300−250＝50
C	14	4×50＝200	200−14＝186
D	20	50	50−20＝30
E	40	2×30+1×74＝134	134−40＝94
F	16	1×100＝100	100−16＝84
G	54	6×84＝504	504−54＝450
H	10	1×84＝84	84−10＝74
I	6	1×74＝74	74−6＝68
J	40	1×74＝74	74−40＝34

根据以上信息，我们可以得到产品 A 的物料需求计划中各零件的需求时间和生产或者订货时间。A 产品物料需求计划见表 3-11：

表 3-11　　　　**A 产品物料需求计划**

		1	2	3	4	5	6	7	8	9	提前期
A	需求时间									100	A 提前期一周
	生产或者订货时间								100		
B	需求时间								50		B 提前期一周
	生产或者订货时间							50			
C	需求时间							186			C 提前期二周
	生产或者订货时间					186					
D	需求时间							30			D 提前期二周
	生产或者订货时间					30					
E	需求时间					94					E 提前期一周
	生产或者订货时间				94						
F	需求时间								84		F 提前期一周
	生产或者订货时间							84			
G	需求时间							450			G 提前期一周
	生产或者订货时间						450				
H	需求时间							74			H 提前期二周
	生产或者订货时间					74					
I	需求时间					68					I 提前期一周
	生产或者订货时间				68						
J	需求时间					34					J 提前期一周
	生产或者订货时间				34						

(三)MPR 的特点

1. 需求的相关性

在流通企业中，各种需求往往是独立的。而在生产系统中，需求具有相关性。例如，根据生产经营的目的确定了所需主产品的数量之后，由产品结构文件 BOM 即可推算出各种零部件和原材料的数量，根据这种逻辑关系推算出来的物料数量称为相关需求。不但品种数量有相关性，需求时间与生产工艺过程的决定也是相关的，即有先主后从的依存关系。

2. 需求的确定性

MRP 的需求都是根据主产品的生产计划、产品结构文件和库存文件精确计算出来的，一旦主产品的需求量和需求时间确定，则相应物料需求品种、数量和需求时间就随之确定下来，不可改变。

3. 计划的复杂性

MRP 计划要根据主产品的生产计划、产品结构文件、库存文件、生产时间或者采购时间，把主产品的所有零部件需要数量、时间、先后关系等准确计算出来。当产品结构复杂，零部件数量特别多时，其计算工作量非常庞大，人力根本不能胜任，必须依靠计算机实施这项工程。

(四)MRP 的发展

1. MRP 阶段到闭环 MRP

MRP 从 20 世纪 70 年代提出后开始在企业里应用，最初主要在美国用于福特式的少品种大批量生产型企业的物料库存控制，取得了较好效果。在实施 MRP 系统的企业，一般不会产生超量库存，在制品可以实现零库存，大大节约了库存费用，降低了生产成本，也有利于提高企业素质。但是，在当时，计算机技术并不发达，当主产品结构复杂、零部件数量特别多时，MRP 库存控制系统在使用的过程中操作复杂、运行成本高。同时，人们也发现，MRP 系统没有解决保证企业生产计划成功实施的问题，即没有考虑企业内部资源是否有能力实现所作计划，也就是缺乏对完成计划所需的各种资源进行计划与保证的功能，另外，缺乏根据计划实施实际情况的反馈信息对计划进行调整的功能。于是，人们在 20 世纪 70 年代末把有关的能力需求、车间生产作业计划和采购等方面的情况考虑进来，形成了有反馈功能的闭环 MRP(Close MRP)，采用计划—执行—反馈的管理逻辑，有效地对生产各项资源进行规划和控制。这时，Close MRP 是一个物流和信息流的集成系统。

2. 闭环 MRP 到 MRPⅡ

Close MRP 提出后就进入了试用阶段，但是它的存在只是昙花一现，人们马上发现了其致命缺陷——闭环 MRP 不能反映企业的经济效益，即使 MRP 实施再好，但是它不能反映出企业的投入与产出比，这对于任何企业来说都是不能容忍的。于是，在 20 世纪 80 年代初人们把与 MRP 各过程有关的财务状况反映进来，拓展了 Close MRP 的功能，并将其称为制造资源计划Ⅱ(Manufacturing Resources Planning Ⅱ，MRPⅡ)。MRPⅡ的核心仍然是 MRP，但是相对于 MRP 而言，增加了对生产能力资源、车间、仓库、成本的管理，是一个闭合的信息反馈系统。

MRP Ⅱ在 20 世纪 80 年代初开始发展起来，是一种资源协调系统，代表了一种新的生产管理思想，它可以在周密的计划下有效地利用各种制造资源，控制资金占用，缩短生产周期，降低成本，提高生产率，实现企业制造资源的整体优化。MRP Ⅱ同 MRP 的主要区别就是它运用管理会计的概念用货币形式说明了执行企业“物料计划”带来的效益，实现了物料信息同资金信息的集成，可以说它是企业内部物流、信息流、资金流三流的集成系统。

3. MRP Ⅱ到 ERP

MRP Ⅱ在 20 世纪 80 年代初被提出，得到了世界的瞩目，在企业里应用已日趋成熟，并且，相应的软件系统也愈趋成熟。特别是进入 20 世纪 90 年代，MRP Ⅱ得到了蓬勃发展，不仅应用于汽车、电子等行业，而且也能用于化工、食品等行业。但是，进入 20 世纪 90 年代后，世界经济发生了翻天覆地的变化，这时的经济越来越全球化和世界化，企业在这样的经济环境下想仅仅依靠自身的内部资源整合而立于不败之地，这显然是行不通的。这时，MRP Ⅱ的缺陷就暴露出来了，即 MRP Ⅱ缺乏与外部的整合而且仅适于传统的制造业。随着信息技术的发展，MRP Ⅱ系统的功能也在不断地增强、完善与扩大，向企业资源计划(ERP)发展。于是，在 20 世纪 90 年代由 Gartner Group Inc. 公司首先提出了企业资源计划(Enterprise Resource Planning，ERP)，它的发展经历了从 20 世纪 60 年代的开环 MRP 到 20 世纪 70 年代的闭环 MRP，再到 20 世纪 80 年代的 MRPⅡ，最后发展为 20 世纪 90 年代的 ERP。

小看板：MRP 的发展阶段图

MRP 从 20 世纪 70 年代提出到今天，经历了三个发展阶段。

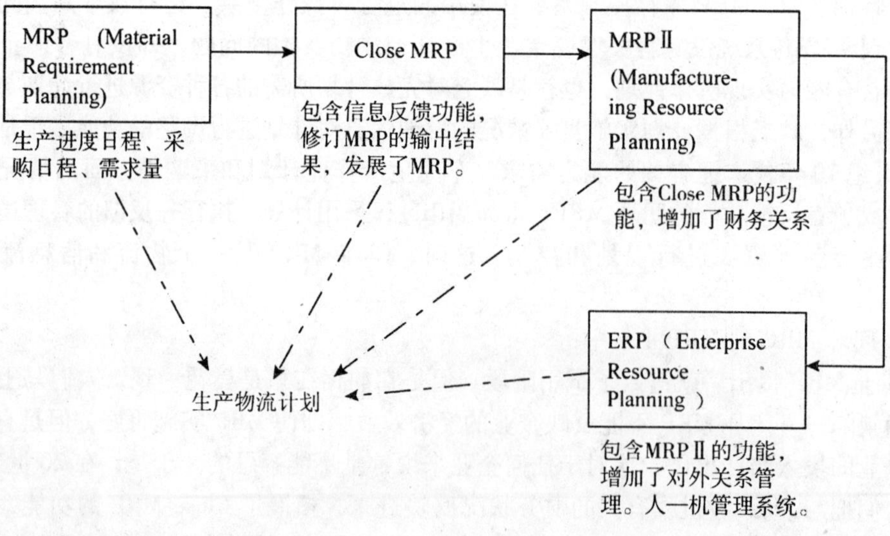

ERP 是在 MRPⅡ的基础上发展起来的，是一个高度集成的信息系统，它体现了物流信息同资金流信息的集成。MRPⅡ系统包括制造、供销和财务三大部分，依然是 ERP 系统不可跨越的重要组成。通过反馈的物流和反馈的信息流、资金流，把客户需要和企业内部的生产经营活动以及供应商的资源整合在一起，体现按用户需求制造的理念，是企业内部资源和外部资源的集成系统。

四、JIT 库存控制与管理

JIT 直译为“正好准时”，所表达的含义是“只在需要的时候，按需要的量，生产所需的产品”。JIT 由日本的丰田公司在 20 世纪 70 年代首先提出。

JIT 的目的是使生产过程中物品(零部件、半成品及制成品)有秩序地流动并且不产生物品库存积压、短缺和浪费，同时暴露出系统在生产过程中的问题和存在的瓶颈。

(一)JIT 的工作原理

JIT 的工作原理是以需定供。即供方根据需方的要求(或称看板)，按照需方需求的品种、质量、数量、时间、地点等要求，将物品配送到指定的地点。

与传统推动式物流控制原理相反，JIT 采用的是拉动式物流控制原理即逆着生产工序，由顾客需求拉动，由订单到产成品、组件、配件、零件和原材料，最后到供应商。整个生产是动态的，逐个向前逼近的，上道工序提供的正好是下道工序所需要的，且时间和数量上正好。JIT 工作原理见图 3-7：

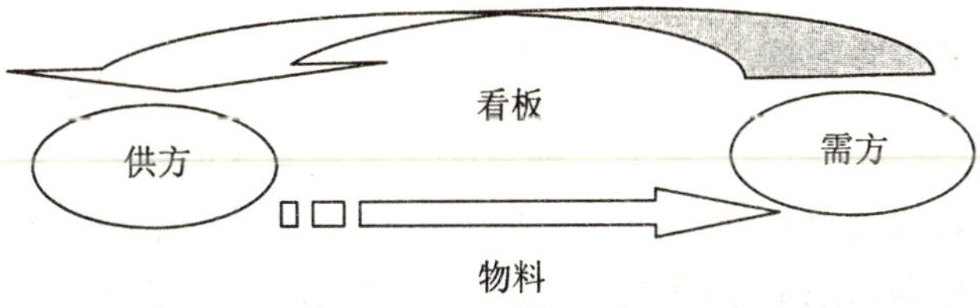

图 3-7　JIT 工作原理

小看板：看板系统

看板是一种信息系统，用它来传递信息，是信息的载体，实际中可以用卡片、周转箱、容器等来充当。看板可以协调所有的生产过程以及各生产过程中的每个环节，使生产过程同步。可用于在一条生产线内、一个公司范围内、协作厂之间。看板可以分为以下三种：

1. 传送看板

体管理水平的提高。而整个 JIT 系统的成功运作需要企业各个部门、每个员工的通力合作，因此，实施 JIT 必须鼓励全员参与。

(2)从企业外部来讲，全社会科技水平、管理水平的提高，企业之间的真诚、密切协作是实施 JIT 的有利环境。具体的实施条件包括以下几点：

①完善的市场经济条件。

②全社会科技水平、管理水平的提高。

③企业与外部供应商要建立良好的互动关系。

要推行 JIT 库存控制除了具备上述的条件外，还需要有其他的一些条件。如在信息时代要充分利用信息优势，建立灵敏、可靠的采购渠道网络，快速高效的满足采购需要；还要进行生产经营环节的高度自动化，这样一方面能随时满足客户需要。另外，最大限度降低生产过程中人工不可避免的缺陷，消除因生产出次品对整个生产作业流程带来的不良影响。

(五)JIT 实现的基本步骤

1. 进行准备工作

实施 JIT 系统第一步就是要进行人员培训。企业高级管理人员对 JIT 系统的支持是实施 JIT 的首要条件，因此必须首先让企业的高层人员深刻理解和领会 JIT 思想的实质，明确各自的职责。其次就是对工人进行培训和激励，使所有人员都参与 JIT 系统的建设。

2. 实行全面质量管理

全面质量管理是与 JIT 系统紧密联系的。JIT 系统的各个环节，需要在全面质量管理的思想指导下，才能协调一致。也只有在全面质量管理的作用下，才能在每一个环节上把好质量关，使之尽力实现“零缺陷”，进而实现“零库存”。

3. 对现行系统进行分析

在实施 JIT 系统之前，首先要对现行的制造系统进行仔细分析和解剖，找出现行系统存在的缺陷与不足，明确改进目标。

4. 工艺和产品设计

运行 JIT 要求企业的生产工艺流程具有很强的柔性。目前一些高科技的企业成功地把 JIT 与柔性制造系统(FMS)结合在一起，产生了巨大的经济效益。JIT 要求尽可能地采用标准件以降低 JIT 生产系统的复杂性。

5. 使供应商成为 JIT 系统的一部分

供应商能否及时向企业提供优质的材料是 JIT 系统运行的条件。把企业 JIT 系统与供应商的 JIT 系统联结在一起，使供应商成为企业 JIT 系统的一部分，将有利于保证物料供应的及时性和可靠性。

6. 不断改善

JIT 生产系统是一个生产过程，是一个需要不断改进完善的过程。理想 JIT 系统的最高目标是“零机器调整时间”、“零库存”、“零缺陷”、“零设备故障”，而这些目标的实现是以企业各项工作不断改进和完善为前提的，因而 JIT 是一个永不停止的过程。

【技能训练】：

1. 根据以下信息，计算 A 材料的经济订货批量和年总库存成本。

(1) 材料 A 的年需求量为 1200 个，单价为 10 元/个，年保管费率为 20%，每次订货成本为 300 元。

(2) 供应商对 A 材料的数量折扣条件是：当订货量小于 650 个，每个为 10 元，订货量大于 650 个时，每个为 9 元。

(3) 供应商对 A 材料的数量折扣条件是：当订货量小于 650 个，每个为 10 元，订货量大于 650 个时，每个为 8 元。

2. 下图为 A 产品的结构图，第 9 周要生产出 300 件 A 产品，设当前库存和计划入库量都是 0，请将每一个部件的总需求量和实际需求量按相应时间填入表格。

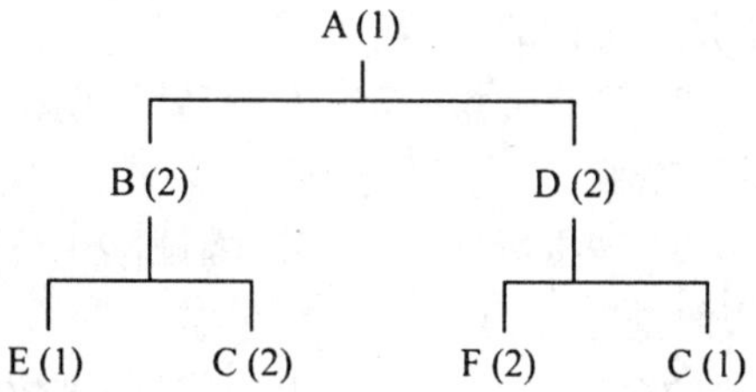

		1	2	3	4	5	6	7	8	9	提前期
A	总需求量										1
	实际需求量										
B	总需求量										2
	实际需求量										
C	总需求量										3
	实际需求量										
D	总需求量										2
	实际需求量										
E	总需求量										2
	实际需求量										
F	总需求量										1
	实际需求量										

【习题自测】:

一、选择题

1. 以下库存控制方法中，订货周期相同的是(　　)。

A. ABC 分类法　　B. 订货点法　　C. 定量订货法　　D. 定期订货法

2.“提前期”是指(　　)。

A. 从上次订货到下次订货的时间　　B. 从发出订单到货物入库的时间

C. 需要发出订单的时间　　D. 需要进行盘点的时间

3. 在 ABC 库存管理方法中，需要进行重点管理的是(　　)。

A. A 类　　B. B 类　　C. C 类　　D. 都需要

4. 在关键因素分析法中，不允许缺货的是(　　)。

A. 较低优先级　　B. 中等优先级　　C. 较高优先级　　D. 最高优先级

5. 以下关于定量订货法说法错误的是(　　)。

A. 订货点固定　　B. 订货批量固定　　C. 订货周期相同　　D. 订货周期不相同

6. JIT 概念的主要要素不包括(　　)。

A. 零库存　　B. 高质量　　C. 零缺陷　　D. 低频率补货

7. ABC 分类法遵循的规律是(　　)。

A. 关键的少数和次要的多数　　B. 关键的多数和次要的少数

C. 关键的多数　　D. 次要的多数

8. 不允许缺货、瞬时到货的经济订货批量模型的假设条件不包括(　　)。

A. 允许缺货　　B. 提前期为 0　　C. 需求速度固定　　D. 订货成本固定

二、判断题

1. ABC 分类法中 A 类物资的品种累计一般为 20%~30%。(　　)

2. 定量订货法相较于定期订货法而言更容易出现缺货。(　　)

3. MRP 主要解决相关需求物资的生产需求数量和时间问题。(　　)

4. JIT 库存控制方法采用的是推动式物流控制原理。(　　)

5. JIT 库存控制方法实施的一个前提条件是信息技术比较发达。(　　)

三、简答题

1. ABC 分类法的操作步骤是怎样的?

2. 什么是定量订货法和定期订货法? 简述定量订货法和定期订货法分别适合哪些情况下的订货。

3. 物料需求计划的输入文件和输出文件分别是什么?

4. JIT 库存控制方法的特点是什么?

四、案例分析题

詹姆(JAM)电子：寻找有效的库存管理策略

詹姆(JAM)电子是一家生产诸如工业继电器等产品的韩国制造商企业。公司在远东地区的五个国家拥有五家制造工厂，公司总部在汉城。

美国詹姆公司是詹姆电子的一个子公司，专门为美国国内提供配送和服务功能。公司在芝加哥设有一个中心仓库，为两类顾客提供服务，即分销商和原始设备制造商。分销商一般持有詹姆公司产品的库存，根据顾客需要供应产品。原始设备制造商使用詹姆公司的产品来生产各种类型的产品，如自动化车库的开门装置。詹姆电子大约生产 2500 种不同的产品，所有这些产品都是在远东制造的，产成品储存在韩国的一个中心仓库，然后从这里运往不同的国家。在美国销售的产品是通过海运运到芝加哥仓库的。

近年来，美国詹姆公司已经感到竞争大大加剧了，并感受到来自于顾客要求提高服务水平和降低成本的巨大压力。不幸的是，正如库存经理艾尔所说："目前的服务水平处于历史最低水平，只有大约 70%的订单能够准时交货。另外，很多没有需求的产品占用了大量库存。"

在最近一次与美国詹姆公司总裁和总经理及韩国总部代表的会议中，艾尔指出了服务水平低下的几个原因：

(1)预测顾客需求存在很大的困难。

(2)供应链存在很长的提前期。美国仓库发出的订单一般要 6~7 周后才能交货。存在这么长的提前期主要是因为：一是韩国的中央配送中心需要 1 周来处理订单；二是海上运输时间比较长。

(3)公司有大量的库存。如前所述，美国公司要向顾客配送 2500 种不同的产品。

(4)总部给予美国子公司较低的优先权。美国的订单的提前期一般要比其他地方的订单早 1 周左右。

但是，总经理很不同意艾尔的观点。他指出，可以通过用空运的方式来缩短提前期。这样，运输成本肯定会提高，但是，怎么样进行成本节约呢？最终，公司决定建立一个特别小组来解决这个问题。

请思考：

1. 如何平衡服务水平和库存水平之间的关系？
2. 提前期和提前期的变动对库存有什么影响？詹姆公司该如何处理？
3. 对詹姆公司来讲，什么是有效的库存管理策略？

任务三 仓储成本管理

【任务描述】：

2013 年，刚从物流管理专业毕业的大学生小王新入职了一家公司的仓库，仓库经理

为了考核小王的专业知识，给小王提供以下信息：仓库的使用面积为 700 平方米，2013 年的出库总金额为 800 万元，年初库存金额为 40 万元，年末库存金额为 45 万元，该仓库在 8 月 15 日入库 8400 件 A 商品，该商品单件外形尺寸为 60 厘米×60 厘米×60 厘米，单重 50 千克，外包装上表示的堆码极限为 5，仓库的地坪承载能力为 6 吨/平方米。要求小王计算该仓库 2013 年的库存周转率、A 商品所需的货位及面积利用率。

小王了解了情况后，自信地拿起了笔。片刻之后，经理满意地笑了。他是怎样计算的呢?

【任务分析】:

在许多企业中，仓储成本是物流总成本的一个重要组成部分，对物流成本的高低有很大影响，同时企业物流系统所投入的仓储成本对于企业为生产或客户提供服务的水平起着重要作用，仓储成本管理一定要以保证服务水平为前提。要想合理控制仓储成本，首先必须充分认识仓储成本，对仓储成本的构成、计算、经济效益指标等有深入的了解。

【知识精讲】:

一、仓储成本与收入

仓储成本是指仓储企业在开展仓储业务活动中各种要素投入的以货币计算的总和。其中一部分用于仓储设施设备的投资和维护以及商品本身的自然损耗，一部分用于仓储作业所消耗的物化劳动和活劳动，主要包括工资和能源消耗等，还有一部分则是商品存量增加所消耗的资金成本和风险成本。这些在商品储存过程中的活劳动和物化劳动的消耗是商品生产在流通领域中的延续，是实现商品价值的重要组成部分。

仓储成本是物流成本的重要组成部分，对仓储成本的合理控制将对整体物流成本的合理化有直接影响。

(一)仓储成本的构成

由于不同仓储商品的服务范围和运作模式不同，其内容和组成部分也各不相同。专门的物流仓储企业和持有库存的生产型及销售型企业对仓储成本考察的角度是不同的。

(1)物流仓储企业仓储成本的构成。

(2)对于专门的物流仓储企业而言，仓储成本是由于存储货物而产生的成本，可以分为固定成本和变动成本两个大类。物流仓储企业仓储成本的构成见表 3-12：

仓储成本是企业经营过程中以上各项成本的总和，对于仓储企业来讲，必须重视仓储成本的核算。了解企业的成本构成，为制订合理的仓储计划、制定合理的仓储费率、控制企业的经营成本提供依据。

表 3-12　　**物流仓储企业仓储成本的构成**

成本类型	定　义	具体构成	具体内容
固定成本	不随存储货物的数量变化而变化的成本	固定资产折旧	仓库固定资产主要指库房、堆场、道路等基础设施以及仓储机械设备。固定资产投入是一次性投入，通过折旧的方式分摊到各个产品中去。对固定资产的折旧一般按年度提取，不同设施及设备的折旧年限不同，一般有相应的国家标准，如基础设施的折旧一般为 30 年，设备的折旧一般为 5~20 年
		从业人员的工资与福利	从业人员的工资主要包括规定工资、各种补贴等。福利主要包括国家规定的各种保险和住房公积金等
		仓储设施、设备的大修基金	每年从经营收入中提取，提取额度一般为投资额的 3%~5%，用于仓储设施、设备每年的检修
变动成本	和固定成本相对，它是随着储存物品的数量变化而变化的成本，有些项目在计算期可能没有发生	保管成本	为储存物品而支出的货物养护、保管等费用。包括用于温湿度控制、杀虫、消毒、杀菌等养护成本、为保管货物消耗的相应耗材的费用、仓储堆场的房地产税等
		货物搬运成本	货物在库房内移动产生的成本
		流通加工成本	货物包装、选择、整理、成组等业务发生的费用。如将大包装货物改为小包装后，重新刷标志所耗费的成本等
		电力、燃料成本	主要是指仓库、堆场的照明及机械设备的电力、燃料、消耗的费用
		机械设备的修理费	除大修之外的其他修理费用
		货物仓储保险费	为仓储企业对于意外事故或自然灾害造成仓储物损坏所要承担的赔偿责任进行保险所支付的费用。一般来说，如果没有约定，仓储物的财产险由存货人承担；仓储保管人仅承担责任险
		资金利息	企业使用投资资金所要承担的利息，即资金成本。当资金为借款时，表现为直接支付的利息；如果使用自有资金，则也应当对资金支付利息
		劳动保护成本	为从业人员提供的保护用品的成本
		员工的奖金	为员工发放的各种奖金
		营销成本	主要指开展营销工作所用的费用
		外协成本	与其他相关单位合作发生的成本。如铁路线、码头、汽车站等设施和设备的租用费用等
		营业税金	经营过程中企业承担的各种税金

3. 生产型和销售型企业的仓储成本构成

对于持有库存的生产型和销售型企业，仓储成本主要包括：仓储持有成本、订货成本或生产准备成本、缺货成本和在途库存持有成本。

(1)仓储持有成本。

仓储持有成本是指为保持适当库存而发生的成本，由固定成本和变动成本构成。固定成本与仓储数量无关，如仓储设备折旧、仓储设备的维护费用、仓库职工工资等。变动成本与仓储数量的多少相关，包括资金占用成本、仓储维护成本、仓储运作成本、仓储风险成本等。

①资金占用成本。

资金占用成本也称为利息费用或机会成本，是仓储成本的隐含费用。资金占用成本反映失去的赢利能力，如果资金投入其他方面，就会要求取得投资回报，因此资金占用成本就是这种尚未获得的回报。资金占用成本通常用持有库存的货币价值的百分比表示，也有用确定企业新投资最大回报率来计算资金占用成本的。从投资的角度来说，库存决策与做广告、建新厂、增加机器设备等投资决策是一样的。为了核算方便，在一般情况下，资金占用成本指占用资金能够获得的银行利息。

②仓储维护成本。

仓储维护成本主要包括与仓库有关的租赁、取暖、照明、设备折旧、保险费用和税金等费用。仓储维护成本随企业采取的仓储方式不同而有不同的变化。如果企业利用自己的仓库，大部分仓储维护成本是固定的。如果企业利用公共的仓库，则有关储存的所有成本将直接随库存数量的变化而变化。在作仓储决策时，这些成本都要考虑。另外，如果产品丢失或损坏的风险高，就需要较高的保险费用。保险费用和税金将随着产品的不同而有很大变化，在计算仓储维护成本时，必须考虑它们。

③仓储运作成本。

仓储运作成本主要与商品的出入库有关，即通常所说的搬运装卸成本。

④仓储风险成本。

仓储风险成本作为仓储持有成本的最后一个组成部分，反映了一个非常可能的情况，即由于企业无法控制的原因，造成的库存商品贬值、毁坏、丢失、变质等损失而产生的成本。

(2)订货成本或生产准备成本。

订货成本或生产准备成本是指企业向外部的供应商发出采购订单的成本或企业内部自己生产加工而产生的生产准备成本。

①订货成本。

订货成本是指企业为了实现一次订货而进行的各种活动的费用，包括处理订货的差旅费、办公费、电话传真费等支出。在订货成本中，有一部分与订货的次数无关，如常设机构的基本开支等，称为订货的固定成本；另一部分与订货的次数有关，如差旅费、通信费等，称为订货的变动成本。具体来讲，订货成本包括与下列活动相关的费用：检查和清点物品、编制并提出订单申请、选择供应商、填写并发出订单、填写并核对收货单、验收发来的货物、筹集资金并进行付款。这些成本很容易被忽视，但在考虑涉及订货、收货的全部活动时，这些成本很重要。

②生产准备成本。

生产准备成本是指当某些产品不由外部供应而是由企业自己生产时，企业为生产一批货物而进行准备的成本。其中，更换模具、增添某些专业设备等属于固定成本，与生产产品数量有关的费用如材料费、加工费、人工费等属于变动成本。

(3)缺货成本。

缺货成本是指由于库存供应中断而造成的损失，包括原材料供应中断造成的停工损失、产成品库存缺货造成的延迟发货损失和丧失销售机会的损失。

当客户得不到全部订货时，叫做外部缺货。当企业内部某个部门得不到全部订货时，叫做内部缺货。缺货将导致以下情况的发生：

①延期交货。

延期交货有两种形式：一是缺货商品可以在下次订货周期订货时得到补充；二是利用快递延期交货。如果客户愿意等到下一次订货，那么企业实际上没有什么损失。如果缺货商品需要快递延期交货，那么就会产生特殊订单处理和额外运输费用，从而提高了物流成本，因为快递延期交货经常是小规模装运，或者需要利用速度快、收费较高的运输方式运送，这时延期交货成本可根据额外订单处理费用和额外运费来计算。

②失去销售。

尽管一些客户可以允许延期交货，但是仍有一些客户会转向其他供应商。也就是说，许多公司都有生产替代商品的竞争者，当一个供应商没有客户所需的商品时，客户就会从其他供应商那里订货，在这些情况下，缺货导致失去销售。对于企业来说，直接损失就是销售这种商品的利润损失。这样，可以通过计算这批商品的利润来确定直接损失。其实，除了直接损失，还将带来很多间接损失，比如说对未来销售的影响等。这些无形损失是无法衡量的。

③失去客户。

还有一种可能发生的情况是由于缺货而失去客户，也就是说，客户永远转向另一个供应商。如果失去了客户，企业也就失去了未来一系列收入，这种缺货造成的损失很难估计，需要用管理科学的技术以及市场营销的研究方法来分析和计算。除了利润损失，还有由于缺货造成的商誉损失。商誉很难度量，在仓储决策中常被忽略，但它对未来销售及企业经营活动非常重要，特别在目前竞争十分激烈的情况下它显得尤为重要。所以说这些损失有时候是无穷大的。

为了确定必要的库存量，有必要确定如果发生缺货而造成的损失。第一步，分析缺货可能产生的后果，包括延期交货、失去销售和失去客户。第二步，计算与可能结果相关的成本，即利润损失。第三步，计算一次缺货的损失。如果增加库存的成本少于一次缺货的损失，那么就应该增加库存以避免缺货。

如果发生内部缺货，则可能导致生产损失(如机器设备和人员闲置)和交货期的延误。如果由于某项物品的短缺而引起整个生产线停工，那么这时的缺货成本可能非常高，尤其对于实行 JIT 管理方式的企业来说那更是灾难性的。

(4)在途库存持有成本。

在途库存持有成本不像前面讨论的三项成本那么明显，然而在某些情况下，企业必须考虑这项成本。如果企业以目的地交货价销售商品，那么就意味着企业要负责将商品运送给客户，当客户收到订货商品时，商品的所有权才发生转移。从理财的角度来看，在途运输商品仍是销售方的库存。因为这种在途商品在交给客户之前仍然是属于企业所有，运输方式及所需的时间是储存成本的一部分，企业应该对运输成本与在途物品持有成本进行分析。

这里的一个重要的问题就是如何计算在途物品持有成本。前面讨论过库存持有成本的四个方面，即资金占用成本、仓储维护成本、仓储运作成本、仓储风险成本。这些成本对于在途物品来说有所变化。

①在途库存的资金占用成本一般等于仓库中库存的资金占用成本。

②仓储运作成本、仓储维护成本一般与在途库存不相关，但对保险费用要加以考虑。

③由于运输服务具有短暂性，货物过时或变质的风险要小一些，因此仓储风险成本较小。

一般来说，在途库存持有成本要比仓库持有成本小。在实际操作中，需要对每一项成本进行仔细分析，才能准确计算出实际的在途库存成本。

(二)降低仓储成本的措施

了解企业仓储成本的构成，对于各个企业来讲，最重要的莫过于如何在企业管理中降低仓储的成本。仓储成本管理，是仓储企业管理的基础，对提高整体管理水平，提高经济效益有重大影响。需要强调的是由于仓储成本与物流成本的其他构成要素，如运输成本、配送成本及服务质量和水平之间存在效益背反的现象，因此降低仓储成本要在保证物流总成本最低和不降低企业的总体服务质量和目标水平的前提下进行，常见的降低仓储成本的措施如下：

1. 集中储存

集中储存可减少仓库面积占用，降低仓储保管费用，实现企业的低成本运营，有利于提高企业和产品的市场竞争力。

2. 采用“先进先出”方式，减小仓储物的保管风险

“先进先出”是储存管理的准则之一，它能保证每个被储存物资的储存期不至过长，减小仓储物的保管风险。

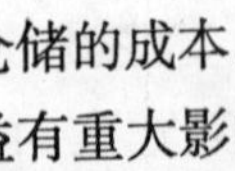

小看板：实现“先进先出”的有效方式

1. 重力式货架系统

重力式货架的每一个货格就是一个具有一定坡度的存货滑道，从高端(入库

端)存入货物后，货物能够在重力作用下，自动地从高端(入库端)向低端(出库端)移动。物品在通道中自行按先后顺序排队，不会出现越位现象。重力式货架系统能非常有效地保证“先进先出”。

2.“双仓法”储存

“双仓法”储存是给每种被储物都准备两个仓位或货位，轮换进行存取，再配以必须在一个货位出清后才可以补充的规定，则可保证实现“先进先出”。

3. 计算机存取系统

采用计算机管理，在存货时向计算机输入时间记录，编入一个简单的按时间顺序输出的程序，取货时计算机就能按时间给予指示，以保证“先进先出”。这种计算机存取系统还能将“保证不做超长时间的储存”和“快进快出”结合起来，即在保证一定“先进先出”的前提下，将周转快的物资随机存放在便于存取之处，以加快周转，减少劳动消耗。

3. 加大存储密度，提高仓容利用率

加大存储密度，提高仓容利用率能减少储存设施、设备的投资，提高单位存储面积的利用率，降低成本，减少土地占用。

小看板：加大存储密度，提高仓容利用率的有效方式

1. 增加储存的高度

采用高层货架仓库、集装箱等，堆垛时尽量堆高。

2. 缩小库内通道宽度以增加储存有效面积

采用窄巷道式通道，配以轨道式装卸车辆，以减少车辆运行宽度要求；采用侧面式叉车、转向叉车等，以减少叉车转弯所需的宽度。

3. 减少库内通道数量以增加有效储存面积

采用密集型货架、不依靠通道可进车的可卸式货架、各种贯通式货架、不依靠通道的桥式起重机装卸技术等。

4. 采用科学的存储定位系统，提高仓储作业效率

存储定位是指被储存物位置的确定。如果定位系统有效，则能大大节约寻找、存放、取出的时间，节约物化劳动及活劳动的消耗，而且能防止或减少差错，便于清点及实行订货点等的管理。

小看板：提高仓储作业效率的有效方式

1.“四号定位”方式

“四号定位”是用一组四位数字来确定存取位置的固定货位方法，是我国手工管理中采用的科学方法。这四个号码是：库号、架号、层号和位号。这就使每一个货位都有一个组号，在物资入库时，按规划要求对物资编号，记录在账卡上，提货时按四位数字的指示，很容易将货物拣选出来。这种定位方式可对仓库存货区事先做出规划，并能很快地存取货物，有利于提高作业速度，减少差错。

2. 电子计算机定位系统

电子计算机定位系统是利用电子计算机储存容量大、检索迅速的优势，在入库时将存放货位输入计算机，出库时向计算机发出指令，并按计算机的指示人工或自动寻址，找到存放货，并拣选取货的方式。一般采取自由货位方式，计算机指示入库货物就近存放于易存取之处，或根据入库货物的存放时间和特点，指示合适的货位，取货时也可就近就便，这种方式可以充分利用每一个货位，而不需要专位待货，有利于提高仓库的储存能力，当吞吐量相同时，可比一般仓库减少建筑面积。

5. 采用有效的监测清点方式，提高仓储作业的准确程度

对储存物资数量和质量的监测有利于掌握仓储的基本情况，也有利于科学控制库存。在实际工作中稍有差错，就会使账物不符，所以必须及时且准确地掌握货物实际储存、进出库情况，经常与账卡核对，确保仓储物资的完好无损，这是人工管理或计算机管理必不可少的。此外，经常的监测也是掌握被存物资数量状况的重要工作。监测清点的有效方式主要有如下“小看板”中的几种：

小看板：仓储作业监测清点的有效方式

1.“五五化”堆码

“五五化”堆码是我国手工管理中采用的一种科学、简单易行的方法。储存物堆垛时，以“五”为基本计数单位，堆成总量为“五”的倍数的垛形，如梅花五、重叠五等。堆码后，有经验者可过目成数，大大加快了人工点数的速度，且差错少。

2. 光电识别系统

在货位上设置光电识别装置，该装置对被存物的条形码或其他识别装置（如芯片等）进行扫描，并将准确数目自动显示出来。这种方式不需人工清点就能准确掌握库存的实有数量。

3. 电子计算机监控系统

用电子计算机指示存取，可以避免人工存取容易出现差错的弊端。在储存物上采用条形码技术，使识别计数和计算机联结，每次存、取一件物品时，识别装置自动将条形码识别并将其输入计算机，计算机会自动作出存取记录。这样只需向计算机查询，就可以了解所存物品的准确情况，因而无须再建立一套对仓储物实有数的检测系统，减少了查货、清点工作。

6. 加速周转，提高单位仓容产出

储存现代化的重要课题是将静态储存变为动态储存，周转速度变快，会带来一系列的好处：资金周转快、资本效益高、货损货差小、仓库吞吐能力增加、成本下降等。具体做法如采用单元集装存储、建立快速分拣系统，这些都有利于实现快进快出，大进大出。

7. 采取多种经营，盘活资产

仓储设施和设备的较大投入，只有在充分利用的情况下才能获得收益，如果不能投入使用或只是低效率使用，则只会造成成本的加大。仓储企业应及时决策，采取出租、借用、出售等多种经营方式盘活这些资产，提高资产设备的利用率。

8. 加强劳动管理

员工工资是仓储成本的重要组成部分，劳动力的合理使用，是控制人员工资的基本原则。我国是具有劳动力优势的国家，较多使用低廉的劳动力是合理的选择。但是对劳动力进行有效管理，避免人浮于事、出工不出力及效率低下也是成本管理的重要方面。

9. 降低经营管理成本

经营管理成本是企业经营活动和管理活动的费用和成本支出，包括管理费、业务费、交易成本等。加强这类成本管理，减少不必要的支出，也能降低成本。

（三）仓储业务收入

仓储业务收入是指企业由于接受委托保管、储存商品物资而收取的各项收入，是根据为客户提供仓储服务的种类和数量确定的。

1. 仓储收入的构成

（1）货物进出库装卸收入。

它是指进出库货物使用叉车、吊车、拖车、汽车等机械设备和人力进行装卸、水平移动、码垛等作业，按收费规定所收取的服务费用。这些费用规定的费率是根据装卸货物的吨数、体积或件数及所使用机械设备的种类、货物装卸难易程度来确定的，一般有相关的费率表可查询。

（2）货物存储收入。

对储存在仓库中的货物应按规定费率收取存储费，货物存储费用是根据货物存储的数量（吨数、体积或件数）、时间、货物种类（货物价值）以及保质要求等因素来确定的，具体费率标准可以从货物存储费率表查得。

(3)流通加工收入。

流通加工收入是指仓储企业为客户提供的流通加工作业而收取的相应费用，流通加工作业应根据不同的规格要求确定其收费。仓储企业一般可从事的流通加工有货物的挑选、整理、修补、包装、成组、熏蒸、代检验、计量、刷标签、更换包装、代收发货、代办保险等。

(4)集装箱辅助作业费。

集装箱辅助作业费包括折装箱费、存箱费、洗箱费以及集装箱修理费等。

(5)租金收入。

租金收入是指为客户提供保管场地、设备租赁业务时，按协议和合同收取的相应租金，一般按时间收取租金，如客户租用仓库、堆场、装卸设备、货架、集装箱、铁路用线等，都需要收取租金。

小看板：货物仓储费率

货物仓储费率由存储费率、进出库装卸搬运费率和其他劳务费率构成。

(1)存储费率存储费率可根据货物保管的难易程度、货物价值、进出库场的作业方式等制定。库房、货场的货物存储费率以每吨天计算，其基础是吨天保管成本。对于存储中使用苫垫材料的，需按使用的苫垫材料的数量另加苫垫费。仓库性质的不同，其存储费率的计算方法也不同，对用于长期存储的仓库，每天存储费率一般不变。而对于中转性质的仓库，则往往采取按时间费率递增的计算方法，其目的是为了加快有限的库场的周转。

(2)进出库装卸搬运费率进出库场的装卸、搬运费率包括设备使用费率和劳动力费率。计费项目包括：进出库场货物的装卸、搬运、过磅、点数、堆码、拆垛、拼垛等方面的设备使用费、修理费、折旧费和人工费用等。

(3)其他劳务费率因货物保管以及货主要求所进行的对仓储货物的加工，其费率可以根据加工项目、数量以及加工等难易程度确定费率，有些特殊的加工，其费率还可采取协议方式确定。

2. 仓储收入的结算

仓储收入的及时结算是一项加速资金周转，提高资金使用率的重要工作。

仓储费的收计天数从货物进仓之日起至货物出库之日前一天止。仓库业务部门每天根据存货单位当天的货物出入库凭证，分别计算出各存货单位的货物进仓吨数、出仓吨数以及结余吨数，填写货物进出库日结单。在每月结算出各存货单位的结存累计吨数和进、出仓累计吨数后，交仓库财务部门计算应收的各项费用，然后向存货单位收取仓储费。

二、仓储经济核算

（一）仓储经济核算的意义

1. 有利于仓储现代化管理水平的提高

经济核算中的每个指标均反映了现代仓储管理中的一个侧面，而一个有效的、完整的指标系统能反映管理水平的全貌，通过对比分析就能找出工作中存在的问题，以便提高管理水平。随着物流业的发展，仓储行业的竞争也日趋激烈，要使所经营的现代仓储企业始终能立于不败之地，优化管理、增强自身的竞争能力、加强经济核算已势在必行。

2. 有利于落实仓储管理的经济责任制

经济核算的各项指标是实行现代仓储经济核算的依据，也是衡量各个岗位工作成果的尺度。要推行现代仓储管理的经济责任制，实行按劳计酬，必须建立完善的经济核算制度。

3. 有利于推进仓库设施装备的现代化改造

经济核算能促进企业改进技术装备和作业方法，找出仓储作业中的薄弱环节，对消耗高、效率低、质量差的设备，进行挖潜、革新、改造、更新，并有计划、有步骤地采用先进技术，提高仓储机械化、自动化水平，逐步实现现代化。

4. 有利于提高仓储的经济效益

现代仓储作为独立核算的企业，经济效益的好坏已成为直接关系其能否生存的大事。因此，加强经济核算，找出管理中存在的问题，降低成本，提高效益，成为现代仓储企业的首要任务。

（二）仓储经济核算的内容

现代仓储经济核算的内容主要包括以下四个方面：

1. 仓储经营成果的核算

现代仓储企业经营成果主要包括：商品仓储的数量、质量，作业人员的工作质量、效率，企业的收入、成本、利润、上缴利税等。这部分内容是经济核算中的重要内容，常作为衡量现代仓储企业管理水平、效益好坏的重要标准。

2. 仓储劳动消耗的核算

现代仓储管理中劳动消耗包括两大方面，即物化劳动消耗和活劳动消耗。物化劳动消耗主要包括：商品保管、养护过程中的各种物资消耗，包装物，固定资产折旧，仓库作业工人的安全防护品等。活劳动消耗主要是仓库从业人员为仓储经营付出的各种劳动。这部分内容是以仓储成本方式进行核算的，是经济核算中的基本内容。

3. 仓储资金运用的核算

现代仓储企业要能正常运营，资金的合理使用是重大的关键问题之一。因而，必须认真核算企业固定资金和流动资金的使用情况，对比分析，找出问题，及时改进，努力提高固定资产的使用效率，加快流动资金的周转，从而提高企业的效益。

4. 利润的核算

企业的生存靠利润，因此，企业经营所追求的目标是获取最大利润来进行扩大再生产，并提高职工的待遇，国家也将从企业利润中增加税收。在非垄断的市场经济中，企业获利并不能靠提高仓储价格来实现，这样会失去自己的市场，而是主要靠改进自己的仓储服务，提高仓储质量，并通过可以信赖的宣传，使用户了解企业。当然，根据市场的需求情况，制定出合理的仓储价格也是非常重要的。为了了解利润情况，必须对一些利润指标进行考核，如考核企业的成本利润率、资金利润率和仓储收入利润率等。

(三)仓储经济核算指标

仓储经济核算指标主要是指有关储存的成本和效益的指标，可以综合反映仓库经济效益的水平，主要包括以下各项：

1. 资源利用程度指标

(1)仓库面积利用指标。

该类指标主要是衡量仓库在面积方面利用率的高低，主要包括仓库面积利用率、仓容利用率、单位面积货物储存量。计算公式见表3-13：

表3-13　**仓库面积利用指标**

指　标	计算公式
仓库面积利用率	(仓库可利用面积/仓库建筑面积)×100%
仓容利用率	(库存商品实际数量或容积/仓库实际可存商品数量或容积)×100%
单位面积货物储存量	(日平均库存量/仓库有效面积)×100%

(2)设备利用指标。

该类指标主要是通过仓库设备利用率的高低来反映仓储管理水平的。对于多台设备而言，设备利用指标可以用加权平均数来计算，主要包括设备利用率、设备完好率、设备作业能力利用率、设备工作日利用率等。计算公式见表3-14：

表3-14　**设备利用指标**

指　标	计算公式
设备利用率	(全部设备实际工作时数/设备工作总能力)×100%
设备完好率	(期内设备完好台数/同期设备总数)×100%

(3)其他方面利用指标。

该类指标主要包括资金利用率、全员劳动生产率、工时利用率等。计算公式见表3-15：

表 3-15　　其他方面利用指标

指　标	计 算 公 式
资金利用率	[利润总额/(固定资产平均占用额+流动资金平均占用额)]×100%
全员劳动生产率	(利润总额/同期平均全员人数)×100%
工时利用率	(设备每日实际工作时间/设备每日计划工作时间)×100%

2. 商品储存能力与质量指标

该类指标是反映仓库储存数量和货物储存工作质量的，通过该类指标的核算，可以全面反映储存工作质量、费用等情况，促进管理人员挖掘潜力、提高仓库使用效率，通常包括如下指标：

(1)期内货物吞吐量。

它是指某一期间内进出库货物的总量，一般以吨为重量单位，以年为时间单位。计算公式如下：

期内货物吞吐量=期内货物总进库量+期内货物总出库量+期内货物直拨量

(2)账货相符率。

账货相符率是指在盘点货物时，仓库货物保管账面上的货物储存数量与相应库存实有数量的相互吻合程度，也称盘点准确率。通过此项指标的核算，可以衡量仓库账面与货物实物的差异程度，反映保管工作的管理水平。计算公式如下：

账货相符率=(账货相符笔数/库存货物总笔数)×100%

(3)进、发货准确率。

该指标是仓储管理的重要质量指标，可以用来反映收发货物的准确程度，以保证仓储的服务质量。计算公式如下：

进、发货准确率=(期内货物吞吐量-出现差错总量)/期内货物吞吐量×100%

(4)商品损耗率。

该指标主要用于对那些易挥发、失重或破碎的商品制定一个相应的损耗限度，通过实际损耗率与商品损耗限度的对比，凡是超过限度的，意味着发生了无谓损失；反之，则反映仓库管理很有成效，从而力争使商品的自然损耗率降到最低。计算公式如下：

商品缺损率=(期内商品缺损量/期内库存商品总量)×100%

此外，其他指标也从不同方面反映仓储能力和质量，如呆滞料处理率、平均储存费用等，计算公式如下：

呆滞料处理率=(处理呆废料数量/全部呆废料数量)×100%

平均储存费用=(每月储存费用总额/月平均储存量)×100%

3. 服务水平指标

物流作为服务业，其主要活动体现在为其他企业服务上，因此，仓储服务水平指标显得特别重要，包括客户满意程度、缺货率、准时交货率、货损货差赔偿费率、投诉率等。计算公式见表 3-16：

表 3-16　　服务水平指标

指　标	计　算　公　式
客户满意程度	(满足客户要求数量/客户要求数量)×100%
缺货率	(缺货次数/顾客订货次数)×100%
准时交货率	(准时交货次数/总交货次数)×100%
货损货差赔偿率	(货损货差赔偿费总额/同期业务收入总额)×100%
投诉率	(投诉累计笔数/收发货物总笔数)×100%

4. 库存效率指标

库存效率指标主要涉及库存周转率。库存周转率是在一定时期内销售成本与平均库存的比率，用时间表示库存周转率就是库存周转天数。它主要用于计算库存货物的周转速度，是反映仓储工作水平的重要效率指标。库存周转率对于企业的库存管理具有非常重要的意义。计算公式如下：

库存周转率=(期内使用数量/期内库存数量)×100%，或者

库存周转率=(期内使用金额/期内库存金额)×100%

当规定某个期限来研究金额时，需用下列计算公式：

库存周转率=(该期间的出库总金额/该期间的平均库存金额)×100%

=(该期间出库总金额×2/期初库存金额+期末库存金额)×100%

5. 库存经济性指标

该类指标主要是库存的成本和效益指标，综合反映仓库经济效益水平，主要包括以下指标：

(1)平均储存费用。

该指标是仓库经济核算的主要指标之一，用来反映整个仓库的费用问题。该指标是一个时间指标，因此，在计算时，通常以一个月或一年作为期间。计算公式如下：

平均储存费用=每月(年)储存费用/月(年)平均储存量

(2)利润总额。

该指标主要是反映仓库在一定期间的收益情况，是企业经济收益的综合指标。计算公式如下：

利润总额=期间仓库总收入-同期仓库总支出

=仓库营业收入-储存成本和费用-税金+其他业务利润+营业外收支净额

(3)资金利用率。

该指标主要用来评估仓库资金的使用情况，反映资金的利用水平、资金的周转以及资金使用的经济效果。计算公式如下：

资金利用率=[利润总额/(固定资产平均占用额+流动资金平均占用额)]×100%

(4)收入利润率。

该指标反映企业仓库获利的程度。计算公式如下：

收入利润率=(利润总额/仓库营业收入)×100%

(5)每吨货物保管利润率。

该指标用来反映仓库在每吨货物上的获利情况。计算公式如下：

每吨货物保管利润率=(期间仓库利润总额/期间货物的储存总量)×100%

【技能训练】:

1. 降低库存成本对公司利润绩效的影响分析

根据某公司的财务数据见下图，可知该公司今年的销售额为1亿元，减去0.97亿元的商品成本及营业税，产生300万元的税前利润。当减去100万元的所得税(假设所得税等于税前利润的33.3%)，净利润为200万元，净利润率为销售收入的2%。

在公司的资产负债表里，可以看到，该公司的流动资产为0.22亿元，包括0.14亿元的库存、0.06亿元的应收账款以及其他流动资产0.02亿元。流动资产加上0.18亿元的固定资产，实际总资产为0.4亿元，资产的周转率为2.5次。2%的净利润乘上2.5次的资产周转率，得到资产收益率为5%。公司负债为0.2亿元，财务比例为2∶1，使净价值收益率增加到10%。

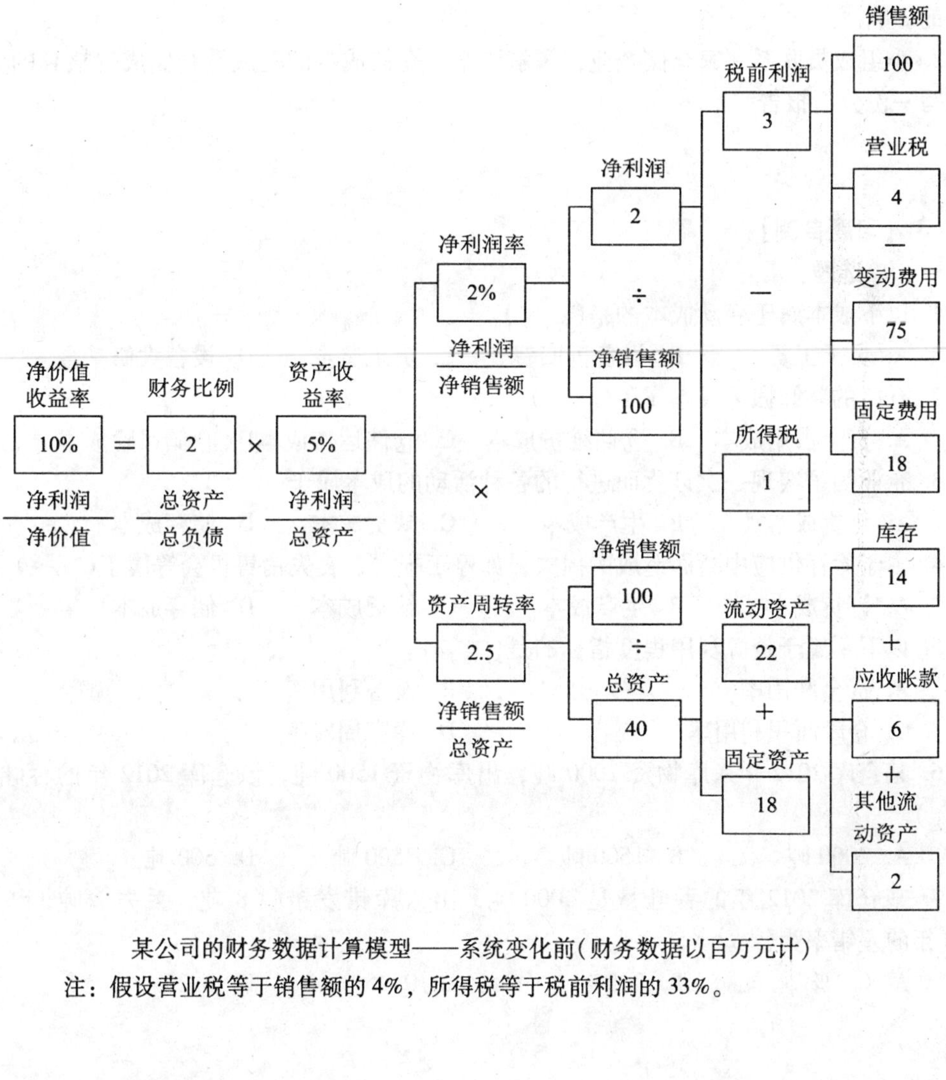

某公司的财务数据计算模型——系统变化前(财务数据以百万元计)

注：假设营业税等于销售额的4%，所得税等于税前利润的33%。

现在假定，如果将公司的物流信息系统改进，使其能够接收来自大型零售商的销售点数据和来自关键的原始设备制造商的物料需求数据，管理者能够利用信息来进行生产计划和补充库存，那么这将使得在整个公司范围降低500万元的库存。那些随库存量或随非资金成本变动的费用，与500万元的库存节约相关的预算外开支，使固定费用减少了25万元(库存持有成本的非资金成本部分，如保险、税收、变动储存成本、废弃成本、贬值成本和损坏成本，大约是平均库存价值的5%。)。据预测，提议的信息系统改进所需的年费用将是75万元。

从库存降低中所获得的500万元的库存节约将有两种用途：一是用来投资于新的工厂设备，而这在以前由于缺乏资金而被否决。新的工厂设备将降低生产成本，产生了20%的税后收益率，或30%的税前收益率，或150万元，我们把它看成相当于降低产品变动成本150万元。投资将以10年期的直线折旧基础进行折扣(如果投资为500万元，则每年折旧额为50万元)。二是用来将银行贷款减少500万元，假设贷款的利息率为10%(税前费用)，从而降低了50万元的利息。

请分别计算降低500万元库存成本后用于投资新设备和降低银行贷款对公司净价值收益率的影响。

2. 小组成员联系一家仓储企业，了解该企业仓储成本的构成及仓储成本核算的方法，并撰写一份分析报告

【习题自测】:

一、单选题

1. 以下成本属于变动成本的是(　　)。

A. 员工工资　　B. 设备折旧费　　C. 员工奖金　　D. 设备大修基金

2. 仓库的装卸搬运成本属于(　　)。

A. 资金占用成本　B. 仓储维护成本　C. 仓储运作成本　D. 仓储风险成本

3. 企业为了实现一次订货而进行的各种活动的成本属于(　　)。

A. 订货成本　　B. 生产成本　　C. 缺货成本　　D. 储存成本

4. 由于库存供应中断而造成的损失，如停工损失、丧失销售机会等属于(　　)。

A. 订货成本　　B. 生产成本　　C. 缺货成本　　D. 储存成本

5. 以下不属于资源利用程度指标的是(　　)。

A. 资金利用率　　B. 设备利用率

C. 仓库面积利用率　　D. 库存周转率

6. 某仓库2012年入库物资2000吨，出库物资1500吨，该仓库2012年的吞吐量为(　　)。

A. 2000吨　　B. 1500吨　　C. 3500吨　　D. 500吨

7. 某仓库2012年的吞吐量是4000吨，出入库错发错收8吨，丢失2吨，该仓库2012年的差错率为(　　)。

A. 0.1%　　B. 0.5%　　C. 0.25%　　D. 0.2%

8. 某仓库 2012 年的营业收入为 300000 元，赔偿 10000 元，因消防不合格罚款 5000 元，该仓库 2012 年的赔偿率为(　　)。

A. 1%　　B. 5%　　C. 2.5%　　D. 2%

二、简答题

1. 物流仓储企业仓储成本由哪几部分构成?
2. 生产型企业的仓储持有成本包括哪些部分?
3. 什么是缺货成本?
4. 降低仓储成本的措施有哪些?
5. 仓储经济核算指标有哪些?

三、案例分析题

美的——供应链双向挤压降低成本

中国制造企业有 90%的时间花费在物流上，物流仓储成本占据了总销售成本的 30%~40%，供应链上物流的速度以及成本更是令中国企业苦恼的老大难问题。美的针对供应链的库存问题，利用信息化技术手段，一方面，从原材料的库存管理做起，追求零库存标准；另一方面，针对销售商，以建立合理库存为目标，从供应链的两段实施挤压，加速了资金、物资的周转，实现了供应链的整合成本优势。

在原材料库存管理方面，美的采用供应商管理库存(VMI)。美的较为稳定的供应商有 300 多家，其零配件(出口、内销产品)加起来一共有 3 万多种。从 2002 年中期，利用信息系统，美的在全国范围内实现了产销信息的共享。有了信息平台做保障，美的原有的 100 多个仓库精简为 8 个区域仓，在 8 小时可以运到的地方，全靠配送。这样，美的流通环节的成本降低了 15%~20%。运输距离长(运货时间 3~5 天的)的外地供应商，一般都会在美的的仓库里租赁一个片区(仓库所有权归美的)，并把其零配件放到片区里面储备。在美的需要用到这些零配件的时候，它就会通知供应商，然后再进行资金划拨、取货等工作。这时，零配件的产权，才由供应商转移到美的手上，而在此之前，所有的库存成本都由供应商承担。此外，美的在 ERP(企业资源管理)基础上与供应商建立了直接的交货平台。供应商在自己的办公地点，通过互联页(Web)的方式就可登录到美的公司的页面上，看到美的的订单内容、品种、型号、数量和交货时间等，然后由供应商确认信息，这样一张采购订单就已经合法化了。

实施 VMI 后，供应商不用备很多货，一般有能满足 3 天的需求即可。2002 年，美的零部件年库存周转率，上升到 70~80 次/年。其零部件库存也由原来平均 3~7 天的存货水平，大幅降低为 3 天左右，而且这 3 天的库存也是由供应商管理并承担相应成本。库存周转率提高后，资金占用降低、资金利用率提高、资金风险下降、库存成本直线下降。

在前端销售环节，美的作为经销商的供应商，为经销商管理库存。这样的结果是，经销商不用备货了，经销商缺货，美的立刻就会自动送过去，而不需经销商提醒。经销商的库存"实际是美的自己的库存"。这种存货管理上的前移，美的可以有效地削减销售渠道上昂贵的存货，而不是任其堵塞在渠道中，让其占用经销商的大量资金。

目前，美的空调成品的年库存周转率大约是接近 10 次，而美的的短期目标是将成品空调的库存周转率提高 1.5~2 次。库存周率提高一次，可以直接为美的空调节省超过 2000 万元人民币的费用。由于采取了一系列措施，美的已经在库存上尝到了甜头，2002 年度，美的销售量同比 2001 年度增长 50%~60%，但成品库存却降低了 9 万台，因而保证了在激烈的市场竞争下维持了相当的利润。

请思考：1. 分析美的是通过何种方法来实现“零库存”梦想的？

2. 结合案例分析仓储成本的构成。

3. 本案例中，美的是通过何种方法来达到控制成本的目的？

任务四　仓储安全管理

【任务描述】：

2013 年 5 月 31 日 13 时 15 分，中储粮林甸直属库发生火灾，火灾事故共有 78 个储粮囤表面过火，储量 4.7 万吨。其中玉米囤 60 个，储量 3.4 万吨；水稻囤 18 个，储量 1.3 万吨。

火灾最先发生于 12 号库南侧玉米堆。接到报告后，粮库当即出动自备的一台消防车和 60 余人展开扑救，同时向消防部门报告火情，林甸县消防大队 6 台消防车约 20 分钟后到达现场投入灭火。当地气象部门提供的数据显示，火灾发生时室外温度 34℃，风力 7~8 级，高温和大风使火情顺势蔓延，造成连营火灾。

随后，林甸县政府组成的应急指挥部向邻近县区、厂矿请求增援，大庆市公安局组织四支消防队伍、24 台消防车辆先后到达现场参与灭火。林甸县城内建筑工地停止施工，各类铲车、翻斗车 30 余台全部被调往灭火现场。到 16 时 30 分左右，明火基本被扑灭。

6 月 1 日早晨，大量人力对过火的粮囤进行清理，把表面烧焦和炭化的部分挑拣分离出来，将其余部分装车外运，同时清理过火点，防止死灰复燃。

火灾发生后，中储粮黑龙江分公司会同林甸县政府部门紧急调集了 100 台大型运输车辆和 200 名装卸人员，每天可外运粮食 1 万余吨，计划用 3~4 天时间将过火粮食转运到邻近的大庆市、齐齐哈尔市和肇东市三地的 11 个粮库，过火粮食主要将被用于生产酒精和饲料。

请思考：1. 分析任务中发生火灾的原因是什么？

2. 如何做好库存商品的消防安全工作？

【任务分析】：

仓库安全管理是其他一切管理工作的基础和前提，具有十分重要的意义。在现代仓库的安全工作中，造成不安全的因素主要有两大类：一类是由管理人员认识上的局限性造成的；另一类是由于管理人员素质不高所引起的。对此，因加强对仓库管理人员专业知识的培训，同时努力提高仓库管理人员的职业素养和职业道德，尽量减少仓库安全问题的出现。

【知识精讲】：

安全对于现代仓库来说具有特殊的重要意义，因为仓库是商品高度集中的重要基地，也是广大仓储员工开展各种仓储作业的场所。储存在仓库的货物的价值和使用价值都很高，如果因为仓储的安全管理工作不善致使仓库发生火灾、被盗、商品腐烂变质、虫蛀鼠咬或自然灾害等严重情况，那么，不仅仓库的设施设备可能被毁坏，客户存放在仓库中的商品也会变成废品，从而给本单位和相关客户都造成重大的经济损失，而且还会影响正常的社会秩序、生产秩序和人民生活秩序，甚至会影响仓储企业的信誉。因此，做好仓库的安全管理工作直接影响到企业的生存和发展，是仓储工作的首要任务，也是每个仓储员工的基本职责，仓储企业必须警钟长鸣，做好防范工作。

仓库安全管理系统是一个多因素、多环节、多专业的综合系统。现代仓库的安全管理主要包括现代仓库设施、设备、仓库商品等物资的安全管理和仓库工作人员的人身安全管理两大方面。影响仓库安全的因素有很多，如火灾、盗窃、自然灾害等。另外，仓库储存的放射性物品、腐蚀性物品、有毒物品等危险品也会给仓库工作人员的人身安全带来威胁。对于这些不安全的因素，一方面，仓库工作人员要提高认识，增强自身素质；另一方面，仓库要提前做好预防工作，建立防范机制，这样才能保证仓库的安全，才能使仓库的各项作业活动得以正常进行。

一、仓库消防

仓库火灾是仓库的灾难性事故，不仅损害仓库货物，而且还会损坏仓库的设施、设备，燃烧和燃烧产生的有毒气体直接危及人的生命安全。仓库储存大量的物资，物资存放密集，电气设备、机械的大量使用，管理人员相对较少，造成火灾的危险极大。因此，仓库安全消防工作是仓库安全管理的重中之重，是长期的、细致的、不能疏忽的工作。仓库必须遵守消防法规和安全规程，把消防安全工作贯彻到仓储的各个岗位和全部活动中并确保防火安全。

（一）仓库火灾基本知识

1. 燃烧的基本原理

燃烧是指可燃物分解或挥发出的可燃气体，与空气中的氧剧烈化合，同时发出光和热的反应过程。各种与氧化类似的强放热反应（如氮化、氟化、氯化）、分解反应（如联氨分解)，或轻金属(如钠)加水的反应，也可称为燃烧。在燃烧的过程中，通常要发出光和火焰，并放出大量的热。燃烧要发生，必须同时具备三个条件：可燃物、助燃物、着火源。见表3-17：

表3-17 燃烧的条件

条件	定义	实例
可燃物	指能与空气中的氧或其他氧化剂起剧烈反应的物质	木材、纸张、天然气、汽油、酒精、氢气、乙炔、金属钠、镁等
助燃物	指能帮助和支持燃烧的物质	空气、氧气、氯、过氧化钠、氯酸钾等氧化剂等
着火源	指能引起可燃物质燃烧的热能	明火、赤热体、火星、电火花等

2. 仓库火灾的基本知识

(1)火灾的定义。

火灾是指在时间和空间上失去控制的燃烧所造成的灾害。(GB5907—86)

(2)火灾的分类。

《建筑灭火器配置设计规范》(GB50140—2005)根据灭火器配置场所内的物质及其燃烧特性，将火灾分为五类，见表3-18：

表3-18 火灾分类

种类	特点	实例
A类火灾	普通可燃固体所发生的火灾，产生灼热的灰烬	如木材、棉、毛、麻、纸张火灾等
B类火灾	指液体火灾和可溶化的固体物质火灾，各种油类、油脂发生燃烧所引起的火灾	如汽油、煤油、柴油、原油、甲醇、乙醇、沥青、石蜡火灾等
C类火灾	指气体火灾，爆炸性的货物发生火灾，或者火场内有爆炸性物品，如易发生化学爆炸的危险品，会发生物理爆炸的密闭容器等	如煤气、天然气、甲烷、乙烷、丙烷、氢气火灾等
D类火灾	指金属火灾	如钾、钠、镁、铝镁合金等火灾
E类火灾	指带电火灾，物体带电燃烧的火灾，电器、供电系统漏电所引起的火灾，以及具有供电的仓库发生火灾	如发动机、电缆、家用电器等

(3)火灾的等级。

根据2007年6月26日，公安部下发的《关于调整火灾等级标准的通知》将火灾的等级分为以下几类，见表3-19：

表3-19　**火灾等级**

种类	后果
特别重大火灾	造成30人以上死亡，或者100人以上重伤，或者1亿元以上直接财产损失的火灾
重大火灾	指造成10人以上30人以下死亡，或者50人以上100人以下重伤，或者5000万元以上1亿元以下直接财产损失的火灾
较大火灾	指造成3人以上10人以下死亡，或者10人以上50人以下重伤，或者1000万元以上5000万元以下直接财产损失的火灾
一般火灾	指造成3人以下死亡，或者10人以下重伤，或者1000万元以下直接财产损失的火灾

(4)仓库仓储物品的火灾危险分类。

仓库仓储物品的火灾危险分类见表3-20：

表3-20　**仓库仓储物品的火灾危险分类**

类别	火灾危险性特征	主要储存物品
甲类	1. 燃点小于28℃的液体	1. 乙烷、石脑油、二硫化碳、苯、甲苯、甲醇、乙醇、乙醚、醋酸甲酯、汽油、60度及以上的白酒
	2. 爆炸下限小于10%的气体，以及受到水或空气中水蒸气的作用，能产生爆炸下限小于10%气体的固体物质	2. 乙炔、氢、甲烷、环氧乙烷、水煤气、液化石油气、乙烯、丙烯、丁二烯、硫化氢、氯乙烯、电石、碳化铝
	3. 常温下能自行分解或在空气中氧化能导致迅速自燃或爆炸的物质	3. 硝化棉、硝化纤维胶片、喷漆棉、火胶棉、赛璐珞棉、黄磷
	4. 常温下受到水或空气中水蒸气的作用，能产生可燃气体并引起燃烧或爆炸的物质	4. 金属钾、钠、锂、钙、锶、氢化锂、氢化钠、四氢化锂铝
	5. 遇酸、受热、撞击、摩擦以及遇有机物或硫黄等易燃的无机物，极易引起燃烧或爆炸的强氧化剂	5. 氯酸钾、氯酸钠、过氧化钾、过氧化钠、硝酸铵
	6. 受撞击、摩擦或与强氧化剂、有机物接触时能引起燃烧或爆炸的物质	6. 赤磷、五硫化磷、三硫化磷

续表

类别	火灾危险性特征	主要储存物品
乙类	1. 燃点大于等于28℃，但小于60℃的液体	1. 煤油、松节油、丁烯醇、异戊醇、丁醚、醋酸丁酯、硝酸戊酯、乙酰丙酮、环己胺、冰醋酸、樟脑油
	2. 爆炸下限大于等于10%的气体	2. 氨气、液氯
	3. 不属于甲类的氧化物	3. 硝酸铜、铬酸、亚硝酸钾、重铬酸钾、硝酸、硝酸汞、发烟硫酸、漂白粉
	4. 不属于甲类的化学易燃危险固体	4. 硫黄、镁粉、铝粉、赛璐珞板（片）、樟脑、萘、生松香、硝化纤维漆布、硝化纤维色片
	5. 助燃气体	5. 氧气、氟气
	6. 常温下与空气接触能缓慢氧化，积热不散引起自燃的物品	6. 漆布及其制品、油布及其制品、油纸及其制品、油绸及其制品
丙类	1. 燃点大于等于60℃的液体	1. 动物油、植物油，沥青，蜡，润滑油、机油、重油，燃点大于等于60℃的柴油，糖醛，大于50度至小于60度的白酒
	2. 可燃固体	2. 化学或人造纤维及其织物、纸张、棉、毛、丝、麻及其织物、谷物、面粉、天然橡胶及其制品、竹、木及其制品、中药材，电视机、收录机等电子产品、计算机房已录数据的磁盘、冷库中的鱼、肉
丁类	难燃物品	自熄性塑料及其制品、酚醛泡沫塑料及其制品、水泥刨花板、钢材、铝材、玻璃及其制品、陶瓷制品
戊类	非燃烧物品	搪瓷制品、不燃气体、玻璃棉、岩棉、陶瓷棉、硅酸铝纤维、矿棉、石膏及其无纸制品、水泥、石、膨胀珍珠岩

(5)仓库火灾发展的四个阶段。

一般在仓库内发生的火灾均会经历初起、发展、猛烈、下降和熄灭四个阶段。

①初起阶段。

火灾初起阶段是火灾局限在起火部位的着火燃烧阶段。一般是电火花、未熄灭的烟头或其他因素将仓库内易燃、可燃物点着，经过一段时间阴燃后变成明火，但着火范围很小，燃烧产生的热量较小，烟气较少且流动速度很慢，火焰不大，辐射出的热量也不多，靠近火点的物品和结构开始受热，气体对流，温度开始上升。若能够及时发现火情，很容易将火险扑灭在萌芽阶段。

②发展阶段。

发展阶段是指从起火点引燃周围可燃物到轰燃之间的过程。火灾的发展阶段实际上是初起阶段过程的重复，不过各方面的强度都增大了。火焰由局部向周围物质蔓延、燃烧面积不断扩大，周围物品、结构受热，分解出大量可燃气体，从而加剧火势，热气对流加强，辐射热流强度也增大。由于火灾扩大速度加快，火灾面积增大，房间内温度开始陡然上升，使房间内的可燃物品、结构迅速受热而加速分解，以致发生轰燃现象。

③猛烈阶段。

猛烈阶段是指从轰燃发生后到火灾衰减之前的过程。火灾面积扩大到整个房间，火焰辐射热量最多，房间温度上升并达到最高点，火焰和热烟气通过开口和受到破坏的结构开裂处向通道蔓延。建筑物的不燃材料和结构的机械强度大大下降，甚至发生变形和倒塌。

④下降和熄灭阶段。

此时，仓库内80%的可燃物已经燃尽，热量大量向四周散失，室内温度开始下降。当可燃物已烧尽，室内温度降到200~300℃左右并较长时间保持这一温度范围，直到火势熄灭之后。

（二）仓库防火与灭火

1. 仓库防火

燃烧要发生，必须同时具备三个条件：具有可燃物、具有助燃物、具有着火源。仓库防火的基本原理是防止燃烧条件的产生，不使燃烧三个条件相互结合并发生作用，以及采取限制、削弱燃烧条件发展的办法，阻止火势蔓延。

仓库要切实采取“预防为主、防治结合”的防火措施，遵守消防法规和安全规程，把消防安全工作贯彻到仓储的各个岗位和全部活动中并确保防火安全。仓库的防火工作应从以下几个方面着手：

（1）做好储存管理工作。

①库房内储存的物品按照性质相互抵触的物品、保管条件不同的物品、灭火方法不同的物品、作业手段不同的物品进行分类分区。仓库物品进行堆垛时要留出五距。

②易燃、可燃物品在入库前，应有专人负责检查，对可能带有火险隐患的物品，应当存放到观察区，经检查确认没有危险后，方准入库。

③库房内不准设办公室、休息室，不准住人。

④库区和库房内要保持整洁，对散落的易燃、可燃物品和库区的杂草应当及时清除。用过的油棉纱、油抹布、沾油的工作服、沾油的手套等用品，必须放在库房外的安全地点，妥善保管和及时处理。

（2）严格管理火种火源。

①库区内要严禁吸烟，不准携带火柴、打火机等进入危险品库区，可单独设置吸烟区。

②库内不准用油灯、蜡烛及电石灯照明，不准用火炉、电炉取暖。

③库区内严禁放烟花、爆竹和信号弹，不准在库区和库内点火燃烧杂物等。

(3)仓库附属装置必须满足防火安全的要求。

①库房内一般不宜安装电熨斗、电烙铁、电视机等电器设备，如需安装，应当严格按照有关电力设计技术规范和有关规定执行，并由正式电工进行安装和维修。

②仓库照明灯都应符合安全要求，不应使用超过60W以上的灯泡，不准用可燃材料做灯罩，灯泡距货架或货垛应保持一定的安全距离。

③各类仓库的电线主线都应架设在库房外，危险品仓库中配电线路不能布明线，导线应有足够的安全断面，并使用安全导管，而且要采用防暴灯具，开关及保险装置设在库外。

④库房内不应当安装采暖设备，若必须采暖，以水暖为好，其散热比较均匀。

⑤产生可燃性和腐蚀性气体的仓库，其通风机械应选用吸入式。

⑥危险品仓库应安装避雷装置等。

(4)加强对装卸环节的防火管理。

①装卸化学易燃物品时，必须轻拿轻放，严防震动、撞击、重压、摩擦和倒置。不准使用能产生火花的工具，不准穿带钉子的鞋，在可能产生静电的设备上，应当安装可靠的接地装置。

②凡进入仓库的机动车辆和装卸搬运机械，其排气管均应加装防火罩。

③进入储油区的车辆，停车后应立即关闭发动机。

④内燃式装卸搬运设备和车辆，不得驶入危险品库内。

⑤库内的桥式或龙门式起重机的供电，以拖缆式供电方式为宜。

(5)及时进行通风降温。

①凡是会产生可燃性气体的仓库，一定要有良好的通风条件，必要时应进行强迫通风，使可燃性气体及时排出库外，避免发生燃烧和爆炸。

②在自燃品和易燃品仓库，降低仓库温度非常重要，否则热量的积蓄达到一定程度，容易引起燃烧，通风也是降温的有效措施。

(6)配置消防设施。

①在仓库区域内应配置消防设施，如消火栓、灭火器、消防供水管道、消防水桶、防火墙、防火门、自动报警系统等。

②仓库区域内配置的消防设施应符合《建筑设计防火规范》的规定，在消防设施附近，严禁堆放其他物品。

③消防设施应当安排专人负责管理，定期检查维修，保持完整好用。寒冷季节需要对相关消防设施采取防冻措施。

④每个库房配备的灭火器不得少于2个，应悬挂在库外墙上，距地高度不超过1.5米，防止日光直射。对灭火器每隔15天就应检查一次，注意药料的完整和出口的畅通。灭火器的部件每半年要检查一次，每年要换药一次。

⑤每个仓库附近都应配备一定数量的消防桶，每栋独立的库房至少需要配备4个消防桶。日常应保持存水满量，冬季防止结冰。

2. 仓库灭火

除了做好各种防范工作以预防火灾的发生外，仓库管理人员还需要学会在火灾发生时，采取正确的应对方法，控制灾情或扑灭火灾，避免损失的扩大。

(1)及时报警。

灭火器材的扑救面积和能力是有限的，只适合于扑救初期火灾。因此，不可指望灭火器材扑灭火灾而忽视向消防部门报警。当仓库管理人员发现火灾后，应立即向消防部门报警，如果延迟了报警时间，必然会贻误灭火时机，造成更大的损失。在打电话报警时，仓库管理人员应该做到以下几点：

①火警电话打通后，应首先讲清楚着火仓库的具体位置；

②向消防部门说明仓库的大体结构，如仓库是楼房还是平房，以及仓库内的具体起火地点；

③向消防部门说明仓库内存放的物品类型、起火物品及燃烧情况；

④讲清自己的姓名、所在单位和电话号码；

⑤报警后派专人在路口等候消防车的到来，指引消防车去火场的道路，以便迅速、准确地到达起火地点。

(2)选择合适的灭火方法。

在发生火灾时，使用灭火器材及时地扑救初期火灾，是避免火灾蔓延、扩大和造成更大损失的有力措施。根据燃烧必须具备的三个条件，发生火灾时，可以选用的灭火方法有以下几种，见表3-21：

表3-21　灭火方法

灭火方法	灭火原理
冷却灭火法	任何可燃物的燃烧必须达到其燃点才能进行，当温度低于燃点温度时，燃烧就会终止，除冷却燃烧物外，还可以冷却燃烧物附近的可燃物或建筑物，使其温度降低到不致受燃烧辐射热或火焰的影响也开始燃烧的程度。因此，将灭火剂直接喷洒在可燃物上，使其温度降低到燃点以下可以达到灭火的效果。用水灭火就是冷却灭火
窒息灭火法	采取适当措施，阻止空气进入燃烧区，或用惰性气体稀释空气中的氧含量，使可燃烧物质缺乏助燃物而终止燃烧。如采用湿棉被、湿麻袋、沙土、泡沫等不燃难燃材料覆盖燃烧物或封闭着火孔洞、桶口等，都是窒息灭火法。另外，居民油锅起火，将锅盖盖上即可灭火
隔离灭火法	将燃烧物与附近可燃物质隔离或者疏散开，从而使燃烧终止。如将火源附近的易燃易爆物品转移到安全地点；采取措施阻拦、疏散易燃可燃液体或可燃气体扩散；拆除与火源相邻近的易燃建筑物，造成阻止火势蔓延的空间地带等
抑制灭火法	将化学灭火剂喷入燃烧区参与燃烧反应，中止链反应而使燃烧反应终止。如将干粉和卤代烷灭火剂喷入燃烧区，使燃烧终止

(3)正确使用消防设施。

①消火栓。

消火栓，是一种固定消防工具。其主要作用是控制可燃物、隔绝助燃物、消除着火源。消火栓是消防供水的重要设备，它分为室内消火栓和室外消火栓。室内消火栓是建筑物内的一种固定消防供水设备，它主要包括消火栓、消火栓箱及消防软管卷盘。室外消火栓与城镇自来水管网相连接，它既可以供消防车取水，也可以直接连接水带、水枪出水灭火。室外消火栓有地上消火栓和地下消火栓两种。地上消火栓适用于气候温暖地区，而地下消火栓则适用于气候寒冷地区。室内消火栓和室外消火栓见图 3-8、图 3-9：

图 3-8 室内消火栓

图 3-9 室外消火栓

消火栓的使用方法如下：

a. 打开消火栓门，按下内部火警按钮(按钮是报警和启动消防泵的)；

b. 一人接好枪头和水带奔向起火点；

c. 另一人接好水带和阀门口；

d. 逆时针打开阀门水喷出即可。(注：电起火要确定切断电源。)

②灭火剂。

灭火剂是指能够有效地破坏燃烧条件，终止燃烧的物质，仓库火灾灭火常用的灭火剂有水、泡沫、二氧化碳、干粉，卤代烷。

a. 水。

水是自然界中分布最广、最廉价的灭火剂，其灭火机理主要依靠冷却和窒息作用进行灭火。水灭火剂的主要缺点是产生水渍损失和造成污染、不能用于带电火灾的扑救。

小看板：禁止用水灭火的情况

- 未切断电源的电气设备：水可以导电，当用密集水柱灭火时，水一遇到带电物体，电流就会沿水柱导向持水枪的人身体，造成触电事故。

> ➢ 忌水货物：如钾、钠、镁、铝粉、电石等，可与水发生化学反应，易引起爆炸。
> ➢ 油类、酒精和其他轻于水的易燃液体：因为水遇到这类液体，便沉入底层，不能起到灭火的作用。同时，由于易燃液体受到水的排挤，容易溢出，会扩大火灾面积。但当易燃液体面积不广、厚度不超过3厘米时，可用雾状水扑火。
> ➢ 粉末状固体：在用水灭火时，粉末状固体能随水流的冲击飞扬，扩大灾害。但可用雾状水扑灭。
> ➢ 已经高度灼热的物体：如金属铸件和某些矿物体，在火灾中舀水灭火会爆炸伤人，因此，不宜用水灭火。
> ➢ 其他过水能使质量变化或怕水的物资：如仪器、机电设备、纸张等，非万不得已时，避免用水扑救，尽量使用其他方法。

b. 泡沫。

通过与水混溶、采用机械或化学反应的方法产生泡沫的灭火剂。一般由化学物质、水解蛋白或由表面活性剂和其他添加剂的水溶液组成。泡沫灭火剂的灭火机理主要是冷却、窒息作用，即在着火的燃烧物表面上形成一个连续的泡沫层，通过泡沫本身和所析出的混合液对燃烧物表面进行冷却，以及通过泡沫层的覆盖作用使燃烧物与氧隔绝而灭火。泡沫灭火剂的主要缺点是水渍损失和污染、不能用于带电火灾的扑救。

c. 二氧化碳。

二氧化碳是一种气体灭火剂，在自然界中存在也较为广泛，价格低、获取容易，其灭火主要依靠窒息作用和部分冷却作用。主要缺点是灭火需要浓度高，会使人员受到窒息毒害。

d. 干粉。

干粉是用于灭火的干燥、易于流动的微细粉末，由具有灭火效能的无机盐和少量的添加剂经干燥、粉碎、混合而成微细固体粉末组成。主要是通过在加压气体的作用下喷出的粉雾与火焰接触、混合时发生的物理、化学作用灭火。干粉灭火剂的主要缺点是对于精密仪器火灾易造成污染。

e. 卤代烷。

当卤代烷接触高温表面或火焰时，分解产生的活性自由基，通过溴和氟等卤素氢化物的负化学催化作用和化学净化作用，大量捕捉、消耗燃烧链式反应中产生的自由基，破坏和抑制燃烧的链式反应，而迅速将火焰扑灭，是靠化学抑制作用灭火。另外，还有部分稀释氧和冷却作用。卤代烷灭火剂主要缺点是破坏臭氧层。目前，常用的卤代烷灭火剂有1211和1301两种。

各种灭火剂的适用范围见表3-22：

表 3-22　　灭火剂的适用范围

灭火剂种类 / 火灾种类	水型		干粉型		泡沫型	卤代烷型		二氧化碳型
	清水	酸碱	磷酸铵盐	碳酸氢钠	化学泡沫	1211	1301	
A类火灾（指含碳固体可燃物燃烧的火灾）	适用 水能冷却，并能穿透燃烧物而灭火，可以有效防止复燃		适用 粉剂能附着在燃烧物的表面，隔绝空气防止复燃	不适用 碳酸氢钠不能黏附在固体可燃物上，只能控火不能灭火	适用 具有冷却和覆盖燃烧物表面，使之与空气隔绝的作用	适用 快速窒息火焰，抑制燃烧连锁反应，终止燃烧。灭火后不留残渍，不污染、不损坏设备		不太适应 二氧化碳虽然可以降温，并窒息火焰，但不能有效控制A类火的复燃
B类火灾（指甲、乙、丙类液体燃烧的火灾）	不适用 水流冲击油面会击溅油火，致使火势蔓延		适用 干粉灭火剂可以快速窒息火焰，还有中断燃烧过程的化学活性		半适用 覆盖燃烧物表面隔绝空气，但极性溶剂能破坏泡沫，故又受到限制	适用 快速窒息火焰，抑制燃烧连锁反应，终止燃烧		适用 二氧化碳堆积在燃烧液表面，起到隔绝空气的作用
C类火灾（指可燃气体燃烧的火灾）	不适用 水流对于立体型的气体火灾基本无效		适用 喷射干粉灭火剂可以快速扑灭气体火焰，具有中断燃烧过程的化学活性		不适用 泡沫对平面火有效，对立气体型气体火灾基本无效	适用 快速窒息火焰，抑制燃烧连锁反应，终止燃烧		适用 快速降温，稀释可燃气体，且不留残物，不损坏现场其他设备

③常用的灭火器及使用方法。

灭火器是一种轻便的灭火工具，它可以用于扑救初期火灾，控制火势的蔓延。不同类别的灭火器适用于不同物质的火灾，其结构和使用方法也各不相同。灭火器的种类较多，主要有干粉灭火器、泡沫灭火器、二氧化碳灭火器、1211 灭火器、清水灭火器、消防水桶及沙箱。

A. 干粉灭火器。

干粉灭火器是利用二氧化碳气体或氮气气体作动力，将干粉灭火剂喷出灭火，可扑灭一般火灾，还可扑灭油、气等燃烧引起的火灾，主要用于扑救石油产品、有机溶剂等易燃液体、可燃气体和电气设备的初起火灾。广泛用于油田、油库、炼油厂、化工厂、化工仓库、船舶、飞机场以及工矿企业等。干粉灭火器不能扑救轻金属燃烧的火灾。干粉灭火器按移动方式分为手提式、推车式和背负式三种。手提式干粉灭火器、推车式干粉灭火器见图 3-10、图 3-11：

图 3-10　手提式干粉灭火器

图 3-11　推车式干粉灭火器

a. 手提式干粉灭火器的使用方法。

手提式干粉灭火器最常用的开启方法为压把法。将灭火器提到距火源适当位置后，先上下颠倒几次，使筒内的干粉松动，然后让喷嘴对准燃烧最猛烈处，拔去保险销，压下压把，灭火剂便会喷出灭火。

在开启干粉灭火棒时，左手握住其中部，将喷嘴对准火焰根部，右手拔掉保险卡，旋转开启旋钮，打开储气瓶，滞时 1~4 秒，干粉便会喷出灭火。

使用外装式手提灭火器时，一只手握住喷嘴，另一只手向上提起提环，干粉即可喷出。

b. 推车式干粉灭火器的使用方法。

在使用推车式干粉灭火器时，将其后部向着火源(在室外应置于上风方向)，先取下喷枪，展开出粉管(切记不可有拧折现象)，再提起进气压杆，使二氧化碳进入储罐，当表压升至 0.7~1 兆帕时，放下进气压杆停止进气。这时打开开关，喷出干粉，由近至远扑火。在扑救油类火灾时，不要使干粉气流直接冲击油渍，以免溅起油面使火势蔓延。

c. 背负式干粉灭火器的使用方法。

在使用背负式干粉灭火器时，应站在距火焰边缘 5~6 米处，右手紧握干粉枪握把(若为氮气动力，则只能握住木制把手，否则可能被低温气体冻伤)，左手扳动转换开关到“3”号位置(喷射顺序为 3、2、1)，打开保险机，将喷枪对准火源，扣扳机，干粉即可喷出。如喷完一瓶干粉未能将火扑灭，可将转换开关拨到 2 号或 1 号的位置，连续喷射，直到射完为止。

B. 泡沫灭火器。

泡沫灭火器是通过筒体内酸性溶液与碱性溶液混合发生化学反应，将生成的泡沫压出喷嘴，喷射出去进行灭火的。它除了用于扑救一般固体物质火灾外，还能扑救油类等可燃液体火灾，但不能扑救带电设备和醇、酮、酯、醚等有机溶剂发生的火灾。泡沫灭火器包括手提式泡沫灭火器，推车式泡沫灭火器和空气泡沫灭火器。手提式泡沫灭火器、推车式泡沫灭火器见图 3-12、图 3-13。

a. 手提式泡沫灭火器的使用方法。

使用手提式泡沫灭火器时可手提筒体上部的提环，迅速奔赴火场。这时应注意不得使

图 3-12　手提式泡沫灭火器

图 3-13　推车式泡沫灭火器

灭火器过分倾斜，更不可横拿或颠倒，以免两种药剂混合而提前喷出。当距离着火点 10 米左右，即可将筒体颠倒过来，一只手紧握提环，另一只手扶住筒体的底圈，将射流对准燃烧物。

在扑救可燃液体火灾时，若已呈流淌状燃烧，则将泡沫由近而远喷射，使泡沫完全覆盖在燃烧液面上；若在容器内燃烧，则应将泡沫射向容器的内壁，使泡沫沿着内壁流淌，逐步覆盖着火液面。切忌直接对准液面喷射，以免由于射流的冲击，反而将燃烧的液体冲散或冲出容器，扩大燃烧范围。

在扑救固体物质火灾时，应将射流对准燃烧最猛烈处。在灭火时，随着有效喷射距离的缩短，使用者应逐渐向燃烧区靠近，并始终将泡沫喷在燃烧物上，直到扑灭。在使用时，灭火器应始终保持倒置状态，否则会中断喷射。

b. 推车式泡沫灭火器的使用方法。

在使用推车式泡沫灭火器时，一般由两人操作，先将灭火器迅速推拉到火场，在距离着火点 10 米左右处停下，由一人施放喷射软管后，双手紧握喷枪并对准燃烧处；另一个则先逆时针方向转动手轮，将螺杆升到最高位置，使瓶盖开足，然后将筒体向后倾倒，使拉杆触地，并将阀门手柄旋转 90 度，即可喷射泡沫进行灭火。如阀门装在喷枪处，则由负责操作喷枪者打开阀门。由于该种灭火器的喷射距离远，连续喷射时间长，因而可充分发挥其优势，用来扑救较大面积的储槽或油罐车等处的初起火灾。

c. 空气泡沫灭火器的使用方法。

使用空气泡沫灭火器时可手提或肩扛迅速奔到火场，在距燃烧物 6 米左右，拔出保险销，一手握住开启压把，另一手紧握喷枪；用力捏紧开启压把，打开密封或刺穿储气瓶密封片，空气泡沫即可从喷枪口喷出。在使用空气泡沫灭火器时，应使灭火器始终保持直立状态、切勿颠倒或横卧使用，否则会中断喷射。同时，应一直紧握开启压把，不能松手，否则也会中断喷射。

C. 二氧化碳灭火器。

二氧化碳灭火器在加压时将液态二氧化碳压缩在小钢瓶中，在灭火时，再将其喷出，有降温和隔绝空气的作用。主要用于扑救贵重设备、档案资料、仪器仪表、600 伏以下电气设备及油类的初起火灾。但不可扑救钾、钠、镁、铝等物质火灾。手提式二氧化碳灭火器见图 3-14。

在使用时，应首先将灭火器提到起火地点，放下灭火器，拔出保险销，一只手握住喇叭筒根部的手柄，另一只手紧握启闭阀的压把。对没有喷射软管的二氧化碳灭火器，应把喇叭筒往上扳 70~90 度。在使用时，不能直接用手抓住喇叭筒外壁或金属连接管，防止手被冻伤。在使用二氧化碳灭火器时，在室外使用的，应选择上风方向喷射；在室内窄小空间使用的，灭火后操作者应迅速离开，以防窒息。

D. 1211 灭火器。

1211(二氟一氯一溴甲烷的代号，无色透明的不燃绝缘液体)灭火器利用装在筒内的氮气压力将 1211 灭火剂喷射出灭火，它属于储压式一类，它是我国目前生产和使用最广的一种卤代烷灭火剂，以液态罐装在钢瓶内。

1211 灭火剂是一种低沸点的液化气体，具有灭火效率高、毒性低、腐蚀性小、久储不变质、灭火后不留痕迹、不污染被保护物、绝缘性能好等优点。1211 灭火器主要适用于扑救易燃、可燃液体、气体及带电设备的初起火灾；扑救精密仪器、仪表、贵重的物资、珍贵文物、图书档案等初起火灾；扑救飞机、船舶、车辆、油库、宾馆等场所固体物质的表面初起火灾。推车式 1211 灭火器见图 3-15：

图 3-14　手提式二氧化碳灭火器

图 3-15　推车式 1211 灭火器

在使用时，首先拔掉安全销，然后握紧压把进行喷射。在灭火时，灭火筒身要保持直立位置，不可水平或颠倒使用，喷嘴应对准火焰根部，由远及近，快速向前推进；要防止回火复燃，零星小火则可采用点射。如遇可燃液体在容器内燃烧时，可使 1211 灭火剂的射流由上而下向容器的内侧壁喷射。如果扑救固体物质表面火灾，则应将喷嘴对准燃烧最猛烈处，左右喷射。

E. 清水灭火器。

清水灭火器喷出的主要是水，作用与酸碱灭火器相同，使用时不用颠倒筒身，先取下安全帽，然后用力打击凸头，就有水从喷嘴喷出。它主要是冷却作用，只能扑救一般固体火灾(如竹木、纺织品等)，不能扑救液体及电器火灾。

F. 消防水桶及沙箱。

消防水桶是轻便灭火器具，用来扑灭一般初期的火灾，但不能用于电器设备、易燃液体及遇水急剧氧化的物资火灾。沙箱存放干燥的沙子，用于电气设备及液体燃料的初起火灾。消防水桶及沙箱见图 3-16、图 3-17：

图 3-16　消防水桶

图 3-17　消防沙箱

常见灭火器的种类及适用范围见表 3-23：

表 3-23　常见灭火器的种类及适用范围

灭火器的种类	适用范围
干粉灭火器	用于扑救易燃液体、有机溶剂、可燃气体和电气设备初起火灾
二氧化碳灭火器	用于扑灭贵重仪器、图书档案、电气设备及其他忌水物资的初起火灭
1211 灭火器	用于扑救易燃气体、可燃液体、带电设备及一般物资的初起火灾
泡沫灭火器	用于扑救油类、木材及一般货物的初起火灾
清水灭火器	扑救一般固体火灾（如竹木、纺织品等）
消防水桶及沙箱	用于扑救一般初起的火灾

二、仓库治安与防盗

仓库的治安保卫管理是仓库安全生产管理的重要组成部分，是仓库为了防范、制止恶性侵权行为、意外事故对仓库及仓储财产的侵害和破坏，并维护仓储环境的稳定安全，保证仓储生产经营的顺利开展所进行的管理工作。仓库治安保卫管理工作的具体内容包括执行国家治安保卫规章制度，防盗、防抢、防破坏、防骗以及防止财产侵害、防火，维持仓库内秩序，防止意外事故等仓库治安灾难事故，协调与外部的治安保卫关系，保证库内人员生命安全与物资安全。

（一）库区治安保卫工作的组织

库区管理人员要高度重视库区治安保卫工作，应当根据实际情况，按照精干高效、运转灵活的原则设立高效、精简的保卫执行机构，可以采用由专职保卫机构和兼职安全员相结合的方式，形成仓储安全网。具体的治安保卫组织通常分为保卫组织、警卫组织和群众性治安保卫组织。各治安保卫组织的分工见表3-24：

表3-24　　各治安保卫组织的分工

组织	工作方式	主要工作任务
保卫组织	在仓库党政的领导下进行工作，业务上受到当地公安机关和上级保卫部门的指导	对本库的商品、设备和人员的安全全面负责。保卫结构要与公安、劳动、供电、交通运输、防汛、防震、卫生等部门加强联系，及时交换安全信息，接受他们的指导；对警卫守护人员进行经常性的业务技术教育；对员工进行安全方面的讲座和业务技术训练；定期或不定期地举行安全操作演练；调查、登记、处理、上报有关案件等
警卫组织	工作的重点是负责仓库日常的警戒防卫	掌握出入仓库的人员情况；禁止携带易燃、易爆等危险物品入库；核对出库物资；日夜轮流守卫，谨防盗窃与破坏等事故的发生；在仓库发生人为或自然灾害事故时，要负责仓库的防护、警戒工作
群众性治安保卫组织	在仓库党政领导及保卫部门的指导下的治安保卫委员会或治安保卫小组，其成员既有仓库领导，也有员工群众，并在各班、组设立安全保卫员	利用各种方式对仓库员工和四邻居民进行治安保卫宣传教育，协同警卫人员做好保卫和防火工作，协助维护单位的治安秩序和保卫要害的安全，劝阻和制止违反治安管理法规的行为

（二）库区治安保卫制度

治安保卫管理必须贯彻预防为主、确保重点、打击犯罪、保障安全的方针，坚持“谁主管，谁负责”和“有奖有惩、奖惩分明”的原则。治安保卫工作的顺序开展，必须有完善的制度保障，因此，仓储部门应建立一系列治安保卫管理制度。

1. 防火安全管理制度

在安全管理工作中，防火是重点，保证商品安全又是防火的中心。因此，仓库工作人员必须熟悉各种仓储商品的性能、引起火灾的原因和各种防火、灭火方法，并采取各种防范措施，从而保证仓库的安全。

2. 仓储设施设备保管使用制度

仓储设施是进行仓储工作的必要条件。完善的仓储设施管理制度，能保证仓储业务活动的正常进行，避免意外事故的发生，也有利于仓储经营取得最大的经济效益。

3. 门卫值班制度

门卫是仓库的咽喉，必须严格管理人员、货物的出入。传达室人员及值班警卫人员要坚守岗位，尽职尽责，对外来人员必须进行验证、登记，及时报告可疑情况，以防意外发生。

4. 机动车辆安全管理制度

机动车辆安全管理也是治安保卫管理的一个重要方面。外单位的车辆不得随意进入，因业务需要必须进入的，必须履行必要的手续，并且做好防火、防暴等保护措施。严格加强仓库自有车辆的使用制度，做到安全用车，避免灾害事故的发生。

除此以外，对重要物品的安全管理制度、要害部位的安全保卫制度、外来务工人员的管理制度等都是仓储部门应建立的治安保卫管理制度。

(三)库区治安保卫工作的内容

1. 出入口和要害部位门

仓库需要通过围墙或其他物理设施与外界隔离，设置一到两个大门。仓库大门是仓库与外界的连接点，象征着仓库的地域范围，也是仓储承担货物保管责任的分界线。大门守卫是维持仓库治安的第一道防线。大门守卫负责开关大门、限制出入人员、接待入库办事人员，并及时审核身份与登记，禁止入库人员携带火源、易燃易爆物品，检查入库车辆的防火条件，指挥车辆安全行驶、停放，登记入库车辆，检查出库车辆，核对出库货物与放行条内容是否相符，收留放行条，查问和登记出库人员随身携带的物品，特殊情况下有权查扣物品、封闭大门。对于危险品、贵重物品、特殊物品等要害部位，需要安排专职守卫看守，限制无关人员接近，防止危害、破坏和失窃。

2. 巡逻检查

专职保安人员要不定时、不定线，经常巡视整个仓库的安全保卫工作。巡逻检查一般由两名保安人员共同进行，携带保安器械和强力手电筒。保安人员应查问可疑人员，检查各部门的防卫工作，关闭无人逗留的办公室，关好仓库门窗、电源，禁止挪动消防器材，检查仓库内有无异常现象，停留在仓库内过夜的车辆是否符合规定等。巡逻检查中发现不符合治安保卫制度要求的情况，应采取相应的措施处理或告知主管部门处理。

3. 防盗设施、设备使用

仓库的防盗设施大至围墙、大门、防盗门，小到门锁、窗，仓库应根据法规规定和治安保管的需要设置安装这些设施。仓库使用的防盗设备除了专职保安员的警械外，主要有视频监控设备、自动报警设备、报警设备等，仓库应按照规定合理利用配置的设备，由专人负责操作和管理，确保其有效运作。

4. 治安检查

治安责任人应按规章准则经常检查治安保卫工作。治安检查实行定期检查与不定期检查相结合的制度。班组每日检查、部门每周检查、仓库每月检查，及时发现治安保卫漏洞、安全隐患，通过有效手段消除各种隐患。

5. 治安应急

治安应急是指当仓库发生治安事件时，采取紧急措施防止和减少事件造成损失的制度。治安应急需要通过制定应急方案，明确应急人员的职责，规定发生事件时的信息(信号)发布和传递方法。

三、仓库安全作业管理

仓库安全作业是指在商品进出仓库装卸、搬运、储存、保管的过程中，为了防止和消除伤亡事故，保障员工安全和减轻繁重的体力劳动而采取的措施，它直接关系到货物的安全、作业人员人身安全、作业设备和仓库设施的安全。这些安全事项都是仓库的责任范围，所造成的损失100%由仓库来承担，因而说仓储安全作业管理是经济效益管理的组成部分。

仓库安全作业管理要从作业设备、作业场所和作业人员等方面进行管理，一方面，要消除安全隐患，减小不安全的风险；另一方面，要提高作业人员的安全责任心和安全防范意识。

(一)仓库安全作业管理的内容

1. 安全作业管理制度化

仓储安全作业管理应成为仓库日常管理的重要项目，仓库应制定科学合理的各种作业安全制度、操作规程和安全责任制度，并通过严格的监督，确保安全作业管理制度得以有效和充分的运行。

2. 加强劳动安全保护

劳动安全保护包括直接和间接施行于员工人身的保护措施。仓库要遵守《中华人民共和国劳动法》的劳动时间和休息规定，根据《中华人民共和国劳动法》第三十六条规定，国家实行劳动者每日工作时间不超过8小时、平均每周工作时间不超过44小时的工时制度。依法安排加班，保证员工有足够的休息时间，包括合适的工间休息。提供合适和足够的劳动防护用品，如高强度工作鞋、安全帽、手套、工作服等，并督促作业人员使用和穿戴。采用具有较高安全系数的作业设备、作业机械，作业工具应适合作业要求，作业场地必须具有合适的通风、照明、防滑、保暖等适合作业的条件。不进行冒险的仓储作业和不安全环境的作业，在大风、雨雪影响作业时暂缓作业。避免人员带伤病作业。

3. 重视作业人员的资质管理和业务培训

应对新参加仓库工作和转岗的员工进行仓储安全教育，对所从事的作业进行安全作业教育和操作培训，确保熟练掌握岗位的安全作业技能和规范。从事特种作业的员工必须经过专门培训并取得特种作业资格，才能上岗进行作业，且仅能从事其资格证书限定的作业项目操作，不能混岗作业。

安全作业宣传和教育是仓库的长期性工作，作业安全检查是仓库安全作业管理的日常工作。通过不断的宣传、严格的检查，对违章和无视安全的行为给予严厉的惩罚，强化作业人员的安全责任意识。

(二)仓库安全作业基本要求

从作业人员、作业机械设备和储存商品免受损害的角度分析，仓储安全作业的基本要求，就是按照规范操作，注意安全防护。具体地说，对仓储安全作业的要求是因操作方式的不同而有所不同的。一般是按照人工作业方式和机械作业方式这两种常规的仓储作业方式，对仓储安全作业的相关要求进行细化。

1. 人力作业的安全操作要求

(1)仅在合适的负荷条件下进行作业。

人力作业仅限制在轻负荷的作业，不超负荷作业，人力搬运商品时要注意商品标重，一般来说，男性员工不得搬举超过80千克的商品，女性员工搬运负荷不得超过25千克，在集体搬运时，每个人的负荷不得超过40千克。

(2)尽可能采用人力机械作业。

人力机械承重也应在限定的范围，如人力绞车、滑车、拖车、手推车等不超过500千克。

(3)只在适合作业的安全环境进行作业。

人工作业现场必须排除损害作业人员身心健康的因素；对于存在潜在危险的作业环境，作业前要告知作业人员，让其了解作业环境，尽量避免作业人员身处或接近危险因素和危险位置。

(4)做好工作人员的安全防护工作。

作业人员要根据作业环境和接触的商品性质，穿戴相应的安全防护用具，携带相应的作业用具，按照规定的作业方法进行作业。

(5)合适安排工间休息。

为保证作业人员的体力和精力，每作业一段时间应作适当的休息。

(6)作业现场必须设专人指挥和进行安全指导。

安全人员要严格按照安全规范进行作业指挥；指导人员避开不稳定货垛的正面、运行起重设备的下方等不安全位置进行作业；在作业设备调整时应暂停作业，适当避让；发现作业现场存在安全隐患时，应及时停止作业，消除隐患后方可恢复作业。

2. 机械安全作业

(1)在机械设备设计负荷许可的范围内作业。

作业机械设备不得超负荷作业；危险品作业时还需减低负荷25%作业；不得使用运行状况不好的机械设备作业。

(2)使用合适的机械、设备进行作业。

尽可能采用专用设备作业，或者使用专用工具。使用通用设备，必须满足作业需要，并进行必要的防护，如货物绑扎、限位等。

(3)设备作业要有专人进行指挥。

采用规定的指挥信号，按作业规范进行作业指挥。

(4)移动吊车必须在停放稳定后方可作业。

叉车不得直接叉运压力容器和未包装货物；移动设备在载货时需控制行驶速度，不可高速行驶。货物不能超出车辆两侧0.2米，禁止两车共载一物。

(5)载货移动设备上不得载人运行。

四、仓库的其他安全管理

(一)防台风

我国华南、华东沿海地区的仓库，容易受到台风的危害。处在这些地区的仓库要高度重视防台风的工作，避免这种灾害性天气对仓储造成严重的危害。对于台风，应做好以下几个方面的预备措施：

1. 积极防范

台风并不是年年都在一个地区登陆，防台工作是一项防患于未然、有备无患的工作。企业要对员工，特别是领导干部进行防台宣传和教育，促使保持警惕、不能麻痹。

2. 全员参与

台风可以造成仓库的损害不仅是仓储物质，而且还包括仓库建筑、设备、设施、场地、树木，以及物料备料、办公设施等一切财产和生命安全，还会造成环境污染危害。防台抗台工作是所有员工的工作，需要全员参与。

3. 不断改善仓库条件

为了使防台抗台取得胜利，需要有较好的硬件设施和条件，提高仓库设施设备的抗风、防雨、排水防水浸的能力；减少使用简易建筑，及时拆除危房危建和及时维修加固老旧建筑、围墙；提高仓库、货场的排水能力，注意协调仓库外围避免对排水的阻碍；购置和妥善维修水泵等排水设备，备置堵水物料；牢固设置仓库、场地的绑扎固定绳桩。

(二)防汛

洪水和雨水虽然是一种自然现象，但时常会对货物的安全仓储带来不利影响。所以应认真做好仓库防汛工作。

1. 建立组织

汛期到来之前，要成立临时性的短期工作机构，在仓库领导者的领导下，具体组织防汛工作。

2. 积极防范

平时要加强宣传教育，提高职工对自然灾害的认识；在汛期职工轮流守库，职能机构定员驻库值班，领导现场坐镇，以便在必要时，统一指挥，积极组织抢救。

3. 加强联系

仓库防汛组织要主动争取上级主管部门的领导，并与气象电台联系了解汛情动态，预见汛情发展，克服盲目性，增强主动性。

除此之外，还要注意对陈旧的仓库改造排水设施，提高货位，新建仓库应考虑历年汛情的影响，使库场设施能抵御雨汛的影响。

(三)防雷

仓储企业应在每年雷雨季节来临之前，对防雷措施进行全面检查。主要应检查的方面有：

(1)建筑物维修或改造后是否改变了防雷装置的保护情况。

(2)有无因挖土方、铺设管线或种植树木而挖断接地装置。

(3)各处明装导体有无开焊、锈蚀后截面过小而导致损坏折断等情况。

(4)接闪器有无因接受雷击而熔化或折断。

(5)避雷器磁套有无裂缝、碰伤、污染、烧伤等。

(6)引下线距地2米一段的绝缘保护处理有无破坏。

(7)支持物是否牢固，有无歪斜、松动。

(8)引下线与支持物的固定是否可靠。

(9)断接卡子有无接触不良。

(10)木结构接闪器支柱或支架有无腐蚀。

(11)接地装置周围土壤有无塌陷。

(12)测量全部接地装置的流散电流。

(四)防震

为了做好仓库防震工作，有以下几个方面需要注意：

(1)在仓库建筑上，要以储存物资的价值大小为依据。审视其建筑物的结构、质量状况，从保存物资的实际需要出发，合理使用物力财力，进行相应的加固。新建的仓库，特别是多层建筑，现代化立体仓库，更要结合当地地质结构类型，预见地震的可能性，在投资上予以考虑，做到有所准备。

(2)在情报信息上，要密切注视毗邻地区及地震部门预测和预报资料。

(3)在组织抢救上，要做好充分的准备。当接到有关部门地震预报时，要建立必要的值班制度和相应的组织机构，当进入临震时，仓库领导要通盘考虑，全面安排，合理分工，各负其责，做好宣传教育工作，动员职工全力以赴，做好防震工作。

(五)防静电

爆炸物和油品应采取防静电措施。应设懂有关技术的专人对静电的安全进行管理。配备必要的检测仪器，发现问题及时采取措施。

所有防静电设施都应保持干净，防止化学腐蚀、油垢玷污和机械碰撞损坏。每年应对防静电设施进行1~2次的全面检查，测试应当在干燥的气候条件下进行。

【技能训练】：

1. 小组成员收集近三年我国发生的仓库安全方面的事故，分析发生原因及降低相关安全事故的措施。

2. 小组成员选择一至两家物流企业，了解其仓储安全方面的防范措施，如安全制度的制定、消防设施的布局等，分析其还需要加强的地方或值得借鉴的地方。

【习题自测】：

一、选择题

1. 在火灾的分类中，液体火灾指的是(　　)。

A. A 类　　B. B 类　　C. C 类　　D. D 类

2. 用水扑灭一般固体物质的火灾，属于(　　)。

A. 抑制灭火法　　B. 窒息灭火法　　C. 隔离灭火法　　D. 冷却灭火法

3. 以下灭火剂不能用于扑灭电气设备火灾的是(　　)。

A. 干粉　　B. 二氧化碳　　C. 卤代烷　　D. 水

4. 从仓库消防安全的角度考虑，以下做法错误的是(　　)。

A. 库内物品要分类分区存放

B. 库房内不准住人

C. 库房内可以安装任何类别的取暖设备

D. 库房内不宜安装电器设备

5. 根据《中华人民共和国劳动法》第三十六条规定，国家实行劳动者每日工作时间不超过 8 小时、平均每周工作时间不超过(　　)小时的工时制度。

A. 40　　B. 42　　C. 44　　D. 48

二、判断题

1. 在火灾的分类中，D 类火灾指的是固体火灾。(　　)

2. 一般而言，库房内可以安装一些小功率电器设备。(　　)

3. 如果酒精起火燃烧，则可以采用泡沫灭火器进行灭火。(　　)

4. 当带电设备起火燃烧时，不能采用二氧化碳灭火器进行灭火。(　　)

5. 为了做好仓库的保卫工作，门卫应对出入库货物及人员进行管理。(　　)

三、简答题

1. 仓储安全管理有什么意义？

2. 燃烧的基本原理是什么？

3. 火灾的种类有哪些？灭火的基本原理是什么？

4. 常用的灭火器有哪些？如何使用？

5. 如何做好仓库的治安保卫工作？

6. 仓库的防火工作可以从哪些方面开展？

7. 仓库安全作业管理的内容有哪些？

8. 仓库安全作业管理的基本要求有哪些？

9. 如何有效的做到防台风、防雷、防汛、防震、防静电？

四、案例分析题

案例 1：某仓库为全地下式仓库，地面上仅有一扇四周附橡皮封条的进出门和通风口，门和通风口平时均密闭不开，密闭性能极好，仓库容积为 734 立方米。该仓库于 2013 年 6 月存入红枣 5 吨及部分棒棒糖，至事故发生前该仓库无人开启取物。同年 10 月 15 日 12 时半左右，陆某等人进入仓库准备取货，当走到地下仓库入口拐弯处，陆某感觉气味异常逼人便立即转身往回走，其余两人则已来不及逃离昏倒在地，仓库另 2 名职工见状又立即进仓去抢救和搜寻，结果四人全部中毒死亡。现场调查发现，库内的气温在 30℃左右，仓库内有一股刺鼻霉变的腐烂气味，存放的红枣已有不同程度的腐烂变质。在该仓库门及通风口已全部打开充分通风的情况下，现场空气测定显示仍有硫化氢气体存在。事故原因主要是存放的红枣等物品在适宜的条件下发生腐烂霉变，由此产生了硫化氢、二氧化碳等气体，同时因为仓库长期密闭不用，通风极差，硫化氢等气体日积月累，浓度逐步增高，氧气含量逐渐减少。结果，工作人员一进入仓库便造成硫化氢中毒伴缺氧窒息而死。

请思考：1. 案例中出现安全事故的原因是什么？

2. 进行食品储存时，有哪些需要注意的事项？

案例 2：一场火灾缘何夺走 121 条生命？

吉林宝源丰禽业有限公司位于德惠市米沙子镇，主要是一家屠宰加工肉食鸡的企业，占地面积 6.5 万平方米，签订合同职工 411 人。该公司一共有两个大车间，每个车间有工人 150 人左右，工人主要从事肉食鸡的屠宰、分割、包装、冷冻等工作。每年屠宰、分割肉鸡 100 万只。

2013 年 6 月 3 日早上 5 点半，数百名工人走进车间开始工作。6 点多钟，厂房突然发生火灾。火灾造成 120 人当场遇难，1 人在医院抢救无效死亡。事故原因为氨气泄漏引起的爆炸，从而引发大火。

6 日，国务院吉林“63”特大火灾事故调查组在长春召开全体会议。国务院事故调查组组长、国家安全监管总局局长杨栋梁在会上说：“毫无疑问，这是一起严重的责任事故。事故给人民群众生命财产造成了巨大损失，在社会上影响恶劣，教训十分深刻。企业的安全生产主体责任不可逃脱，政府的监督管理责任不可推卸。”

杨栋梁认为，企业不顾职工生命安全，冒险组织作业。几百名工人聚集在两个大车间里，没有安全保障措施，车间从工程设计、材料选择、建设施工到投产验收存在严重问题。

“企业用工混乱，没有培训，没有演习，许多人死在了门口。在统计死亡人数时为什么从 40 多人一下子增加到 100 多？就是因为在门口发现了大量遗体。火灾发生后，谁都知道要跑，但往哪儿跑没人知道。现在逃生门是不是被锁上了还不能下结论，但至少是打不开的。”杨栋梁说。

他认为，禽类加工并不是什么高危行业，但如果不重视安全生产、不加强安全管理，也会发生事故甚至重特大事故。企业如果不彻底治理隐患，不消灭事故，就会被事故消灭。各级政府要真正重视起来，对安全生产情况做到心中有数，不要让自己坐在火山口上。

“我们深感工作中存在的差距和问题，政府安全监管还有很多漏洞，每个层级、每个岗位责任没有真正落实；企业主体责任不到位、重生产、轻安全，重效益、轻生命，从而导致发生无可挽回的安全生产责任事故。”国务院事故调查组副组长、吉林省省长巴音朝鲁说。

国务院事故调查组副组长、全国总工会副主席张鸣起表示，要充分认识事故的严重性，不惜一切代价减少事故造成的伤害，妥善做好善后工作，把各项工作都做深、做实、做到位。

请思考：1. 禽业公司出现如此重大安全事故的原因是什么？

2. 企业如何做到安全生产？政府在这个过程中应发挥什么作用？

项目四　仓储信息技术的应用

学习目标

【知识目标】：了解条形码的构成；

认识物流条码的特点，能讲述条码在仓储作业与管理中的运用；

了解仓储管理信息系统(WMS)的功能特点和技术支持；

认识 WMS 系统构成并能讲述其基本结构。

【技能目标】：会根据仓储作业需要准确编制条码；

掌握 WMS 软件是由哪几个子系统构成，会准确操作。

【引入案例】：

仓库信息化技术——仓储管理现代化的“神经中枢”

Diago 是全球领先的酒精饮料生产商。它的饮料在 180 个国家销售，公司在伦敦及纽约证券交易所上市。

2006 年以前，Diago92%供应亚洲的产品都是在苏格兰生产的，然后在欧洲储存。每个亚洲国家独立地向 Diago 总部提供它们对市场的需求预测和下订单，然后 Diago 从欧洲把产品运送到每一个亚洲市场。

但货品在送抵市场出售前，都需要重新调整包装及标签，以符合各地市场在质量标准、消费场合、法规和税务上的不同要求。这种运作模式存在不少问题，如前置时间太长而令地方仓库积累较高的存货，对市场变动的反应缓慢，以及有时因为先要应付大规模的订单而忽视了准时交递产品给小市场。

随着其亚洲业务自 2000 年以来以倍数增长，特别是中国内地的零售业从 2004 年开始全面向外资开放后，洋酒的需求大幅上升，于是 Diago 便寻找方法去改进其亚洲供应链的效率。经过考察，它决定与利和经销股份有限公司合作。

利和经销在新加坡的物流中心拥有一个完全自动化的存储和检索系统(Automatic storage and retrieval system，AS/RS)。AS/RS 的使用，使得仓储全过程实现零人手操作，从货品到达仓库开始，至储存在预先安排的货架，再到将检索出的货品分送到市场，都由全自动化的机械及计算机操作。这个高度计算机化的系统在库存层面上消除了人为的错误，并容许 100%的可见性，能在任何时候显示产品的确切地点。

Diago 的计算机系统亦直接地连接上了利和经销的仓储系统，可零距离实时地掌握各亚太区市场的供应链状况。这套计算机系统还具有温度控制功能，将仓库的温度控制在22~24℃的区域内，令Diago的产品质量更有保证。

除了AS/RS，这个新的亚太区物流中心还有一条高速的半自动化生产线，配合熟练的人手来处理复杂的包装操作，使得自动化存储更完备，让利和经销可为Diago提供一条无缝隙的供应链。

特别值得一提的是利和经销为Diago提供了一项创新的增值服务，即针对各销售市场贴上合适的标签并使用半自动化的生产线进行高速包装。例如，当威士忌酒瓶从苏格兰的制造场所运抵新加坡的物流中心时，瓶身是半空白的。一旦Diago新加坡物流中心从中国市场接受到一份订单，所需数量的威士忌酒瓶便会放到一条粘贴标签的生产线上，酒瓶会被贴上中文标签及中国规定的必须标示的信息。

此外，该物流中心还可以提供以下增值服务：(1)为个别品牌在节目推广时进行特色包装，如圣诞节或情人节的礼品包装。(2)对货品在付运前进行100%的检测，确保产品的包装、卷标、质量符合要求。

通过先进的仓储管理运营，整体运作效率极大提升：(1)帮助降低了各亚太地区的库存量，并且有助于平抑需求变动；(2)缩短供货周期。由于不需要从欧洲检索货源，亚洲客户订货收货的时间从以往的8周降到约2周；(3)整合各亚太市场的小批量订单，以符合规模经济效益。如降低运输成本，提高仓库利用率等；(4)产品质量得到更佳的控制。尤其在亚洲市场，消费者经常以洋酒来送礼，产品的外观及质量会大大影响消费者对产品的选择。

当然，运作效率的提高，也给Diago带来了更大的销售市场和可观的经济效益。

任务一 条码技术在仓储中的应用

【任务描述】：

鑫鑫仓储物流中心准备从小明所在的仓库抽调一位老员工到新建的仓库工作。这几天，大家都在议论和讨论，哪些人会这样幸运呢。小明心里也不免琢磨着，推荐谁呢？新库可比现在的仓库要“先进”得多，特别是信息技术的应用，比如，商品条码、物流条码、电子标签货架、仓储管理信息系统(WMS)、AGV系统，等等，哪些员工具备这些信息技术应用基础呢？小明思考着，决定用这周的例会时间，了解一下大家对目前应用最广泛的条形码的认识。

什么是条形码，它在仓库中有哪些作用，是怎样应用的呢？

【任务分析】:

条形码也可以简称条码，是由一组规则排列的条、空及字符组成的，用以表示一定信息的代码，有时也称之为条形码符号。条形码技术从提出发展到今天，已经广泛应用各行各业，对生产、销售、流通中信息采集、传递、查询、共享等都起到了极大作用，是迄今为止最经济实用的一种自动识别技术。

【知识精讲】:

一、条码概述

(一)条形码的产生及发展

条形码的研究始于20世纪中期，是随着计算机应用的发展而产生的。1949年，美国人N. T. Woodland首先发明了条形码，并申请了专利。1969年，美国电子收款机问世后，大大加速了条形码技术在商业领域的应用与推广。1973年，美国成立了统一代码委员会(UCC)，并从若干种条形码技术方案中，筛选出有IBM公司提供的条形码，作为北美地区的通用代码，简称UPC条形码。1977年，欧洲12国的制造商在2月3日正式成立欧洲物品编码协会，制定出欧洲物品编码EAN码。

中国条形码技术的研究始于20世纪70年代末80年代初，条形码应用系统建立于20世纪80年代末，中国物品编码中心于1988年12月28日正式成立，于1991年4月19日正式加入国际物品编码协会，国际物品编码协会分配给中国的前缀码为“690，691，692，593，694，695”。

条形码技术从提出发展到今天，已经广泛应用各行各业，对生产、销售、流通中信息采集、传递、查询、共享等都起到了极大作用。

(二)条形码技术基础

1. 条形码的含义

条形码是由一组规则排列的条、空及字符组成的，用以表示一定信息的代码，有时也称之为条形码符号。组成条形码的平行线条粗细不同，按照一定的规则安排间距。常见的条形码是由反射率相差很大的黑条(简称条)和白条(简称空)组成的。条形码字符结构见图4-1。

对应的条形码各构成部分的功能与作用见表4-1。

2. 条形码的分类

条形码种类很多，按不同的分类标准可以分为不同的类型。根据排列方式不同可以分为一维条形码和二维条形码。

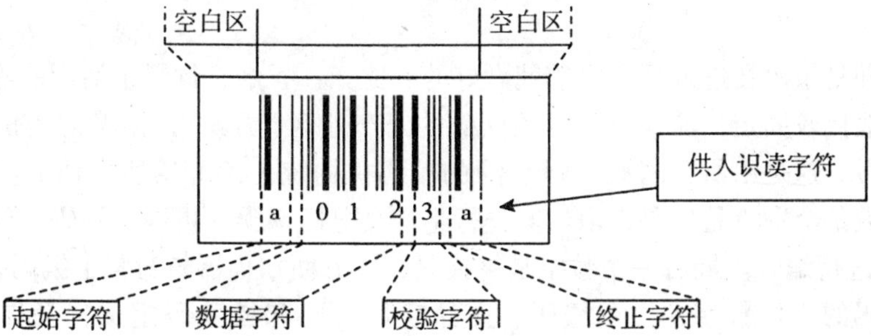

图 4-1　条形码字符结构

表 4-1　条码各构成部分的功能与作用

构成部分	功能与作用
静区	即没有任何印刷符或条形码信息，通常是白的，位于条形码符号的两侧，其作用是提示阅读器的扫描器准备扫描条形码符号
起始字符	即条形码符号的第一位字符是起始字符，它的特殊条、空结构用于识别一个条形码符号的开始。阅读器首先确认此字符的存在，然后处理由扫描器获得一系列脉冲
数据字符	由条形码字符组成，介于起始字符与终止字符之间，代表一定的原始数据信息，允许双向扫描
终止字符	条形码符号的最后一个字符是终止字符，它的特殊条、空结构用于识别一个条形码符号的结束。阅读器识别终止符，便可知道条形码符号已扫描完毕
校验字符	阅读器在对条码解读时，对读人的各字符进行规定的运算，若运算结果与校验字符相同，则为有效阅读；否则不予读人。目前，有些码制的校验字符是必需的，有些码制的校验字符是可选的

(1)一维条形码。

一维条形码只是在一个方向(一般是水平方向)表达信息，而在垂直方向则不表达任何信息，其一定的高度通常是为了便于阅读器的对准。如我们经常看到的商品上的条码，挂号信和特快专递上的条码都属于一维条码。目前使用频率最高的几种一维条码是：EAN码，UPC 码，Code39 码，128 码。

①EAN 码。EAN 码是国际物品编码协会制定的一种商品用条形码，全球通用。EAN商品条形码分为 EAN-13(标准版)和 EAN-8(缩短版)两种。

ENA-13 码(例如超市用的条码为 13 位码)有几种编码方式，最常用的一种是第 1 位代表店名码，第 2 位到第 7 位表示商品代码(通常由超市提供)，第 8 位到第 12 位可以表示产品重量，也可以表示产品价格，最后一位代表校验位。(这种适合用于零售商品，现称现卖)。

还有一种是条码在进入超市之前就做好的，比如：香烟、饮料生活用品等，这种条码表示方法一般比较固定：前3位显示该商品的出产地区(国家)，接着的4位数字表示所属厂家的商号，这是由所在国家(或地区)的编码机构统一编配给所申请的商号的。再接下来的5位数是个别货品号码，由厂家先行将产品分门别类，再逐一编码，厂家一共可对10万项货品进行编码。最后一个数字是终检码，以方便扫描器核对整个编码，避免误读。

EAN-8码的8位数字，由前缀码，商品项目代码和校验码组成，又称为缩短商品代码。

我国通用的商品条形码与其等效。见图4-2：

图4-2　EAN条形码

②UPC码。UPC码是美国统一代码委员会UCC制定的商品条码，它是世界上最早出现并投入应用的商品条码，在北美地区得以广泛应用。UPC码在技术上与EAN码完全一致，有五种版本，常用的商品条码版本为UPC-A码和UPC-E码。UPC-A码是标准的UPC通用商品条码版本，UPC-E码为UPC-A的压缩版。

UPC-A码供人识读的数字代码只有12位，它的代码结构由厂商识别代码(6位)(包括系统字符1位)、商品项目代码(5位)、和校验码(1位)共三部分组成。UPC-A码的代码结构中没有前缀码，它的系统字符为一位数字，用以标志商品类别。带有规则包装的商品，其系统字符一般为“0，6或7”。

UPC-E码是UPC-A码的缩短版，当UPC-A码系统字符为0时，通过一定规则销0压缩而得到的。见图4-3：

图4-3　UPC条形码

③Code39码。Code39码是Intermec公司于1974年发明的条码码制，是世界上最为广泛使用的条码码制之一，主要用于工业、图书及票据的自动化管理，目前使用极为广泛。

Code39码的特点是每一字符由5个条和4个空共9个元素组成，字符间有位空；能表示数字、字母和其他一些符号共 44 个字符(0-9，A-Z，-、.、space、*、$、/、+、%)；通常用“*”号作为起始符、终止符(“*”仅作此用)，无校验码；具有自检功能；编码规则简单、误码率低、所能表示的字符多；可表达全 ASC Ⅱ字符集，是中密度条码。见图 4-4：

图 4-4　Code39 条形码

④UCC/EAN-128 码。UCC/EAN-128 应用标志条码是一种连续型、非定长条码，能更多地标志贸易单元中需表示的信息，如产品批号、数量、规格、生产日期、有效期、交货地等。

UCC/EAN-128 应用标志条码由应用标志符和数据两部分组成，每个应用标志符由 2 位到 4 位数字组成。条码应用标志的数据长度取决于应用标志符。条码应用标志采用 UCC/EAN-128 码表示，并且多个条码应用标志可由一个条码符号表示。UCC/EAN-128 条码是由双字符起始符号、数据符、校验符、终止符及左、右侧空白区组成。

UCC/EAN-128 应用标志条码是使信息伴随货物流动的全面、系统、通用的重要商业手段。UCC/EAN-128 码的组成见图 4-5：

图 4-5　UCC/EAN-128 码组成

UCC/EAN-128 码组成图说明见表 4-2：

表 4-2　**UCC/EAN-128 码组成图说明**

代号	码别	长度	说　明
A	应用识别码	18	00 代表其后之资料内容为运送容器序号，为固定 18 位数字
B	包装形态指示码	13	3 代表无定义的包装指示码

续表

代号	码别	长度	说明
C	前置码与公司码	7	代表EAN前置码与公司码
D	自行编定序号	9	由公司指定序号
E	检查码	1	检查码
F	应用识别码		420代表其后之资料内容为配送邮政编码应用于仅有一邮政当局
G	配送邮政编码		代表配送邮政编码

一维条码的应用可以提高信息录入的速度，减少差错率，但是一维条码也存在一些不足之处：

- 数据容量较小：30个字符左右；
- 只能包含字母和数字；
- 条码尺寸相对较大(空间利用率较低)；
- 条码遭到损坏后便不能阅读。

(2)二维条形码。

二维条形码(Two-dimensional Bar Code)是在二维方向上都表示信息的条码符号，它是在一维条形码的基础上发展而来的信息存储和解读技术。除具有一维条形码的优点外，二维条形码还具有信息容量大、可靠性高、保密防伪性强、易于制作、成本低等优点，被称为“便携式数据文件”。

二维条形码作为一种新的信息存储和传递技术，从诞生之时就受到了国际社会的广泛关注。经过不断实践，现已应用于国防、公共安全、交通运输、医疗保险、工业、商业、金融、海关及政府管理等多个领域。目前，常用的二维条码有PDF 417码和QR Code码。

①PDF417码。

PDF417是一种堆叠式二维条码，目前应用最为广泛。PDF417条码是由留美华人王寅敬(音)博士发明的，PDF(Portable Data File)意为“便携数据文件”。组成条码的每一个条码字符由4个条和4个空，共17个模块构成，故称为PDF417条码。

PDF417条码可表示数字、字母或二进制数据，也可表示汉字。一个PDF417条码最多可容纳1850个字符或1108个字节的二进制数据，如果只表示数字，则可容纳2710个数字。PDF417的纠错能力分为九级，级别越高，纠正能力越强。由于这种纠错功能，使得污损的417条码也可以被正确读出。见图4-6：

图4-6 PDF417条码

②QR Code 码。

QR Code 码由日本 Denso 公司于 1994 年 9 月研制的一种矩阵式二维条码，它除具有二维条码所具有的信息容量大、可靠性高、可表示汉字及图像多种信息、保密防伪性强等优点外，还具有以下特点：

➢ 超高速识读 QR。Code 码的超高速识读特性，使它适用于工业自动化生产线管理等领域；
➢ 全方位识读 QR Code 具有全方位(360°)识读特点；
➢ 能够有效地表示中国汉字、日本汉字。

QR Code 码见图 4-7：

图 4-7　QR Code 码

PDF 417 码和 QR Code 码比较说明见表 4-3：

表 4-3　**PDF 417 码和 QR Code 码比较**

码制	PDF 417 码	QR Code 码
符号结构		
研制公司	Symbol Technolgies Inc(美国)	Denso Corp.(日本)
分类	堆叠式	矩阵式
识读速度	3 个/秒	30 个/秒
识读方向	±10°	全方位(360°)
识读方法	条空宽度尺寸判别	深色/浅色模块判别
汉字表示	16bit	13bit

条码根据使用范围不同又可以分为商品条形码和物流条形码。

(1)商品条形码。

商品条形码是指应用在商品上的条形码。目前，我国的商品条形码采用国际标准的条形码为通用商品条形码。主板由 13 位数字及相应的条码符号组成，有时也采用 8 位数字码及相应的条码符号。

(2)物流条形码。

物流条形码是在物流过程中以商品为对象、以集合包装为单位使用的条形码。物流条形码是用在商品装卸、仓储、运输和配送过程中的识别符号，通常印在包装外箱上，用来识别商品种类及数量，亦可用于仓储批发业销售现场的扫描结账，它是一种物流信息编码。

物流条形码一般采用的是由14位数字组成的标准物流条形码，它和通用商品条形码的区别在于，在通用商品条形码单位数字之前增加一位数字表示物流的识别代码。见图4-8：

(01)06901234000054

图4-8 物流条形码

物流条形码和商品条形码应用的区别见表4-4：

表4-4 物流条形码和商品条形码应用的区别

类别	应用对象	包装形状	应用领域
商品条形码	向消费者销售的商品	单个商品包装	POS系统、补货、订货管理等
物流条形码	物流过程中的商品	集体包装	运输、仓储等物流环节

小看板：物流信息编码 Logistics Information Coding

物流信息编码是将物流信息用一种易于被电子计算机或人识别的符号体系表示出来的过程。

(三)条码系统的构成

1. 条形码自动识别系统的构成

条形码自动识别系统的构成包括条形码自动识别设备和系统软件、应用软件。具体说明见表4-5：

表 4-5 条形码自动识别系统的构成

组　成	具体内容
条形码自动识别设备	包括扫描器、译码器、计算机、打印设备和显示器
系统软件、应用软件	包括扫描器输出信号的测量、条形码码制及扫描方向的识别、逻辑值的判断，以及阅读器与计算机之间的数据通信等

小看板：与条码相关的几个重要定义

- 条码自动识别技术(bar code automatic identification technology)：即运用条码进行自动数据采集的技术，主要包括编码技术、符号表示技术、识读技术、生成与印制技术和应用系统设计等。
- 条码系统(bar code system)：由条码符号设计、制作及扫描识读组成的系统。
- 条码标签(bar code tag)：即印有条码符号的信息载体。
- 条码打印机(bar code printer)：能制作一种供机器识别的光学形式符号文件的打印机，它的印刷有严格的技术要求和检测规范。

2. 条码识读的基本工作原理

条码识读主要经过光源发光，照射到条码符号上，经由光反射，光电转化器接收并进行光电转换产生模拟信号，信号经过放大、滤波、整形，形成方波信号，再由译码器译码变成数字信号，由计算机接收。

条码识读系统是由扫描系统、信号整形、译码三部分组成。见图 4-9：

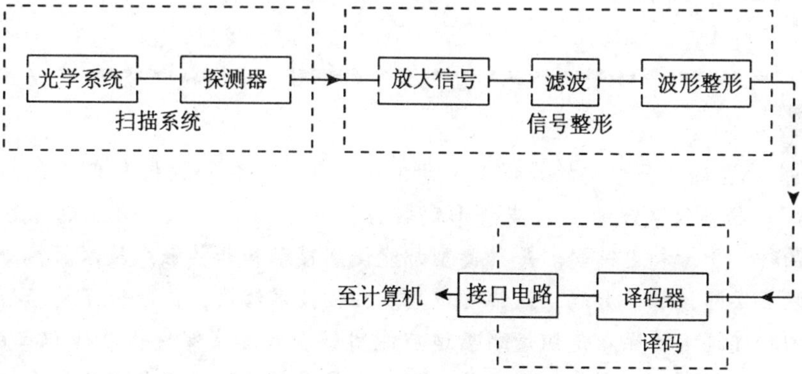

图 4-9 条码识读系统的组成

扫描系统由光学系统及探测器即光电转换器件组成，它完成对条码符号的光学扫描，并通过光电探测器，将条码条空图案的光信号转换成为电信号。

信号整形部分由信号放大、滤波、波形整形组成，它的功能在于将条码的光电扫描信号处理成为标准电位的矩形波信号，其高低电平的宽度和条码符号的条空尺寸相对应。

译码部分一般由嵌入式微处理器组成，它的功能就是对条码的矩形波信号进行译码，其结果通过接口电路输出到条码应用系统中的数据终端。

3. 条码识读器

条码识读器(Bar Code Reader)是指识读条码符号的设备。常用的条码识读器有如下五种，见图4-10、图4-11、图4-12、图4-13、图4-14：

图4-10　手持激光条码扫描器

图4-11　全向激光扫描器

图4-12　固定式激光扫描器

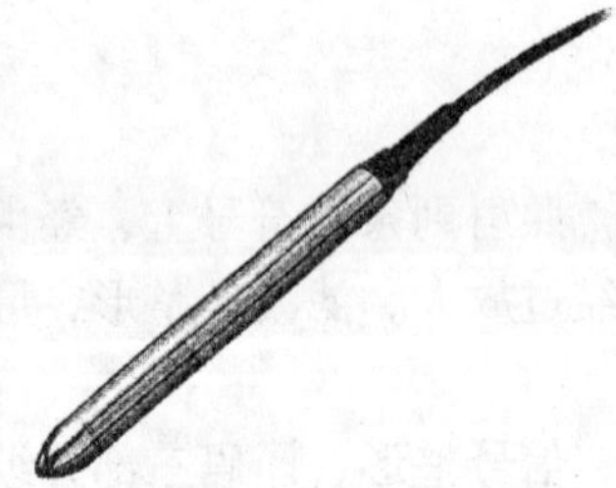

图4-13　光笔条形码阅读器

图4-14　CCD-80红光条码阅读器

小看板：条形码的应用离不开扫描处理，各种扫描仪相当于条形码系统的"眼睛"。扫描仪从视觉上收集条形码数据，并把他们转化为可用的信息。扫描仪分为两种：手持和定位的。每种类型都能使用接触和非接触式技术。接触技术需要阅读装置实际接触条形码，这样可以减少扫描技术错误，但降低了灵活性。而非接触式的扫描技术的优点是识读距离适应能力强，且具有穿透保护膜识读的能力，识读的精度和速度比较容易做得高些。但缺点是对识读的角度要求比较严格。

(四)条码技术的优点

条形码是迄今为止最经济实用的一种自动识别技术，它主要有以下优点：

(1)采集数量大。一般来说，利用一维条码一次可以采集几十位字符的信息，二维条码更可以携带数千个字符信息，并且具备一定的自动纠错能力。

(2)输入速度快。与键盘输入相比，条形码输入速度是键盘输入速度的五倍，并且能实现即时数据输入。

(3)可靠性高。据统计，键盘输入数据出错率为三百万分之一，利用光学字符识别技术出错率为万分之一，而采用条形码技术误读率低于百万分之一。

(4)自由度大。条形码通常只在一维方向上表达信息，而在同一条形码上所表示的信息完全沟通并且连续，这样即使是标签有部分欠缺，依然可以从正常部分输入正确的信息。

(5)条码标签易于制作。条形码标签易于制作，对印刷技术设备和材料无特殊要求，可印刷，被称为“可印刷的计算机语言”。

(6)条码识别设备简单。条码符号识别设备的结构简单，操作容易，无须专门训练。

(7)灵活适用。条形码标志既可以作为一种识别手段单独使用，也可以与有关设备组成一个系统实现自动化识别，还可以和其他控制设备连接起来实现自动化管理。

二、条形码在现代仓储管理中的应用

目前，条码技术广泛地应用于仓储作业与管理的各个环节，具体表现见表4-6：

表4-6　　条形码在现代仓储管理中的应用

应用环节	具体操作	条形码内容与作用
订货环节	用条形码扫描设备将订货簿或货架上需补货商品的条形码输入计算机，通过主机，利用网络通知订货	快速采集包含商品品名、品牌、产地、规格等信息，并快速上传至订货系统
收货环节	接货员在商品包装箱上贴条形码，作为相应货架记录。同时，对商品外包装上的条形码进行扫描，将信息传到后台管理系统中，并使包装箱条形码与商品条形码形成一一对应	仓库条形码含商品对应仓库内相应货架的记录，与商品外包装上的条形码对应
入库环节	通过条形码输入设备将商品基本信息输入计算机，告诉计算机系统哪种商品要入库，入多少。计算机发出条形码标签。将该条形码贴在货箱上，送入输送机，识别输送商品到指定位置	采集商品的基本信息及存放位置信息
入位环节	首先扫描包装箱上的条形码确定货位，运到指定的货位后，再扫描货位条形码，确认货位是否正确	存放位置信息

续表

应用环节	具体操作	条形码内容与作用
配货环节	接受客户的订单后，将订货单汇总，并分批发出印有条形码的拣货标签。分拣人员在商品上贴上拣货标签	包含有这件商品要发送到哪一店面的信息
补货环节	查找商品的库存，确定是否补货，同样需要利用条形码来实现管理。另外由于商品条形码和货架是一一对应的，也可以通过检查货架达到补货的目的	
经营环节	通过计算机对条形码的管理，对商品运营、库存数据的采集，可及时了解货架上商品的存量，从而进行合理的库存控制，将商品的库存量降到最低点；也可以做到及时补货，减少由于缺货造成的补货不及时，发生销售损失	

小看板：你知道 RFID(Radio Frequency Identification)吗？

在仓库管理过程中，有时候我们也会用到射频技术。

无线射频识别技术(Radio Frequency Identification，RFID)是通过射频信号识别目标对象并获取相关数据信息的一种非接触式的自动识别技术。

利用无线电波对记录载媒体进行读写，射频识别的距离可达几十厘米至几米，且根据读写的方式可以输入数千字节的信息，同时，还具有极高的保密性。无线射频识别技术适用于物料跟踪、运载工具和货架识别等要求非接触数据采集和交换的场合，在要求频繁改变数据内容的场合尤为适用。以下是几种自动识别技术的比较：

几种自动识别技术的比较

比较指标	条码	射频识别	光字符	磁卡	IC 卡
信息量	小	大	小	较小	大
信息载体	物体表面或纸	存储器	物体表面	磁条	存储器
读取方式	光学感应原理	无线通信	光电转换	磁电转换	电路接口
人工识读性	受制约	不可能	简单容易	不可能	不可能
读写性	只读	读/写	只读	读/写	读/写
受方向和位置影响	很小	无影响	很小		单向
识读速度	低	很快	低		低
识读距离	近	远	很近	接触	接触
保密性	无	最好	无	一般	最好
智能化	无	有	无	无	有
光遮盖	全部失效	无影响	全部失效	—	—
受污染/潮湿影响	很严重	无影响	很严重	可能	可能
使用寿命	较短	最长	较短	短	长
价格	最低	较高		低	较高
国际标准	有	制定中	无	有	不全

【技能训练】：

1. 条形码码制的选择涉及哪些因素？

2. 条形码阅读器的种类及影响条形码阅读设备选择的基本因素有哪些？

3. 天津丰田汽车有限公司是丰田汽车公司在中国的第一个轿车生产基地。在这里，丰田汽车公司将不惜投入 TOYOTA 的最新技术，生产专为中国最新开发的、充分考虑到环保、安全等条件因素的新型小轿车。但汽车是在小批量、多品种混合生产线上生产的，将写有产品种类生产指示命令的手工卡片放在产品生产台上，这些命令被各个作业操作人员读取并完成组装任务，使用这些卡片存在严重的效率问题和较大的质量隐患：如速度、出错率、数据统计、协调管理、质量问题的管理等一系列问题。

如何提高速度，减少出错率又能加强质量管理呢？其实，如果用条形码来取代手工卡片，那么初期投入费用并不高，还可以建立高可靠性的系统。具体操作如下：

(1)生产线的前端，根据主控计算机发出的生产指示信息，条码打印机打印出 1 张条码标签，贴在产品的载具上。

(2)各作业工序中，操作人员用条码识读器读取载具上的条码符号，将作业的信息输入计算机，主系统对作业人员和检查装置发出指令。

(3)各个工序用扫描器读取贴在安装零件上的条码标签，然后再读取贴在载具上的条码，以确认零件安装是否正确。

(4)在各工序中，条码的生产指示号码、生产线顺序号码、车身号数据和实装零部件的数据、检查数据等，均被反馈回主控计算机，用来对进展情况进行管理。请思考条形码在这里有哪些功能和作用？

【习题自测】：

一、填空题

1. 一个完整的条形码符号是由两侧静区、(　　　　　)、(　　　　　　　　)、(　　　　　)和终止字符组成。

2. 物流条码是供应链中用以标志物流领域中(　　　　　　　　　)的一种特殊代码，是整个供应链过程，包括供应商、制造商、销售商、用户和(　　　　　　　)等环节的共享数据。

二、选择题

1. PDF417 条码，即“便携式数据文件”，属于(　　)。

A. 一维条码　　B. 二维条码　　C. 多维条码　　D. 集装箱条形码

2. 适用于非接触数据采集和交换的场合，并需要频繁改变数据内容的识别技术是(　　)。

A. WMS　　B. RFID 系统　　C. JIT 系统　　D. 条形码系统

3. 下列对条形码技术特点描述错误的是(　　)。

A. 操作简单　　B. 可靠性较高　　C. 自由度大　　D. 成本较高

4. 在配货过程中，仓储中心在接受客户的订单后，发出印有条形码的拣货标签，该标签所包含的信息可能为(　　)。

A. 商品要发送到哪一家连锁店

B. 商品的品名、品牌、产地、规格等信息

C. 该商品对应仓库内相应货架的记录

D. 商品的库存量信息

任务二　仓储管理信息系统

【任务描述】:

经过几轮筛选，王工最终被确定为去新仓库工作的“幸运人”，一阵高兴过后，他却犯愁了。怎么办呢？听说新仓库的进出存作业全部是利用仓储管理系统(WMS)进行的，虽然听说过 WMS，但是并没有实操过，也不太清楚有哪些功能模块。王工心里如同一只小鹿蹦跳一样不踏实。他决定利用明天周末去图书馆“充电”，等对 WMS 有了较全面的理论了解后，再向主管小明请教实操。

【任务分析】:

仓库管理系统(Warehouse Management System，WMS)是为提高仓储作业和仓储管理活动的效率，对仓库实施全面管理的计算机信息系统。一般由入库管理系统、出库管理系统、数据管理子系统、系统管理子系统组成。WMS 是仓储管理现代化的“神经中枢”，也越来越被企业重视，它对仓库从事有效率的进出库作业、库存管理、运输和配送及流通加工等活动，并且以最大的灵活性和及时性满足各类顾客的需要起到了极大的作用。

【知识精讲】:

一、仓储管理信息系统(Warehouse Management System，WMS)概述

(一)仓储管理信息系统的基本情况

1. 仓库管理系统的含义

仓库管理系统(Warehouse Management System，WMS)是为提高仓储作业和仓储管理活动的效率，对仓库实施全面管理的计算机信息系统。它是仓储管理信息系统的最主要信息技术，是一种为提高仓储作业和仓储管理活动的效率，对仓库实施全面管理的信息支持手段，也是一套应用型的操作软件，对物品在流通过程中的支持和保证起到十分重要的作用。

2. WMS 的组成

WMS 由许多功能软件子系统组合构成，基本应具有以下子系统，见表 4-7：

表 4-7　　**仓储管理系统的组成**

WMS	入库管理系统	1. 入库单数据处理 2. 条形码打印及管理 3. 货物装盘及托盘数据登记注录(录入) 4. 货位分配及入库指令发出 5. 占用的货位重新分配 6. 入库成功确认 7. 入库单据打印	
	出库管理系统	1. 出库单数据处理(录入) 2. 出库项内容生成及出库指令发出 3. 错误货位或倒空的货位重新分配 4. 出库成功确认 5. 出库单据打印	
	数据管理子系统	1. 库存管理	(1)货位管理查询 (2)以货物编号查询库存 (3)以入库时间查询库存 (4)盘点作业
		2. 数据管理	(1)货物编号管理 (2)安全库存量管理 (3)供应商数据管理 (4)使用部门数据管理 (5)未被确认的操作的查询和处理 (6)数据库与实际不符的查询和处理
	系统管理子系统	1. 使用者及其权限设置 2. 数据库备份操作 3. 系统通信开始与结束 4. 系统的登入和退出	

3. WMS 信息传递图

在整个 WMS 运作过程中，信息传递过程见图 4-15：

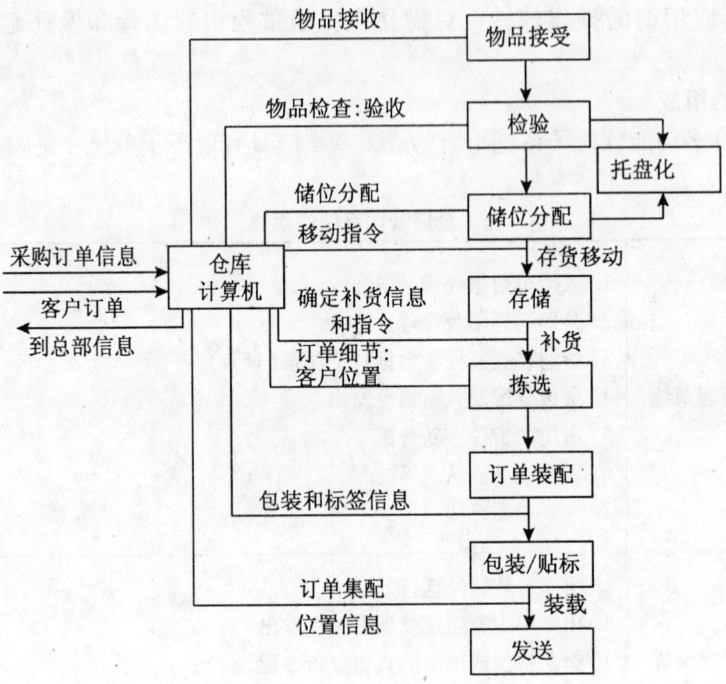

图 4-15　WMS 信息传递图

(二)WMS 在我国的应用情况

仓库管理系统(WMS)是仓储管理信息化的具体形式，它在我国的应用还处于起步阶段。目前在我国市场上呈现出二元结构：以跨国公司或国内少数先进企业为代表的高端市场，其应用 WMS 的比例较高，系统也比较集中在国外基本成熟的主流品牌；以国内企业为代表的中低端市场，主要应用国内开发的 WMS 产品。下面主要结合中国物流与采购联合会征集的物流信息化优秀案例，从应用角度对国内企业的 WMS 概况作一个分析和总结。

第一类是基于典型的配送中心业务的应用系统，在销售物流中如连锁超市的配送中心，在供应物流中如生产企业的零配件配送中心，都能见到这样的案例。北京医药股份有限公司的现代物流中心就是这样的一个典型。该系统的目标，一是落实国家有关医药物流的管理和控制标准 GSP 等，二是优化流程，提高效率。系统功能包括进货管理、库存管理、订单管理、拣选、复核、配送、RF 终端管理、商品与货位基本信息管理等功能模块；通过网络化和数字化方式，提高库内作业控制水平和任务编排。该系统使配送时间缩短了 50%，订单处理能力提高了一倍以上，还取得了显著的社会效益，成为医药物流的一个样板。此类系统多用于制造业或分销业的供应链管理中，也是 WMS 中最常见的一类。

第二类是以仓储作业技术的整合为主要目标的系统，主要用以解决各种自动化设备的信息系统之间整合与优化的问题。武钢第二热轧厂的生产物流信息系统即属于此类，该系统主要解决原材料库(钢坯)、半成品库(粗轧中厚板)与成品库(精轧薄板)之间的协调运行问题，否则将不能保持连续作业，不仅放空生产力，而且还会浪费能源。该系统的难点在于物流仓储系统与轧钢流水线的各自动化设备系统要无缝连接，使库存成为流水线的一个流动环节，也使流水线成为库存操作的一个组成部分。在这里，各种专用设备均有自己的信息系统，WMS 不仅要整合设备系统，也要整合工艺流程系统，还要融入更大范围的企业整体信息化系统中去。此类系统涉及的流程相对规范、专业化，多出现在大型 ERP 系统之中，成为一个重要组成部分。

第三类是以仓储业的经营决策为重点的应用系统，其鲜明的特点是具有非常灵活的计费系统、准确及时的核算系统和功能完善的客户管理系统，为仓储业经营提供决策支持信息。华润物流有限公司的润发仓库管理系统就是这样的一个案例。此类系统多用于一些提供公仓仓储服务的企业中，其流程管理、仓储作业的技术共性多、特性少，所以要求不高，适合对多数客户提供通用的服务。该公司采用了一套适合自身特点的 WMS 以后，大大减少了人工成本，提高了仓库利用率，明显增加了经济效益。

总之，仓储管理系统关注的核心理念是高效的任务执行和流程规划策略，是建立在成熟的物流理念的基础之上的，高性能的 WMS，高效的管理流程，先进的设备共同铸造成功的仓储管理。WMS 通过不同的功能模块支持企业仓储配送的执行并适应不断变化着的商务策略、电子商务、客户需求、现代化设备、订单的大小和结构环境，以提高作业效率与资源利用率来降低物流成本和增强客户服务水平，实现对一个大型仓库或配送中心的所有执行过程的有效管理，从而使仓储管理策略长期处于领先地位，帮助企业打造物流管理的核心竞争力，诠释现代化物流管理理念。

二、WMS 在现代仓储管理中的应用

(一)WMS 的功能

WMS 主要有以下三大功能：

(1)计划功能：包括订货管理、运送计划、员工管理和仓库面积管理等。

(2)执行功能：包括进货接收、分拣配货、发货运货等。

(3)查询、管理功能：包括对货物进行如货物存储位置、数量、库位使用情况等查询、调配；同时可以管理货物的存储时间，从而指导作业等。

(二)WMS 在仓储管理中的作用

总的来说，WMS 在仓储管理中的作用主要体现在以下四个方面：

1. 及时的信息沟通与反馈

在仓储的所有作业中，必定伴随相应的信息流。WMS 可以及时地传递和反馈各作业过程中的信息，使作业连续进行和无缝对接，最终极大地提高作业的效率和保证作业的质量。

2. 异常情况的发现与处理

在仓储作业中，由于人为因素或者外界其他因素，不可避免地会出现一些异常情况，比如，出入库商品短缺多余、货位错误、单证不全，等等，这些差错如果是在没有 WMS 的企业里，可能会被延迟发现和不能及时处理。而当有 WMS 时，这些异常情况信息会在第一时间被发现，并通过手持终端反馈给相应的操作人员，从而得到更为及时的处理。

3. WMS 的库存计划功能

在仓储中，库存控制是非常重要的一环。WMS 的库存数据库，通过一定的数理统计方法分析和汇总，可以为企业提供库存计划功能。这些库存计划，可以较好地解决库存控制的问题，比如，库存数量的多少、库存时间的长短、库存结构的搭配，等等。

4. WMS 的库存监控功能

因为仓库中的货物总是处于进出存的动态变化中，所以其数量不可避免地会出现一些误差。WMS 中的数据管理子系统可以及时地发现这些差错，并及时地处理。另外，库存的及时查询和盘点，特别是通过数据库的快捷及时账面盘点，相对于纸质账面盘点来说，可以对库存即时的监控，起到了较好的控制作用。

（三）WMS 出入库流程及各子系统操作

1. 入库操作流程

入库操作流程的最主要环节如下：

(1)入库单数据处理。

即对入库货物的信息进行处理。每份入库单可以包含多份入库分单，每份入库分单可包含多份托盘数据。托盘数据是保证每个托盘上集装放一种货物，因为这样会使仓储的效率更高，流程更清晰。入库单基本结构见图 4-16：

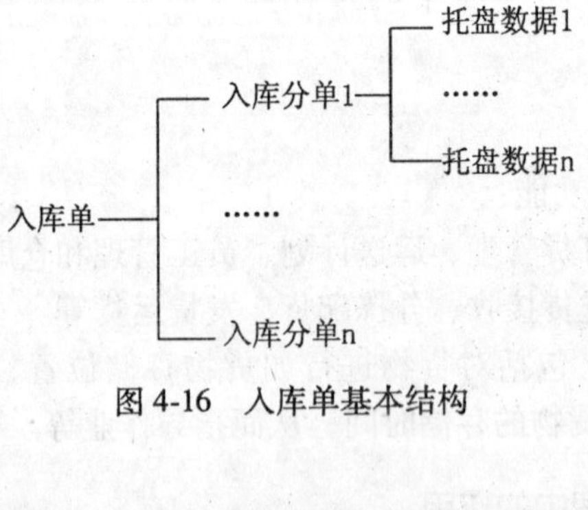

图 4-16　入库单基本结构

(2)条形码打印及管理。

条形码打印及管理的目的是为了避免条形码的重复，以使仓库内的每一个托盘货物的条形码都是唯一的标志。因此，对入库货物需要打印相应的物流条形码。

(3)货物装盘以及数据登记注录(录入)。

因为入库单的库存管理子系统可支持大批量的一次性到货。所以仓库中有批量到货后，首先要分别装盘，进行托盘数据登记。记录完成后，(2)中打印的条码标记即成为一个在库管理的关键信息载体，可以通过扫描该条码得到该盘货物的相关库存信息和动作(即近储存)状态信息。

(4)货位分配及入库指令的发出。

托盘资料记录后，该托盘即进入待入库状态，系统将自动根据存储规则为每一个托盘分配一个合适的空货位，并向手持终端发出入库操作信息。

(5)占用货位重新分配。

当所分货位实际已有货物时，系统会指出新的可用货位，通过手持终端指挥操作的完成。

(6)入库成功确认。

(7)入库单据打印。

具体操作见图 4-17：

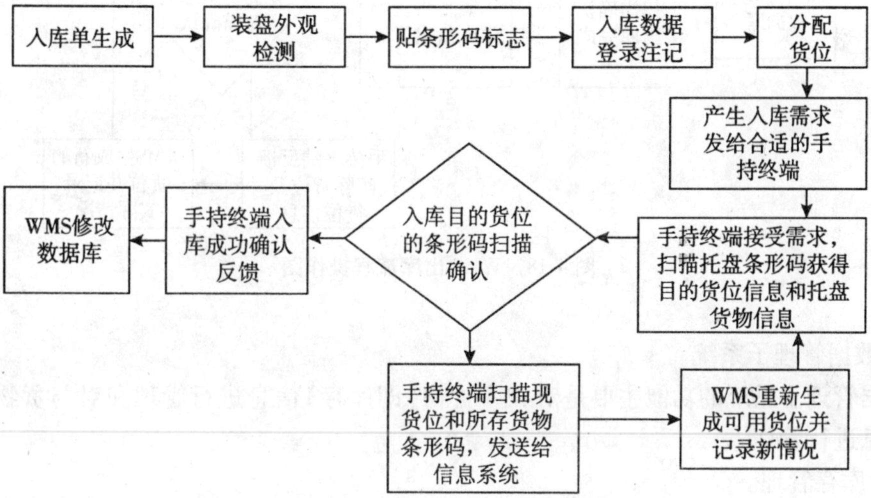

图 4-17　WMS 入库流程操作图

2. 出库管理子系统

出库管理子系统的最主要环节如下：

(1)出库单据数据处理(录入)。

即对将要出库货物制作出库单。

(2)出库品项内容生成及出库指令发出。

即系统根据出库品项内容以一定规律(先入先出、就近等原则)，生成出库货位，并发出出库指令。

(3)容错处理。

即当操作者通过取货位置扫描图确认货物时，如果发现货物错误或货位实际上无货，只需要将信息反馈给系统，系统就会自动生成下一个取货位置，指挥完成操作。

(4)出库成功确认。

即用手持终端确认货物无误后，发出确认信息，该托盘货物即进入出库运行中的状态。在出库区现场终端确认出库成功完成后，即可取出数据库的托盘条码，并及时修改相应数据库记录。

(5)出库单据管理。

主要是打印与托盘相对应的出库单据。

具体操作流程见图 4-18：

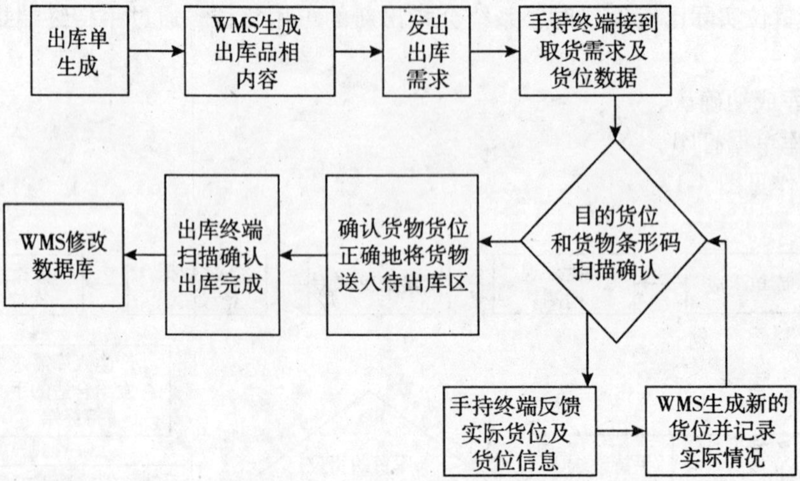

图 4-18　WMS 出库流程操作图

3. 数据管理子系统

数据管理子系统的功能主要是对在库货物(即库存)信息进行管理和对与货物相关的数据信息进行管理。

(1)库存管理。

- 货位查询管理。即查询货位使用情况是否空、占用、故障。
- 货物编码查询库存。以货物编码的方式查询某种货物的库存情况。
- 入库时间查询库存。查询以日为单位的在库库存。
- 盘点作业。进入盘点状态，实现账面盘点。

(2)数据管理。

- 货物编码管理。即提供与货物编码相关信息的输入界面，包括编码、名称、所属部门、单位等的输入。
- 安全库存管理。提供具体到某种货物的最大库存、最小库存参数设置，从而实现库存量的监控预警。
- 供应商数据管理。录入供应商编号、名称、联系方法，供出入库单使用。
- 使用部门数据管理。录入使用部门、编号、名称等，供出入库单使用。
- 未被确认操作的查询和处理。
- 数据库与实际不符记录的查询和处理。

4. 系统管理子系统

系统管理子系统主要是对货物进出库存的界面及相关权限进行管理，其功能主要如下：

(1)使用者及其权限设定。即对使用者名称、代码、密码、可使用程序模块的选择与设置。

(2)数据库备份操作。主要是提供存储过程中每日定时备份数据库或日志。

(3)系统通信开始和结束。

(4)系统的登入和退出。

【技能训练】：

1. 为什么仓储管理要配备 WMS?

2. 思考并画出 WMS 出入库流程及信息传递流程图。

3. 计算机仓储系统主要用于商务管理中，如对于仓库与企业的办公地点相距较远时，它们之间的信息联系都通过计算机系统予以实现。对于一些自动化立体仓库，则进一步将计算机数据处理与自动控制联系在一起。例如，在物品进库时，物品的名称和数量等信息便已输入计算机，随之叉车将物品搬上滚轮，根据存放地址的信息，计算机控制滚轮将物品运往指定存放货位。仓储信息管理系统作为一套应用型的操作软件，其所包含的方法为仓库完成各项仓储功能提供了强大的支持和保证。请思考仓储管理信息系统是怎样发挥其功能和作用的。

【习题自测】：

一、多选题

1. 仓储管理系统(WMS)一般包括以下(　　)子系统。

A. 入库管理　　B. 出库管理　　C. 库存管理　　D. 数据管理

E. 系统管理

2. 仓储管理系统中数据管理子系统模块里库存管理的内容有(　　)。

A. 货位管理查询　　B. 以货物编号查询库存

C. 以入库时间查询库存　　D. 盘点作业

二、分析题

1. 简要概括仓库管理系统有哪些主要功能?

2. 以仓库作业流程为基础论述仓库中信息传递的方向和内容?

项目五　特种货物仓储管理

学习目标

【知识目标】：熟悉危险货物的种类和特性；
掌握危险货物、冷藏品、油品、粮食管理的措施。

【技能目标】：能够初步的对特种货物仓库进行储存保管；
熟知特种货物储存保管注意事项。

【引入案例】：

号称“中国冷链物流第一供应商”，并被指定为2008年北京奥运会冷藏食品运输商的荣庆物流，从1997年公司成立到今天，已经是我国AAAA级综合型物流企业。目前，其合作客户有：百事、西门子、雀巢、ABB、欧莱雅、威图、玛氏、达能、吉百利、箭牌、香奈儿、PPG、不凡帝、巴斯夫、3M、三枪、蒙牛、伊利、龙凤食品、光明乳业等国内外知名企业，主要业务是为这些客户提供冷链仓储服务，即冷藏仓库，除此之外还有化工物流（指化学危险品）等。荣庆物流是怎样对这些冷藏冷冻品和化学危险品开展仓储服务的呢？

任务一　危险货物仓储管理

【任务描述】：

位于南方某市的某化工企业所处地理位置地势较低，生产过程中使用连二亚硫酸钠（俗称保险粉）作为主要原料，考虑到供应商在本地，且为降低成本，该企业要求供应商保险粉不要用铁桶包装，只用编织袋包装即可。该企业的保险粉仓库为单独设置，仓库内

未设温度仪、湿度仪。2013年雨季来临之前，企业安全部门针对仓库专门组织了安全检查，提出应采取措施加高保险粉的存放地点。由于仓库主任的疏忽，未进行处理。几天后连续数日暴雨仓库进水，引起保险粉燃烧，造成保险粉仓库全部烧毁，三人出现中毒症状。

请分析该企业的原材料库在进行原材料保管时存在哪些不合理的地方？如果你是该公司的负责人，你将如何进行改进，以规避安全事故的发生。

【任务分析】：

危险货物具有易燃、易爆、有毒、腐蚀等特性，它在生产、运输、储存、使用过程中遇到摩擦、火种、破损、外溢和雨水等条件容易发生爆炸、燃烧、生成有毒物质等，从而造成人身伤亡和财产损失。因此，对危险货物及其仓库的认识和管理十分必要。

【知识精讲】：

一、危险品内涵

(一)危险货物的含义和种类

根据《危险货物分类和品名编号》(GB6944—2012)对危险货物的定义：危险货物(dangerous goods)也称危险物品或化学危险品，是指具有爆炸、易燃、毒害、感染、腐蚀、放射性等危险特性，在运输、储存、生产、经营、使用和处置中，容易造成人身伤亡、财产损毁或环境污染而需要特别防护的物质和物品。

《危险货物分类和品名编号》(GB6944—2012)将危险货物按其首要危险性或最主要的危险性分为九类，有些类别再分成项别，具体见表5-1：

表5-1　**危险货物的类别和项别**

类　别	项　别
第1类：爆炸品	第1.1项：有整体爆炸危险的物质和物品 第1.2项：有迸射危险，但无整体爆炸危险的物质和物品 第1.3项：有燃烧危险并有局部爆炸危险或局部迸射危险或这两种危险都有，但无整体爆炸危险的物质和物品 第1.4项：不呈现重大危险的物质和物品 第1.5项：有整体爆炸危险的非常不敏感物质 第1.6项：无整体爆炸危险的极端不敏感物品

续表

类　别	项　别
第2类：气体	第2.1项：易燃气体 第2.2项：非易燃无毒气体 第2.3项：毒性气体
第3类：易燃液体	第3.1项：低闪点液体(闪点低于-18℃) 第3.2项：中闪点液体(闪点-18~23℃)不含23℃ 第3.3项：高闪点液体(闪点23~61℃)含61℃
第4类：易燃固体、易于自燃的物质、遇水放出易燃气体的物质	第4.1项：易燃固体、自反应物质和固态退敏爆炸品 第4.2项：易于自燃的物质 第4.3项：遇水放出易燃气体的物质
第5类：氧化性物质和有机过氧化物	第5.1项：氧化性物质 第5.2项：有机过氧化物
第6类：毒性物质和感染性物质	第6.1项：毒性物质 第6.2项：感染性物质
第7类：放射性物质	
第8类：腐蚀性物质	
第9类：杂项危险物质和物品，包括危害环境物质	

(二)危险货物管理制度与法规

国家对危险货物实施严格的管理，采取相应管理部门审批、发证、监督、检查的系列管理制度。危险货物管理要严格根据法律的规定和国家标准实施管理。涉及危险货物仓储和运输的管理法规有：《危险化学品安全管理条例》(2002年1月26日中华人民共和国国务院令第344号公布，2011年2月16日国务院第144次常务会议修订通过，自2011年12月1日起施行)、《危险货物分类和品名编号》(GB6944—2012)、《危险货物品名表》(GB12268—2012)、各种运输方式的“危险货物运输规则”，以及环境保护法、消防法的相关规范和其他安全生产的法律和行政法规，涉及国际运输的危险货物还需要执行《国际海运危险货物规则》。

(三)危险货物的编号与分级

根据《危险货物分类和品名编号》(GB6944—2012)规定，危险货物品名编号采用联合国编号。《联合国危险货物编号》索引摘取见表5-2：

表 5-2　　《联合国危险货物编号》索引摘取

物质或物品		类别	联合国编号
Acid mixture, hydrofluoric and sulphuric, see	混合酸类，氢氟酸和硫酸，见	8	1786
Acid mixture, nitrating acid, see	混合酸类，硝化酸，见	8	1796
Acid mixture, spent, nitrating acid, see	混合酸类，废的，硝化酸	8	1826
Acraldehyde, inhibited, see	丙炔醛，抑制的，见	6. 1	1092
ACRIDINE	吖啶	6. 1	2713
ACROLEIN DIMER, STABILIZED	二聚丙烯醛，稳定的	3	2607
…	…	…	…

根据危险货物的危险程度，各类危险货物划分为一级危险货物和二级危险货物。危险性大的为一级危险货物，危险性小的为二级危险货物。危险货物的分级在品名编号中由后3位数字的顺序号表示，顺序号小于500的为一级危险货物，顺序号大于500的为二级危险货物。

（四）危险货物的包装

危险货物的包装是危险货物安全的保障，可以保护危险货物不受外界影响和损害，保持危险货物的使用价值，同时能够防止危险货物对外界造成损害，避免发生重大危险事故。形状规则的包装方便作业和堆放储存，固定标准的包装确保危险货物的单元数量限定。

危险品的包装要经过规定的性能试验和具有检验标志，具有足够的强度，没有损害和变形，封口严密等。包装使用与危险品不相忌的材料，按包装容器所注明的使用类别盛装危险品。

危险品有上千种，按其危险性质确定包装，可分为通用包装和专用包装。根据《危险货物分类和品名编号》(GB6944—2012)规定，除了第1类、第2类、第7类、5.2项和6.2项物质，以及4.1项自反应物质以外的物质都可以采用通用包装。危险货物通用包装根据其危险程度，分为三个类别：I类包装：是具有高度危险性的物质；II类包装：是具有中等危险性的物质；III类包装：是具有轻度危险性的物质。其他类别的危险品由于其各自特殊的危险性，只能采用专用包装。

危险货物的外包装上需要有明确、完整的标志，具体包装标志要求见表5-3和图5-1：

表 5-3　　危险货物包装标志标准

标志号	标志名称	标 志 图 形	对应的危险货物类项号
标志 1	爆炸品	（符号：黑色，底色：橙红色）	1. 1 1. 2 1. 3

续表

标志号	标志名称	标志图形	对应的危险货物类项号
标志 2	爆炸品	（符号：黑色，底色：橙红色）	1.4
标志 3	爆炸品	（符号：黑色，底色：橙红色）	1.5
标志 4	易燃气体	（符号：黑色或白色，底色：正红色）	2.1
标志 5	不燃气体	（符号：黑色或白色，底色：绿色）	2.2
标志 6	有毒气体	（符号：黑色，底色：白色）	2.3
标志 7	易燃液体	（符号：黑色或白色，底色：正红色）	3
标志 8	易燃固体	（符号：黑色，底色：白色红条）	4.1
标志 9	自燃物品	（符号：黑色，底色：上白下红）	4.2
标志 10	遇湿易燃物品	（符号：黑色或白色，底色：蓝色）	4.3
标志 11	氧化剂	（符号：黑色，底色：柠檬黄色）	5.1
标志 12	有机过氧化物	（符号：黑色，底色：柠檬黄色）	5.2
标志 13	剧毒品	（符号：黑色，底色：白色）	6.1
标志 14	有毒品	（符号：黑色，底色：白色）	6.1
标志 15	有害品（远离食品）	（符号：黑色，底色：白色）	6.1
标志 16	感染性物品	（符号：黑色，底色：白色）	6.2
标志 17	一级放射性物品	（符号：黑色，底色：白色，附一条红竖条）	7
标志 18	二级放射性物品	（符号：黑色，底色：上黄下白，附二条红竖条）	7
标志 19	三级放射性物品	（符号：黑色，底色：上黄下白，附三条红竖条）	7
标志 20	腐蚀品	（符号：上黑下白，底色：上白黑下）	8
标志 21	杂类	（符号：黑色，底色：白色）	9

二、危险货物仓储作业和管理

（一）危险货物的仓储要求

1. 危险货物仓库

(1)危险货物仓库的类型。

危险货物仓库的类型见表 5-4：

图 5-1　危险货物包装标志

表 5-4　**危险货物仓库的类型**

分类标准	类　别	说　明
按隶属和使用性质	甲类	主要为商业仓储业、交通运输业、物资管理部门的危险品库
	乙类	主要为企业自用的危险品库
按仓库规模	大型危险货物仓库	面积大于 9000 平方米
	中型危险货物仓库	面积在 550~9000 平方米
	小型危险货物仓库	550 平方米以下
按建筑形式	地面危险货物仓库	
	地下危险货物仓库	
	半地下危险货物仓库	

(2)危险货物仓库的选址。

危险货物仓库根据其具有危险性的特点，在选址时应依据政府的总体市政布局，选择合适的建设地点，一般选择较为空旷的地区，远离居民区、供水源、主要交通干线、农田、河流、湖泊等，处于当地长年主风向的下风位。如必须在市区内，大、中型的甲类仓库和大型乙类仓库与居民区和公共设施的间距应大于150米，与企业、铁路干线的间距大于100米，与公路距离大于50米，在库区大型库房间间距为20~40米，小型库房间间距为10~40米。易燃商品应放置在地势低洼处，桶装易燃液体应放在库内。

2. 仓库建筑和设施

危险货物仓库的建筑结构需要根据危险货物的危险特性和发生危险的性质，采取妥善的建筑形式，并取得相应的许可。建筑和场所需要根据危险货物的种类、特性设置相应的监测、防潮、防晒、隔热、通风、防火、防暴、防雷、防静电、防小动物等安全措施。仓库和设施要符合安全、消防国家标准的要求，并设置明显标志。

3. 设备使用

危险货物仓库中的设施和设备实行专用仓库的使用制度，不得用做其他用途。各种设施设备要按照国家相应标准和有关规定进行维护、保养，定期进行检测，保证符合安全运行要求。

4. 库场使用

危险货物必须储存在专用仓库、专用场地或者专用储藏室内。危险货物仓库专用的要求，不仅包括不能储存普通货物，还包括不同种类危险货物不能混用。危险货物仓库改变用途或改存其他危险货物，需要经过相应管理部门的审批。

5. 从业人员的要求

从事危险货物相关作业的工作人员，必须接受有关法律、法规、规章和安全知识、专业技术、职业卫生防护、应急救援知识的培训，并经考核合格，方可上岗作业。在工作的过程中，从业人员要穿戴相应的防护服具(如工作服、风镜口罩、防毒面具、橡皮手套、橡皮围裙、套袖、橡皮鞋、鞋罩等)。作业过程中，不宜随便饮食。

(二)危险货物的仓库管理

1. 严格和完善的管理制度

危险货物仓库要制定完善的管理制度和操作规范，在作业的过程中，工作人员要严格按照管理制度和相应规范进行操作。

2. 出入库管理

在货物入库时，仓管员应按照交通部颁发的《危险货物运输规则》对货物进行验收，在入库验收方法上，主要是采用感官验收为主，仪器和理化验收为辅。货物出库时，对于一次提货量超过500千克的货物，要发出场证，交运输员陪送出场。仓库保管员应按“先进先出”原则组织货物出库，并认真做好出库清点工作。

3. 货位选择和堆垛

根据危险货物的性质，选择合适的货位。堆垛不宜过高过大，堆码要牢固，苫垫要妥善。一般堆垛高度，液体商品以不超过2米，固体商品以不超过3米为宜。库房存放的怕潮商品，垛底应适当垫高，露天存放，更应垫高防水，并选择适宜苫垫物料。同时，苫垫物料，必须分类专用和分别存放。

4. 安全作业

危险货物的性质不稳定，其仓库的所有作业过程都必须预防燃烧、爆炸、中毒等事故。特别是装卸搬运时要轻装轻卸，使用不发生电火花的工具。对怕热、怕潮的危险货物，采取必要的防护措施。储存腐蚀性商品的仓库附近应设水池或冲洗设备。

5. 妥善保管

对危险货物仓库应实行定期检查制度，检查间隔不宜超过5天，对检查中发现的问题应及时上报给仓库领导。仓库管理员需要保持仓库内的整洁。要特别加强对仓库温湿度的检查和控制。

6. 应急处理

危险货物仓库一旦发生事故，若不及时处理，则会给国家和人民造成巨大损失。因此从事危险货物储存的企业应该使每一位员工熟练掌握如何处理危险品事故。

危险货物应急处理措施包括发生危害时的措施安排和人员的应急职责。具体包括危险判定、危险事故信号发出、汇报程序、现场紧急处理、人员撤离、封锁现场、人员分工等。

小看板：工作人员受伤时应急处理的具体措施

1. 化学烧伤急救处理

迅速用大量清水长时间冲洗，尽可能去除创面上的化学物质。

2. 危险品中毒紧急处理

- 迅速抢救，送医院。
- 将病人转移到清静和空气流通的房间内，松开紧束的衣服并应确定呼吸道是否畅通。
- 如呼吸已经停止或发生障碍，应施行人工呼吸。

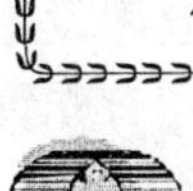

【技能训练】：

1. 小组成员查看《2012年国内危险品运输事故汇总》，选择2~3个案例进行深入分析，归纳总结我国危险品在运输过程中出现事故的主要原因，并提出合理的改进措施。

2. 小组成员选择两家危险货物仓库，调查了解其仓库内部布局和作业管理，分析仓库在布局及管理上的合理性和不合理性，若有不合理的地方，则请提出改进意见。

【习题自测】：

一、判断题

1.《联合国危险货物编号》中某物质的编号为2713，说明该物质属于一级危险品。(　)

2. 企业自用的危险货物仓库属于甲类仓库。(　)

3. 爆炸品和有毒品同属于危险货物，可以放在一个仓库里面储存。(　)

4. 危险货物需要专仓专储，但涉及的设施、设备可以共同使用。(　)

5. 存放过放射性物品的仓库可以直接用来存放腐蚀品。(　)

6. 装过农药的玻璃瓶用清水进行简单冲洗后已不再具备危险性质。(　)

7. 氧化剂的标志图形中符号是黑色，底色为白色。(　)

二、简答题

1. 什么是危险货物?

2. 危险货物的类别有哪些?

3. 对危险货物进行包装时需要注意什么?

4. 危险货物仓库应如何进行管理?

5. 危险货物储存时有哪些要求?

6. 在危险货物储存的过程中如果出现安全事故，则应怎样处理?

三、案例分析题

2013年8月10日，某危险品储运公司存放危险品的四号仓库起火。仓库管理员打开消防栓却发现没有水，使用灭火器则无法将火扑灭，于是打119报警。四号仓库的火灾导致仓库爆炸并引发周围其他仓库的爆炸。这场大爆炸，造成15人死亡，200余人受伤，其中受重伤的33人。爆炸造成该公司第2~7号共六个仓库被彻底摧毁，第1、8号两个仓库遭严重破坏，爆炸引燃了距爆炸中心250米的木材堆场和300米处的六座四层楼高的普通货物仓库，以及附近400余米处的三个山头上的树木。经估算直接经济损失达2.5亿元，间接的损失则更是难以估计。

在调查事故原因时，调查人员发现该公司的仓库原本只是储存普通货物的综合性仓库，根本不具备危险品仓库所需的消防、安全条件。但却向有关主管部门谎报该仓库设施是完全符合安全规定的危险货物仓储设施。事故调查开始时，对于四号仓库东北角首先冒烟起火的事实，调查人员询问经办人员堆放的货物名称时，得到的回答是："过硫酸钠"。后来查阅了有关单证才搞清楚，不是过硫酸钠，而是过硫酸铵。

公司仓库所处的位置，在起初属于该市的郊区，由于城市建设的速度很快，市区规模不断扩大，没几年，该地区就不再是郊区了。仓库距繁华市区的国贸大厦仅4.2千米。在300米开外就是一个居民小区，周围有普通货物的仓库、木材堆场、铁路专用线、天然气储运站……

请思考：1. 该公司仓库发生安全事故为何带来如此严重的后果?

2. 该公司在进行危险货物管理时存在哪些不合理之处?

任务二　冷藏冷冻品仓储管理

【任务描述】：

我国冷链行业起步于20世纪50年代，与发达国家比，我国冷链产业起步晚，发展水平低(欧、美、加、日等发达国家肉禽冷链流通率已经达到100%，蔬菜、水果冷链流通率也达95%以上)。目前，我国肉类农产品流通率仅为15%，果蔬产品和水产品分别为5%和23%，冷藏运输率分别达到15%、30%、40%，人均冷库容量仅7千克，冷藏保温车占货运汽车的比例仅0.3%，长期以来，我国农产品产后损失严重，果蔬、肉类、水产品流通腐损率分别达到20%~30%、12%、15%，仅果蔬一类每年损失就达到1000亿元以上，与发达国家相比存在很大差距。

2010年7月，发改委出台《农产品冷链物流规划》，计划到2015年能极大地缓解我国冷藏技术设施不足的问题，到2015年，果蔬、肉类、水产品冷链流通率分别提高到20%、30%、36%以上，冷藏运输率分别提高到30%、50%、65%左右，流通环节产品腐损率分别降至15%、8%、10%以下。

【任务分析】：

冷藏冷冻品是指在生产、储藏运输、销售，到消费前的各个环节中始终处于规定的低温环境下，以保证其质量，减少损耗的一类商品。特别是在流通中的仓储环节，通过低温可以极大地减缓冷藏冷冻商品的呼吸代谢过程，从而达到阻止衰败，延长储藏期的目的，是保证其质量和使用价值以及经济效益所必需的。

【知识精讲】：

一、冷藏冷冻品内涵

(一)冷藏冷冻品含义

冷藏冷冻品是指在生产、储藏运输、销售，到消费前的各个环节中始终处于规定的低温环境下，以保证其质量，减少损耗的一类商品，其一般可以分为三类：

1. 初级农产品

包括蔬菜、水果；肉、禽、蛋、水产品、花卉产品。

2. 加工后的食品

包括速冻食品、禽、肉、水产等包装熟食、冰淇淋和奶制品；快餐原料。

3. 特殊商品

包括药品和疫苗等。

(二)冷藏冷冻品保管原理

在低温环境中，细菌等微生物大大降低繁殖速度，生物体的新陈代谢速度降低，能够延长有机体的保鲜时间，这就是冷藏冷冻品的保管原理。而这种低温环境一般要通过制冷获得，即使某一空间或物体的温度降到低于周围环境温度，并保持在规定低温状态。现在一般采用水、氨、CO_2、R12、R22、R134、R404、R407C、R410 和 R600 等制冷剂。

(三)冷藏冷冻品保管方式

根据储存保管的温度范围不同，冷藏冷冻品保管方式一般有冷藏和冷冻两种。

1. 冷藏

需要冷藏的商品存入冷藏区保管，即冷藏仓库内温度保持在 0℃～10℃范围的区域。

2. 冷冻

需要冷冻的商品存入冷冻区冻结保管，即冷冻仓库内温度保持在 0℃以下的区域。并且，一般来说，温度越低，相应的保管储存保值期越长。例如，通常肉类在-18℃以下即达到休眠状态，在-23℃以下的低温比-18℃的低温还可以成倍延长冷藏期。

二、冷藏冷冻品仓储作业和管理

与常温货物的储存保管不同，冷藏冷冻品需要在冷库里开展仓储作业和管理。

(一)冷库的含义及分类

冷库，一般是指用各种设备制冷、可人为控制和保持稳定低温的设施。它的基本组成部分是：制冷系统；电控装置；有一定隔热性能的库房；附属性建筑。

冷库主要用于食品的冷冻加工及冷藏，它通过人工制冷，使室内保持一定的低温。冷库的墙壁、地板及平顶都敷设有一定厚度的隔热保温材料，以减少外界传热。为减少吸收太阳辐射能，冷库外墙表面一般涂成白色或浅颜色因而冷库建筑与一般工业民用建筑不同，有它独特的结构。

目前，冷库操作技术简单、维修方便。制冷设备微电脑控制温度，自动开机、停机，无须专人监护，配套技术经济实用。

根据不同的分类依据，冷库有很多类别。下面重点介绍按库体结构类别和按冷藏功能来分类。

1. 按库体结构类别分

(1)土建冷库。

即外围结构为土建，通过土建工程完成。安装周期长；由于热惰性较大，冷库温度受外界干扰小；由于技术原因，早期冷库多采用这种结构。

(2)装配冷库。

装配冷库也称组合冷库、组合板式冷库、活动冷库，是指维护结构采用轻钢结构，或者库体直接安装在室内。安装周期短，降温速度快，外形美观，如果需要的话，则还可以拆卸后迅速重新组装。目前，即使大型冷库，也在采用这种形式。组合冷库是发展的冷库的一种趋势。

(3)覆土冷库。

它又称土窑洞冷库，洞体多为拱形结构，有单洞体式，也有连续拱形式。一般为砖石砌体，并以一定厚度的黄土覆盖层作为隔热层。用做低温的覆土冷库，洞体的基础应处在不易冻胀的砂石层或者基岩上。由于它具有因地制宜、就地取材、施工简单、造价较低、坚固耐用等优点，在我国西北地区得到较大的发展。

(4)山洞冷库。

一般建造在石质较为坚硬、整体性好的岩层内，洞体内侧一般作衬砌或喷锚处理，洞体的岩层覆盖厚度一般不小于20米。

2. 按冷藏功能分

按冷藏功能分，冷库主要有以下类别，见表5-5：

表5-5　冷库按冷藏功能分类

冷库种类	冷库温度	冷库用途
保鲜库	-10~8℃	水果、蔬菜、花卉、乳制品、酒类、巧克力、黄油、鲜鸡蛋、保鲜肉等保鲜
冷藏库	-20~-10℃	冻鱼、冻肉、冻家禽、冰蛋等冷藏
冻结库	-35~-20℃	鲜鱼、鲜肉、米面制品冻结；冰激凌、血液制品、化工原料等低温储存
气调库	0~8℃	水果、蔬菜、药材、种子等较长时间储存
其他非标准冷库	-60~10℃	适用于电子、冶金、生物制药、化工、汽车建材、航空航天等行业的工艺性冷冻超低温试验冷处理

另外，按容量划分，有大型冷库(冷藏容量在10000吨以上)、中型冷库(冷藏容量在1000~10000吨)、小型冷库(冷藏容量在1000吨以下)。

(二)冷库的组成

冷库主要由库房、生产设施(动力用房、生产工艺用房)及行政福利用房等组成。库房是冷库建筑群中的主要建筑，包括冷加工间、冷藏间、冰库及直接为它服务的建筑(如楼电梯间、穿堂、附属小房等)，具体如下：

(1)冷却间：对产品进行冷却的房间，库温为0~2℃。水产品冷却间用于冻前暂存。肉类冷却间主要为冻前预冷；使胴体在预冷过程中挥发异味、改善品味等；采用二次冻结工艺时将食品由初温降至4℃后再运入冻结间。水果、蔬菜、鲜蛋在进冷藏间前，可通过冷却间逐步降温；对于一次进货量较少的，也可不经冷却直接进入冷藏间。近些年，北方有些地方建起了一批快速冷却间，专门用于对运往南方的鲜果进行运前冷却，效果很好。

(2)冻结间：用于冻结产品的冷间，冻结过程在此进行。需长期储存的食品由常温或冷却状态迅速降至-15~-18℃再运至冻结物冷藏间储藏。库温为-23℃或更低，冻结金枪鱼时可采用-55~-60℃的所谓超低温库温，室内采用排管或冷风机降温。

(3)再冻间：设于分配性冷库，用于外板调入冻结品品温超过-8℃时食品的再次冻结。设置情况与冻结间相同，仅负荷比前者小。实际上，再冻间是未建立冷链或冷链不完善条件下的产物，当冻品温度升到-8℃时再冻结，显然无法保证食品质量。在完善的冷链中，再冻间也许会消亡。

(4)冷却物冷藏间(高温冷藏间)：用于接受和储存已冷却至接近其所需储存温度的产品的冷间，常见库温为4~-2℃，相对湿度为80%~95%，主要储存水果、蔬菜、鲜蛋等鲜活产品。随着储存食品种类的不同，其温湿度条件也有变化，如香蕉的储存温度为11~16℃。

(5)冻结物冷藏间(低温冷藏间)：用于储存冻结品的冷间。库温为-15~-23℃，相对湿度为85%~95%，根据储存时间等确定。国外冻结物冷藏间有的已降至-28~-30℃，国内也有降低库温的趋势，如某资料介绍，肉类储藏温度为-18~-25℃，水产品为-20~-30℃，冰激凌制品为-23~-30℃，金枪鱼的储存温度为-60℃等。在大连、烟台等地已建起了大容量的超低温冷库。

(6)两用冷藏间　兼作冷却物冷藏间和冻结物藏间，机动性较强，可通过改变冷间内冷却面积和对压缩机进行能量调节来调节库温，以满足不同要求。对土建冷库库温的变化易使建筑物产生冻融循环。

(7)冰库：用于储存冰的冷间，库温为-4~-6℃，库温的波动以能防止库门处冰块的融化为限。冷却设备多用顶排管，也可采用冷风机。其位置应靠近制冰间、出冰站台处。多层冷库制冰间在顶层时，冰库多设在其下层。冰库内墙体、柱子应设护壁，以减轻冰块的撞击。

(8)制冰间：主要制造桶式冰块，用盐水做载冷剂。制冰间设有制冰池、融冰池、倒冰架、注水器、吊车等设备。其位置宜靠近设备间。水产冷库因制冰量大，且需经过碎冰楼往船上加冰，故其常设在顶层。利用快速制冰设备制冰的，可不设制冰间。

(9)晾肉间：为猪肉一次冻结工艺面设，容量为1.5~2间冻结间的容量。与屠宰间相连，位于屠宰车间和冷结间联系方便的地方。围墙结构一般不做隔热层，高温地区应注意有适当的通风或降温措施。

(10)待冻间：整理后的水产品在冻结前暂存。并有一定的预冷功能。

(11)穿堂(川堂)：是专为冷加工间或冷藏间进出货物而设置的通道，其沟通各冷间及站台的作用，有常温穿堂或某一特定温度的穿堂，穿堂的平面布置和宽度由食品的流通量和运输工具决定。

(12)站台：站台供进、出库装卸之用，可分为铁路站台、公路站台或进货站台、出货站台等，常见为罩棚式。现在逐渐发展的封闭式站台，不仅具有进出库装卸的功能，而且更主要的是还具有理货的功能，减低冷库与外界温度梯度的功能。

(13)楼电梯间：设于多层冷库，用于库内货物的垂直运输。其大小、数量及位置视吞吐量及制冷工艺而定。

(14)其他：如包装间、托盘间、分发间等。视食品冷加工工艺、制冷工艺要求而定。

动力用房包括以下几个方面：

1. 制冷压缩机房

用于安装制冷压缩机的房间。是冷库主要的动力车间。宜近主库布置，多为单独建造的单层建筑。为提高地面的利用率，地价昂贵的地方也有把机器间设在楼层上的，对于采用分散供冷方式的冷库，不设机器间。

2. 设备间

安装制冷辅助设备的房间，应靠近机器间和主库布置，多位于主库和机器间连接方便的地方。对于设备不多的冷库，可将机器间设备间合为一间布置。

3. 变、配电间

包括变压器间、高压配电间、低压配电间、自控柜间几部分。变、配电间应尽量靠近负荷最大的机器间。变压器间也可单独建造。高度不小于5米，要求通风良好。变压器设在室外时，只设配电间即可。变、配电间的具体布置视电气工艺要求而定。

4. 锅炉房

锅炉房主要为加工工艺、浴室、烘房及其他生活设备服务。应布置在用气量最多的设备附近。并位于夏季主导风向的下风侧。

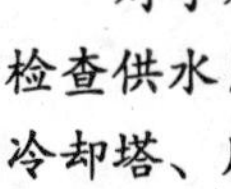

小看板：冷库制冷系统在运行中如何进行保养？

1. 初期运转机组：要经常观察压缩机的油面及回油情况及油的清洁度，发现油脏或油面下降要及时解决，以免造成润滑不良。

2. 对于风冷机组：要经常清扫风冷器使其保持良好的换热状态。

对于水冷机组：要经常检查冷却水的混浊程度，如冷却水太脏，要进行更换。检查供水系统有无跑、冒、滴、漏问题。水泵工作是否正常，阀门开关是否有效，冷却塔、风机是否正常。

对于冷风机组：经常检查冷凝器出现结垢问题，要及时清除水垢。

3. 对于风冷机式的蒸发器：要经常检查除霜情况，除霜是否及时有效，会影响制冷效果，导致制冷系统回液。

4. 经常观察压缩机运行状态，检查其排气温度，在换季运行时，要特别注意系统的运行状态，及时调整系统供液量和冷凝温。

5. 仔细倾听压缩机，冷却塔、水泵或冷凝器风机运转声音，发现异常及时处理，同时检查压缩机、排气管及地脚的振动情况。

6. 对压缩机的维护：初期系统内部清洁度较差，在运行30天后要更换一次冷冻油和干燥过滤器，在运行半年之后再更换一次(要根据实际情况而定)。对于清洁度较高的系统，运行半年以后也要更换一次冷冻油和干燥过滤器，以后视情况而定。

生产厂房包括屠宰车间、理鱼间或整理间、加工车间、其他(如化验室、冷却塔、水塔、水泵房、一般仓库、汽车库、污水处理场、铁路专用线、修理间等)；

办公、生活用房包括办公生活用房包括有办公楼、医务室、职工宿舍、俱乐部、托儿所、厕所、浴室等；其他方面，如危险品仓库是单独建筑的专储汽油、酒精、丙酮、制冷剂等易燃、易爆物品的库房，应离开其他建筑20米以上。另外，还有传达室、围墙、出入口、绿化设施等。

(三)冷库建筑的特点和要求

1. 冷库既是仓库又是工厂(有生产工艺的要求和制约)

2. 冷库在门窗冻方面的特殊性

3. 冷库需要减少"冷桥"现象

由于冷库的隔热结构中局部构造的不同，引起该部位隔热性能降低，成为冷量大量传递的通道，称为"冷桥"。冷桥，即传递热量的桥梁。

4. 冷库建筑要有隔热、隔气和防潮及热辐射结构

5. 冷库的地基受低温的影响，土壤中的水分易被冻结，需要有防冻措施

冷库的楼板要堆放大量的货物，又要通行各种装卸运输机械设备，平顶上还设有制冷设备或管道。低温环境中，特别是在周期性冻结和融解循环过程中，建筑结构易受破坏。总的来说，冷库建筑是以其严格的隔热性、密封性、坚固性和抗冻性来保证建筑物的质量，保证建筑物的质量。

(四)冷库库房的使用管理

(1)冷库的使用，应按设计要求，充分发挥冻结、冷藏能力，确保安全生产和产品质量，养护好冷库建筑结构。库房管理要设专门小组，责任落实到人，每一个库门，每一件设备工具，都要有人负责。

(2)冷库是用隔热材料建成的，具有怕水、怕潮、怕热气、怕跑冷的特性，要把好冰、霜、水、门、灯五关。

①穿堂和库房的墙、地、门、顶等都不得有冰、霜、水，有了要及时清除。

②库内排管和冷风机要及时扫霜、冲霜，以提高制冷效能。在冲霜时，必须按规程操作，冻结间至少要做到出清一次库，冲一次霜。冷风机水盘内和库内不得有积水。

③冷库内严禁多水性作业。

④没有经过冻结的货物，不准直入冻结物冷藏间，以保证商品质量，防止损坏冷库。

⑤要严格管理冷库门，商品出入库时，要随时关门，库门如有损坏要及时维修，做到开启灵活、关闭严密、防止跑冷。凡接触外界空气的门，均应设空气幕，减少冷热空气对流。

(3)防止建筑结构冻融循环、冻酥、冻臌。

①各类冷库库房必须按设计规定用途使用，冷却物、结冻物冷藏间不能混淆使用。原设计有冷却工艺的冻结间，当改为一次冻结时，要配备足够的制冷设备。冷却物冷藏间、结冻物冷藏间、原设计的两用间确需改换用途的，由设计部门设计并按程序报批。

②空库时，冻结间和冻结物冷藏间应保持在-5℃以下，防止冻融循环。冷却物冷藏间应保持在零点温度以下，避免库内滴水受潮。

(4)保护地坪(楼板)，防止冻臌和损坏。

①不得把商品直接散铺在地坪上或垫上席子等冻结；拆肉垛不得采用倒垛的方法；脱钩和脱盘不准在地坪上摔击，以免砸坏地坪，破坏隔热层。

②商品堆垛、吊轨悬挂，其重量不得超过设计负荷。

③没有地坪防冻措施的冷却物冷藏间，其库温不得低于0℃，以免冻臌。

④冷库地下自然通风道应保持畅通，不得积水、有霜，不得堵塞，北方地区要做到冬堵春开。采用机械通风或地下油管加热等设备，要指定专人负责，定期检查，根据要求，及时开启通风机、加热器等装置。

(5)冷库必须合理利用仓容，不断总结、改进商品堆垛方法，安全、合理安排货位和堆垛高度，提高冷库利用率。堆垛要牢固、整齐，便于盘点、检查、进出库。

(6)库内货位堆垛要求：

①距冻结物冷藏间顶棚0.2米。

②距冷却物冷藏间顶棚0.3米。

③距顶排管下侧0.3米。

④距顶排管横侧0.2米。

⑤距无排管的墙0.2米。

⑥距墙排管外侧0.4米。

⑦距冷风机周围1.5米。

⑧距风道底面0.2米。

(7)库房要留有合理的走道，便于库内操作、车辆通过、设备检修，保证安全。

(8)商品进出库及库内操作，要防止运输工具和商品碰撞库门、电梯门、柱子、墙壁和制冷系统管道等工艺设备，在易受碰撞之处，应加防护装置。

(9)库内电器线路要经常维护，防止漏电，出库房要随手关灯。

(10)冻库不宜采用包库制度，防止违章使用。

小看板：冷库的保养

1. 冷库安装完毕或长期停用后再次使用，降温的速度要合理：每天控制在8~10℃为宜，在0℃时应保持一段时间。

2. 冷库库板保养，使用中应注意硬物对库体的碰撞和刮划。因为可以造成库板的凹陷和锈蚀，严重的会使库体局部保温性能降低。

3. 冷库密封部位保养，由于装配式冷库是由若干块保温板拼接而成，因此板之间存在一定的缝隙，施工中这些缝隙会用密封胶密封，防止空气和水分进入。所以在使用中对一些密封失效的部位及时修补。

4. 冷库地面保养，一般小型装配式冷库的地面使用保温板，使用冷库时应防止地面存有大量的冰和水，如果有冰，那么在清理时，切不可使用硬物敲打，损坏地面。

(五)冷库商品保管与卫生

1. 冷库要加强商品保管和卫生工作，重视商品养护，严格执行《食品卫生法》，保证商品质量，减少干耗损失。冷库要加强卫检工作。库内要求无污垢、无霉菌、无异味、无鼠害、无冰霜等，并有专职卫检人员检查出入库商品。肉及肉制品在进入冷库时，必须有卫检印章或其他检验证件。严禁未经检疫检验的社会零宰畜禽肉及肉制品入库。

小看板：冷库的除霉杀菌与消毒

冷库冷藏的烹饪原料和食品都含有一定的脂肪、蛋白质和淀粉。这些营养成分的存在，会使霉菌和细菌大量繁殖生长。为做好冷库卫生管理工作，保证食品和烹饪原料的冷藏质量，就要定期地进行冷库卫生消毒工作。冷库的除霉杀霉与消毒，可先用酸类消毒剂。酸类消毒剂的杀菌作用，主要是凝固菌体中的蛋白。常有的消毒剂有乳酸、过氧乙酸、漂白粉、甲醛等。

(2)为保证商品质量，在冻结、冷藏商品时，必须遵守冷加工工艺要求。商品深层温度必须降低到不高于冷藏间温度3℃时才能转库，如冻结物冷藏间库温为-18℃，则商品冻结后的深层温度必须达到-15℃以下。长途运输的冷冻商品，在装车、船时的温度不得高于-15℃。外地调入的冻结商品，温度高于-8℃时，必须复冻到要求温度后，才能转入冻结物冷藏间。

(3)根据商品特性，严格掌握库房温度、湿度。在正常情况下，冻结物冷藏间一昼夜温度升降幅度不得超过1℃，冷却物冷藏间不得超过0.5℃。在货物进出库过程中，冻结物冷藏间温升不得超过4℃，冷却物冷藏间不得超过3℃。

(4)对库存商品，要严格掌握储存保质期限，定期进行质量检查，执行先进先出制度。当发现商品有变质、酸败、脂肪发黄现象时，应迅速处理。商品储藏保质期见表5-6：

表5-6　**部分商品储藏保质期**

品　名	库房温度	保质期
带皮冻猪白条肉	-18℃	12个月
无皮冻猪白条肉	-18℃	10个月
冻分割肉	-18℃	12个月
冻牛羊肉	-18℃	11个月
冻禽、冻兔	-18℃	8个月
冻畜禽副产品	-18℃	10个月
冻鱼	-18℃	9个月
鲜蛋	-1.5~-2.5℃(相对湿度80%~85%)	6~8个月
冰蛋(听装)	-18℃(相对湿度80%~85%)	15个月

超期商品经检验后才能出库。

(5)鲜蛋入库前必须除草，剔除破损、裂纹、脏污等残次蛋，并在过灯照验后，方可入库储藏，以保证产品质量。

(6)下列商品要经过挑选、整理或改换包装，否则不准入库：

①商品质量不一、好次混淆者。

②商品污染和夹有污物。

③肉制品和不能堆垛的零散商品，应加包装或冻结成型后方可入库。

(7)下列商品严禁入库：

①变质腐败、有异味、不符合卫生要求的商品。

②患有传染病畜禽的肉类商品。

③雨淋或水浸泡过的鲜蛋。

④用盐腌或盐水浸泡，没有严密包装的商品，流汁、流水的商品。

⑤易燃、易爆、有毒、有化学腐蚀作用的商品。

(8)供应少数民族的商品和有强挥发气味的商品应设专库保管，不得混放。

(9)要认真记载商品的进出库时间、品种、数量、等级、质量、包装和生产日期等。要按垛挂牌，定期核对账目，出一批清理一批，做到账、货、卡相符。

(10)冷库必须做好下列卫生工作：

①冷库工作人员要注意个人卫生，定期进行身体健康检查，发现有传染病者应及时调换工作。

②库房周围和库内外走廊、汽车和火车月台、电梯等场所，必须设专职人员经常清扫，保持卫生。

③库内使用的易锈金属工具、木质工具和运输工具、垫木、冻盘等设备，要勤洗、勤擦、定期消毒，防止发霉、生锈。

④库内商品出清后，要进行彻底清扫、消毒、堵塞鼠洞，消灭霉菌。

小看板：冷库中排除异味的方法

1. 异味

即冷库中的烹饪原料及食物在外界因素的影响下，通过物理化学的变化，产生一种不正常的气味，天长日久，这种气味就粘附于冷库的墙壁、顶棚以及设备和工具上。冷库中产生异味，一般来说，有以下几个方面的原因：冷库在未进食品前就有一种异味存在。入冷库前食品就有腐败变质现象，如变质的蛋、肉、鱼等。存放过鱼的冷库，未经清洗即存放肉、蛋或水果蔬菜等食品，致使气味感染而变质。冷库通风不畅，温、湿度过大，致使霉菌大量繁殖，产生霉气味。冷库制冷管道的泄漏，制冷剂(氨)侵蚀到食品中导致异味产生。冷库中温度不下降，致使肉品变质腐坏产生腐败味。这种情况多发生在鲜肉未冻结、冻透即转库储藏。不同气味的食品存在一个冷库库房内，导致食品串味互相感染。

2. 防止冷库异味产生的方法

入冷库冷藏的食品，必须经过检验，没有变质的方可入库存放。冷库库房在进货前不得有异味存在。若有异味，则必须经过技术处理，排除异味后方可使用。平常要加强冷藏设备的维护，严禁倒堆卸货，防止因此砸坏管路，造成制冷剂外泄。食品在冷加工过程中，必须使冷库库房保持一定的温度，不得将冻制食品进行转库或存放。若冷库库房温度降不下来，则应查找原因，待排除后再行食品加工。冷库内不得混合存放互相感染的食品。

3. 冷库排除异味的方法

臭氧法。臭氧具有强烈的氧化作用，不仅能消除冷库库房异味，而且还能制止微生物的生长。采用臭氧发生器，可实现对库房异味的排除。若冷库内存放含脂肪较多的食品，则不宜采用臭氧处理，以免脂肪氧化而产生酸败现象。

甲醛法。将冷库库房内的货物搬出，用2%的甲醛水溶液(即福尔马林溶液)进行消毒和排除异味。

食醋法。装过鱼的冷库库房，鱼腥味很重。不宜装其他食品，非得经彻底清洗排除鱼腥味后方可装入其他食品。一般清除鱼腥味的方法是采用食醋的方法。具体方法为：鱼出冷库后，将蒸发管组上的冰霜层清除干净，并保持库房温度在50℃以下，然后按冷库库房每一立方米容积用食醋量50~100克配制，用喷雾器向库内喷射，先将库房门关闭严密，断断续续地开动鼓风机，让食醋挥发并在库内流动，使食醋大量吸收鱼腥味。一般约经4~24小时后打开冷库库门，连续鼓风数小时可将醋味吹出库外。

(六)冷库操作注意事项

1. 防止冻伤

这里的冻伤指两个方面：一是冷库里的货物冻伤；二是进入冷库内的作业人员意外冻伤。防止货物冻伤首先要对冷库的温度设置适宜，同时要特别注意货物与冷风机风口保持必要的安全间距，货垛避免正对冷风口；防止人员冻伤主要是从进入冷库作业人员的劳动保护装置上进行，另外，尽量避免长时间在冷库内作业。

2. 防止人员缺氧窒息、避免人员被封闭库内

因为冷库的门是随时关闭的，进入冷库内的作业人员要避免长时间作业，或者身体不适发生缺氧窒息，一旦有此情况出现，要迅速出库或紧急呼叫，防止意外发生。另外，要建立严谨的交接班制度，避免人员被封闭库内而库外不知道。

3. 妥善使用制冷设备

冷库中的制冷设备和制冷剂具有高压、易爆、含毒的特性，冷库工作人员要树立高度的责任感，认真贯彻预防为主的方针，定期进行安全检查。每年旺季生产之前，要进行一次重点安全检查，查制度，查各种设备的技术状况，查劳动保护用品和安全设施的配置情况。

小看板：冷库操作人员要做到“四要”、“四勤”、“四及时”

- “四要”是：要确保安全运行；要保证库房温度；要尽量降低冷凝压力(表压力最高不超过1.5兆帕)；要充分发挥制冷设备的制冷效率，努力降低水、电、油、制冷剂的消耗。
- “四勤”是：勤看仪表；勤查机器温度；勤听机器运转有无杂音；勤了解进出货情况。
- “四及时”是：及时放油；及时除霜；及时放空气；及时清除冷凝器水垢。

【技能训练】：

1. 目前，我国食品年供应量总额在1700亿美元，到据估计2020年将达到8000亿美元，年平均增长率在19%，另外，据中国食品工业协会调查，我国由于冷链系统不完善造成每年约有1200吨水果和1.3亿吨蔬菜的浪费，总价值至少在100亿美元。可见，随着消费者对商品质量要求的提高和国家整体经济水平的提升，未来我国冷链市场存在巨大空间。

与此同时，越来越多的第三方物流企业开始拓展冷链业务，EG：中外运、安得物流；光明乳业、双汇等食品生产企业组建独立核算的冷链物流企业。请分析，这些冷链物流企业面临着哪些机遇和挑战。

2. 据统计，当前一次性投入建成冷库，使用寿命可达30年，经济效益十分显著。当年投资，当年见效。请以某一个区域为对象调查我国冷库建设的现状。

【习题自测】：

一、判断题

1. 在满足正常使用的情况下，冷库门的数量越少越好。(　　)

2. 冷库一般不开窗。(　　)

3. 冷库库房温度一般相对稳定在某一低温状态，要避免较大的波动。(　　)

4. 冷桥对冷库没有多大影响。(　　)

5. 如果没有防冻措施，则冷库地坪可能会冻臌。(　　)

6. 冷库的建筑结构承受的载荷和内应力比常温库房要大，因此其建筑材料也容易被破坏。(　　)

7. 冷库的建筑材料应该耐低温、耐湿、抗冻性好。(　　)

8. 冷库投产前可以快速将库温降到所需要的低温状态。(　　)

9. 冷库中运输肉类和鱼类的手拉车不用区分。(　　)

10. 冷库入库食品必须新鲜、清洁、经过检查合格，肉类无血无毛无异味。(　　)

11. 肉类冻结完毕的标志是其内部温度不高于冷藏间温度3℃。(　　)

12. 冷库进出库时温度升高10℃以内不要紧。(　　)

13. 在正常储存情况下，冷库库温波动不得超过1℃。(　　)

14. 当冷货堆码时，货垛与冷风口相对。(　　)

15. 当冷冻库里没货时，通常温度在-5℃。(　　)

16. 当冷藏库里没货时，可保持常温。(　　)

17. 一般冻结间的温度比冻结货物冷藏间的稍高。(　　)

18. 生鲜品一般在4~-2℃的冷藏库中储存。(　　)

二、分析题

1. 采取降低温度的方法可以降低病源菌的发生率和果实的腐烂率，通过低温可以极大地减缓果品的呼吸代谢过程，从而达到阻止衰败，延长储藏期的目的。这种方法适用范围广，适合我国南北方各种水果、蔬菜、花卉、苗木等储藏保鲜。储藏保鲜期长，经济效益高。如葡萄保鲜7个月，苹果6个月，蒜苔7个月后，品质鲜嫩如初，总损耗不到5%。一般葡萄产地价只有1.5元/千克，而储藏到春节前后售价可达6元/千克。请分析利用冷库等设施对蔬菜水果冷藏后可以取得哪些经济效益。

2. 据报道，美国贸易发展署、美国商务部等政府机构充分肯定并看好中国冷链物流市场，并采取了积极推动措施。例如，2009年7月，北美最大的公共冷库物流供应商普菲斯与大连亿达集团共建了普菲斯亿达冷链基地，该冷库单体建筑面积25000平方米。另外，像美国“冷王”(Thermo King)这些世界冷链巨头企业也在积极进入中国冷链市场，这些对我国的冷链企业有何启示?

任务三　油品仓储管理

【任务描述】:

油品作为一种易燃易爆、易带电、有毒、有腐蚀性的特殊货物，对其进行作业时有很多的注意事项，你知道油品在仓储管理时应如何做到防火防暴、防静电、防毒以及防腐蚀吗?

【任务分析】:

油品是指原油、成品油(汽油、煤油、柴油、石脑油等)和液化石油气。由于它们具有易燃烧、易爆炸、易蒸发、易带电、易膨胀、易流动、易渗透、易漂浮和有毒性等物理化学特性，从而给油品的收、发、存等环节带来了诸多不安全因素。

【知识精讲】:

一、油品内涵

油品是指原油、成品油(汽油、煤油、柴油、石脑油等)和液化石油气。油品具有以下主要特性:

1. 易燃烧

油品具有易燃烧的特性，因此潜藏着发生火灾的危险性，其危险的程度是由闪点的高低来评定的。闪点越低，燃烧起火的可能性越大。

小看板：汽油、煤油和轻柴油的闪点

闪点是指石油产品在规定条件下，加热到它的蒸汽与火焰接触发生瞬间闪火时的最低温度。油品越轻，闪点越低。油品的危险等级是根据闪点来划分的。从闪点可判断油品组成的轻重，鉴定油品发生火灾的危险性。闪点越高越安全。

- 汽油闪点：-50~28℃；
- 煤油闪点：40~55℃；
- 轻柴油闪点：55~90℃。

2. 易爆炸

当石油蒸汽和空气混合到一定比率时，遇火就会发生爆炸，这个比率范围叫爆炸极限。石油蒸汽和空气混合产生爆炸的最低混合比例为爆炸下限；石油蒸汽和空气混合产生爆炸的最低混合比例为爆炸上限。

小看板：汽油、煤油、柴油的爆炸极限

- 汽油爆炸极限：1%~8%；
- 煤油爆炸极限：0.8%~6.5%；
- 柴油爆炸极限：0.6%~6.5%。

注：1. 体积百分比；

2. 在下限、上限之间时油品遇明火会产生爆炸；

3. 汽油爆炸温度极限：下限-38℃，上限-8℃。

3. 易蒸发

蒸发是液体表面分子汽化(运动)现象，是物质由液体变为气体的过程，蒸发的快慢与液体的温度有关。轻质油蒸发现象较显著，这种现象常常导致油品数量发生短缺，同时也降低了油品的质量，更为严重的是产生的蒸汽为燃烧爆炸及使工作人员中毒提供了必要的条件，同时造成了环境污染。

油气混合气密度是空气的1.59~4倍，容易在低洼处积聚，如遇明火就会引发燃烧或爆炸。

4. 易产生和积聚静电

油品是导电率极低的绝缘非极性物质，在油品的收发、输转和罐装过程中、油品沿管道流动与管壁摩擦、在运输过程中与车船上的罐、船壁冲撞、油流的喷射冲击都会产生静电。静电电压随摩擦的加剧而增大，当静电电位高于 4V 时，所产生的静电火花就达到了汽油蒸气点燃能量，足以使汽油蒸气着火爆炸。

小看板：油品静电的影响因素

1. 与输油管内壁粗糙程度成正比；
2. 空气相对湿度越大，产生静电荷越多；
3. 罐内流速越快，流动时间越长，产生静电荷越多；
4. 油品温度越高，产生静电荷越多，柴油特性相反；
5. 油品含水杂越多，泵送管输产生静电荷越多；
6. 流经阀门、弯头越多，产生静电荷越多；
7. 过滤器越密，产生静电荷越多；
8. 用绝缘材料制成的容器、油管比金属容器、油管产生的静电荷多；
9. 轻质油品比润滑油品更易产生静电荷。

5. 有毒

油品具有一定毒性，且毒性随其化学结构、蒸发速度及所含添加剂性质和加入量不同而不同。通常认为组分中的芳烃、环烷烃及添加剂的抗爆剂、防锈剂、防腐剂等毒性较大。

6. 有腐蚀

油品具有一定的腐蚀性，腐蚀会损坏容器、管线及设备，发生漏油。金属腐蚀所产生的氧化物，会增加油品机械杂质含量并加速油品氧化，影响油品质量。

二、油品仓储作业和管理

(一)油库的分类

油品仓库是指专门用于接收、储存和发放原油或原油产品的仓库，简称石油库或油库。

1. 根据管理和业务关系的不同分类

根据管理和业务关系不同，油库有以下分类，见表 5-7：

表 5-7　　根据管理和业务关系不同分类的油库类型

<table>
<tr><th>类　型</th><th>性　　质</th><th colspan="2">举　　例</th></tr>
<tr><td rowspan="6">公共油库</td><td rowspan="6">为社会和军事服务的，独立于油品生产和使用部门的企业或单位</td><td rowspan="3">民用油库</td><td>储备油库</td></tr>
<tr><td>中转油库</td></tr>
<tr><td>分配油库</td></tr>
<tr><td rowspan="3">军用油库</td><td>储备油库</td></tr>
<tr><td>供应油库</td></tr>
<tr><td>野战油库</td></tr>
<tr><td rowspan="4">企业附属油库</td><td rowspan="4">企业为满足自身生产需要而设置的储存设施</td><td colspan="2">油田原油库</td></tr>
<tr><td colspan="2">炼油厂油库</td></tr>
<tr><td colspan="2">交通企业自备油库</td></tr>
<tr><td colspan="2">大型企业附属油库</td></tr>
</table>

2. 根据建筑形式的不同分类

根据建筑形式不同，油库有以下分类，见表 5-8：

表 5-8　　根据建筑形式不同分类的油库类型

类型	性　质
人工洞油库	简称山洞油库，是指油罐等主要设备安装在人工开挖的山洞内的油库
地下油库	将油罐埋于地下，油罐内的液面低于地面 0.2 米的油库
地面油库	油罐底面等于或高于附近地面最低标高，且油罐的埋入深度小于其高度一半的油库。目前，大多数油库属于此类油库
半地下油库	油罐底部埋入地下且深度不小于罐高一半，罐内液面不高于附近地面最低标高 2 米的油库

3. 根据油库总容量分类

根据油库总容量不同，油库有以下分类，见表 5-9：

表 5-9　　根据油库总容量分类的油库类型

等级	总容量(立方米)
Ⅰ级	大于 100000
Ⅱ级	50000～100000
Ⅲ级	30000～50000
Ⅳ级	10000～30000
Ⅴ级	小于 10000

(二)油库的管理

油库属于危险货物仓库，因此需要进行严格的管理。在日常管理中必须贯彻“安全第一，预防为主”的方针。

1. 规章制度

(1)岗位责任制、技术操作规程、安全管理制度；

(2)要求明确的出入库管理制度；

(3)大门外设立醒目告示牌；

(4)门卫负责监督检查实施。

2. 油品生产的管理

(1)油品入库。

油品入库要对油品进行化验和计量；当油品接卸时，要检查管线，防止跑、漏、溢等情况发生；当桶装油卸车时，严禁将桶从车上摔下，并防止桶与桶、桶与罐之间发生碰撞。

(2)油品出库。

在出库时，要坚持“四不发”原则：油品变质不发；无合格证不发；对经调配加工过的油品，无技术证明和使用说明不发；车罐、船舱或其他容器内不洁净不发。

(3)油品储存保管。

进行油品储存保管时要专泵专管；输油完毕时要及时清理管道；根据油品牌号、规格分开存放；储罐应保持较高的装满率，以减少氧化、蒸发；在夏季应采取降温措施；桶装油卧放时，应桶底相对，桶口向上，双行并列，一般堆放两层，立放时桶口朝下；堆场应高出地面 0.5 米，以便排水；应遵循“先进先出”的原则；按时给油品进行化验。

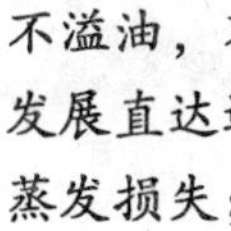

小看板：如何降低油品的损耗?

油品挥发性大，作业各环节均有洒漏及容器内有油品黏附现象，所以在作业过程中油品的损耗不可避免，那么怎样减少油品的损耗呢?

(1)加强检查，发现问题及时解决；(2)严格执行操作规程，控制安全容量，不溢油，不洒漏；(3)合理安排油罐的使用，尽量减少倒灌，减少蒸发损失；(4)发展直达运输的散装任务，尽量减少中间环节；(5)采取措施，减少热辐射带来的蒸发损失；(6)油库建立损耗指标计划和统计制度，制定奖励降低损耗条例。

3. 安全管理

油库安全管理就是将油库作为一个系统，为实现安全目标而进行的有关计划、组织、控制等方面的活动。要想搞好油库安全管理首先要建立健全安全管理措施。具体措施包括：安全教育、消防演练；明确安全责任，提高安全意识；落实消防设施的配置、维修、保养；加强对进入油库的人员、车辆的管理；检查设备巡查制度；定期进行安全大检查，查出问题定期落实整改；设立警示标志，举办安全活动；油库各岗位要做好相关记录，以备核查。

(1)油品的防火和防暴。

①控制可燃物。

②断绝火源。

③防止电火花引起燃烧和爆炸。

④防止金属摩擦产生火花引起燃烧和爆炸。

⑤防止油品蒸气积聚引起燃烧和爆炸。

(2)油品的防蒸发。

①降低储存油品温度。

②饱和储存减少气体空间。

③减少不必要的倒装及输转作业。

④密闭存储。

(3)油品的防静电。

①油罐、管线、装卸设备做良好接地。

②在向油罐、油罐汽车、铁路槽车装油时，输油管接近容器底部，装油速度不超4.5米/秒；在卸油时，油品初速度不得大于1米/秒，进油口浸没0.2米后，可提高流速，但不得超过7米/秒。

③油库内严禁向塑料桶里灌注轻质燃料油，禁止在影响油库安全的区域内用塑料容器倒装轻质燃料油。

④所有登上油罐和从事燃料油灌装作业的人员均不得穿着化纤服装(经鉴定的防静电工作服除外)；穿防静电工作服进行上罐和装卸作业，不得用化纤布擦拭工具和设备，不得用压缩空气吹扫管线；上罐人员登罐前要手扶无漆的油罐扶梯片刻，以免导致人体静电。

(4)油品的防毒。

①尽量减少油品蒸气的吸入量。

②避免口腔及皮肤与油品接触。

(5)油品的防腐。

①涂层防腐。

②护屏防腐。

③外加电流的阴极防腐。

【技能训练】:

1. 小组成员通过网络或实地考察搜集我国大型油库的资料，如文字说明、图片、视频等。

2. 小组成员调查附近的加油站，对其设施布局及管理制度、操作流程进行分析，是否存在不合理的地方，如果有，则请提出改进意见，撰写一份分析报告。

【习题自测】：

一、填空题

1. 在向油罐、油罐汽车、铁路槽车装油时，输油管必须插入油面(　　)或接近罐底，以减小油品的冲击与空气的摩擦。

2. 在空气特别干燥、温度较高的季节，尤应注意检查接地设备，适当(　　)灌油速度，必要时可在作业场地和导静电接地极周围浇水。

3. 在卸油时，油品最开始的速度不得大于(　　)。

二、简答题

1. 油品具有哪些特征？

2. 如何进行油品的安全管理？

3. 降低油品损耗的措施有哪些？

4. 油品出库时应坚持哪些原则？

5. 油品在油库保管时有哪些注意事项？

三、案例分析

案例一：2013 年 1 月 23 日，某机械制造厂仪表车间车工班的李某、徐某、陈某和徒工小张、小孟等 5 人及徐某的妻子饶某，正聚集在车工组一间约 18 平方米的小屋内，将门窗紧闭，用一个 5 千瓦的电炉取暖。此时屋内温度逐渐升高，墙角一个盛装 15 千克汽油的玻璃瓶随着室温的升高而膨胀，先后两次将瓶塞顶出。徒工小孟发现后，先后两次用力将瓶塞塞紧，瓶塞不再冲出，但已埋下灾难的种子。烤了一会儿手后，李某便在屋内检修车床，小张、小孟在一旁观看。由于瓶塞堵死了汽油挥发的唯一通道，瓶内不断聚集的汽油蒸气把玻璃瓶胀开一道裂缝，汽油慢慢向外渗出，流向电炉。坐在电炉旁的陈某、饶某发现汽油渗出后，立刻用拖布擦拭汽油。在擦拭清理过程中，拖布上的汽油溅到还未熄灭的电炉丝上，瞬间电炉就燃烧起来，屋内浓烟弥漫，火焰顺着油迹向汽油瓶烧去。屋内的几个人见势不妙，都往门口跑，徐某用力把门打开，因屋内充满大量汽油蒸气，门一开，屋外充足的氧气使屋内刹那间火光冲天。小张和徐某、小孟虽先后跑出，但小孟、徐某还是被烧伤。小张跑出后见师傅陈某未跑出，便返回去救师傅，在门口被火焰严重烧伤，只好退出。此刻汽油瓶爆炸，强大的冲击波将门关死。有孕在身的陈某和饶某动作稍慢，陈某跑到门口，想拉开门，由于屋内压力高于室外，门无法打开，陈某很快被火焰吞没倒在门口。饶某在跑的过程中摔倒，再未能爬起。正在检修车床的李某，事故发生后想从有铁栅栏的窗子出去，但是没有能把安装牢固的铁栅栏拉下，无奈之中想从天窗往外跳，打开天窗后火焰更猛，李某被烧死在窗下。这起事故造成 3 人被烧死，两人被烧伤，房屋和机床被烧毁，经济损失惨重。

请分析造成此次火灾的原因及管理中存在的漏洞。

案例二：2013 年 5 月 13 日上午 9：00 时，某厂调度电话通知渣油泵房操作工吴某，准备进 3 吨抽出油入 95#罐，并说明抽出油专用管线动火不能用，吴即提出走哪条管线；调度经调和管线、万吨罐岗位联系，决定将抽出油与残脱油一起走调和新 146#线转旧

146#线95#罐，调度通知万吨罐工谢某关新146#线去大坑车台阀，但此阀一直未关。9：10吴改通流程，10：00时东罐区开始送油，下午13：30时检尺搞库存，95#罐收油量仅吨，此异常情况吴不向调度及班长汇报，也不通知上下游岗位检查流程。到16：00时接班，接班的庞某并没有认真检查核实95#罐的油量，跑油继续；直到22：00时库存，95#罐收油反而少了33吨油，才查出油往大坑车台跑了，共计跑油508吨。

请分析：1. 这次跑油事件的主要原因是什么？

2. 应采取哪些措施防范类似事件的发生？

任务四　粮食仓储管理

【任务描述】：

肖峰最近应聘进入一家公司的粮仓工作，岗位是仓库管理员。他所在的粮仓储存的主要是玉米。上班第五天，领导安排肖峰进行库存检查，在熟悉的过程中，肖峰发现有些玉米里面有飞蛾。他很纳闷：玉米里面为什么会出现飞蛾呢？实在想不通这个问题，肖峰去向经验比较丰富的王师傅请教，假如你是王师傅，你将如何为肖峰解答疑惑？

【任务分析】：

粮食，包括谷物、大米、玉米、小麦等，属于大宗商品，同时关系到国计民生，所以在储存时通常专仓储存，特别保管。粮食本身具有呼吸性、自热型和易受虫害等特点，在对粮食进行储存保管时要采取特殊的措施，以防止粮食发生质变。

【知识精讲】：

一、粮食的特性

粮食的特性通常是指粮食在储存、运输等过程中所表现出的各种物理的及生理的属性。如粮食的呼吸作用、自热性和爆炸性、吸附性、导热性、散落流动性和易受虫害等。这些特性与储粮的稳定性密切相关。

1. 粮食的呼吸作用

粮食在储存过程中主要的生理活动是呼吸作用。适度的呼吸作用对维持粮食种子的生命力和品质是必要的。但是过于旺盛的呼吸，会加速粮食所含物质的分解，引起品质裂变。粮食的呼吸作用在有氧和无氧的条件下均能进行。粮食呼吸作用的强弱受以下因素的影响：

(1)水分。

粮食水分是微生物繁殖的重要条件，当含水量在13%以下，可以抑制大部分微生物的生长和繁殖。随着含水量的增加，呼吸作用逐渐增强，当超过一定界限时，呼吸作用急剧增强，形成一个明显的转折点。如果粮食的含水量超过转折点，就容易发生质变。

(2)温度。

粮食的呼吸作用在一定温度范围内，随粮温的升高而增强。低温能抑制粮食的呼吸作用，且不利于微生物和害虫的生存和繁殖。因此保持低温，有利于保护粮食品质。

(3)空气成分和粮食的品质状况。

空气中有充分的氧能促进粮食的呼吸作用；粮食中的不熟粒、冻伤粒和发芽粒等不完善粒，较之完善粒有较强的呼吸作用；杂草种粒等有机杂质亦能促进粮食的呼吸作用，应予以清除。

小看板：粮食呼吸对储粮安全的影响

粮食呼吸会产生大量的水分；呼吸过程中产生一定的热量；粮食中的有机物作为呼吸底物被消耗；粮食的呼吸会造成粮堆内的CO_2积累；粮食的无氧呼吸会导致酒精的积累；粮食的呼吸作用能促进小麦等粮食品种后熟作用；利用粮食的呼吸作用，进行自然缺氧储藏(气调储藏)。

2. 粮食的自热和爆炸性

粮食的自热是粮食温度自行升高的现象。粮食自热现象的产生与粮食的呼吸作用产生的热量以及粮食中微生物的生长、繁殖有密切的联系。粮食由于旺盛的呼吸作用产生的水和热量，如果不能散失而积存在粮堆内，将增加粮食的含水量和提高粮温，进而又促进粮食的呼吸作用，使粮温进一步升高。如此反复循环，使粮食温度不断上升而形成自热。

在粮食的含水量和温度由于呼吸作用而上升到一定程度时，附着在粮粒表面的微生物迅速繁殖，特别是霉菌的活动加强，而微生物体内的酶又促进粮食的自热。两者相互促进，使粮食发生自热和霉变，品质迅速恶化。

正因为粮食容易自热，所以当其内部温度达到燃点后，如果没有及时散热，则会导致粮仓的爆炸。因此，在储存期间，要定期或者不定期的翻仓散热，保证粮食的正常储存温度，防止其由于自热引发粮仓爆炸。

3. 粮食的吸附性和吸湿性

(1)吸附性。

各种粮食都具有吸附各种物质的蒸汽和异味的性能。这种吸附现象可分为吸附、吸收、毛细管凝结和化学吸附。粮食吸附的某些蒸汽和异味，在一定条件下，可完全或部分散发出来；粮食吸附的熏蒸剂的蒸汽在一定时间后散发；但对煤油、汽油、樟脑和某些农药，粮食吸附以后散失很慢甚至不能散失，从而影响粮食的使用。

(2)吸湿性。

粮食吸附和解吸水蒸气的性能称为吸湿性。由于粮粒中有巨大的毛细管吸附表面和粮食的亲水性，粮食具有很强的吸湿能力。并且对水分子的吸附既有物理吸附又有化学吸附，根据吸附的类型不同，水分在粮食中的存在形式可分为：结合水、吸附水和自由水。

小看板：粮食的平衡水分

在一定的温度和空气相对湿度条件下，粮食吸附水分与解吸水分的速度相等，这时表现为粮食的含水量不变，此时所含的水分，叫做粮食的“平衡水分”，相对湿度称平衡相对湿度。不同粮种、不同温度、不同相对湿度时的平衡水分是不同的。

4. 粮食的导热性

粮食的导热性是指粮堆传递热量的能力。粮食的导温性是指粮堆传递热量时所吸收的热量及自身温度升高的性能。粮堆的导热性和导温性均很差，是热的不良导体，表现为粮堆传热和升温都很困难，并且粮温的变化幅度及变化速度总是慢于环境温度。夏季，粮温一般低于环境温度；冬季，粮温则高于环境温度。

小看板：粮食的导热性与粮食储藏的关系

1. 粮食的不良导热性提供了粮食温控储藏的可能性。

2. 粮堆中，如果有热源，则易造成热量的聚积。

3. 处理发热粮必将造成人力物力及能量的消耗。

4. 粮食的不良导热性造成了粮堆内、外的温差的存在，这极易导致粮堆湿热扩散和湿热循环，使储粮结露变质，如不及时处理还会造成损失。

5. 散落流动性。粮食，包括谷物、大米、玉米、小麦等，属于散粒状商品，在粮仓中堆垛储存易于散落流动，使其质量和数量有所损耗，不便于进出库作业。

6. 易受虫害。粮食是害虫的“粮食”，易受害虫的青睐，所以储存期间一定要保证储存环境的干净卫生，同时控制好温湿度，减少细菌害虫的滋生及其带来的危害。一旦意外生虫，被虫蛀，要及时隔离已经受到影响的部分，及时杀虫灭虫。

二、粮食仓储管理方法

(1)从粮食储存特性出发，制定翔实、具体的工作制度和安全管理办法，并认真落实各项安全生产措施，确保粮食品质安全。

(2)保证粮仓的干净、卫生、无污染。粮仓尽可能采用专仓专储；粮仓的墙体、地面应进行硬化处理，不起尘、不脱落；坚持做好粮仓的清洁卫生工作；在粮食入库前，应对粮仓进行彻底清洁，消除异物、异味，并在异味消除后，粮食方可入库。

(3)粮仓内要控制水分，保持库内干燥。不得在粮仓内安装日用水源，消防水源应妥善关闭。洗仓水源应离仓库有一定距离，并在排水下方。仓库旁的排水沟应保持畅通，无堵塞。对粮仓内随时监控湿度，当仓内湿度升高时，要检查粮食的含水量。含水量超过要求时，应及时采取措施除湿。

(4)粮食具有自热性，在温度、湿度较高时，自热能力就更强。因此，除了做好仓内湿度的监控，还应控制好温度。在气温高的时候，应采取降温措施。

(5)粮食具有易燃性，对粮仓进行管理要做好防火工作。其中的一个重要方面是控制火源。在进行出入库、翻仓倒堆时，应避免一切火源的出现。特别要注意对作业设备运转的静电、粮食与仓壁、输送带的摩擦静电的消除。粉尘遇到火源也会爆炸起火，应加强吸尘措施，排除扬尘。

(6)粮仓内要防止粮食发生霉变。严格验收，防止已经霉变的粮食入库；做好温湿度的控制，保持仓内低温、干燥；定期检查粮食，若发现霉变，则立即清除霉变部分的粮食，并采取措施防止霉变的扩大；使用现代防霉技术和设备。

(7)粮食容易遭到虫鼠害，因此粮仓要采取有效措施预防虫鼠对粮食的损害。保持良好的仓库状态，确保仓内无破损、裂痕、空洞；防止虫鼠随货进入仓库；经常进行检查，及时发现虫害鼠迹；使用药物、高压等方法对虫鼠进行灭杀。

小看板：粮食质量指标

- 颜色；
- 气味和滋味；
- 容重；
- 湿度；
- 感染度。

【技能训练】：

1. 小组成员确定一种粮食，如大豆、小麦、玉米等，通过查资料了解其具体的保管要求，并撰写分析报告。

2. 小组成员选择一家粮仓，了解其结构布局和管理办法，分析其还需要加强的地方或值得借鉴的地方。

3. 小组成员通过网络或实地考察，搜集我国的结构形式，并以文字、图片或视频资料进行展示。

【习题自测】：

一、判断题

1. 大豆入库前，经过晾晒出去其中的水分后，在储存期间，将不会再产生水分。(　　)

2. 一般而言，粮食的呼吸作用只能在有氧的环境中才能进行。(　　)

3. 当粮食的含水量很低时，其呼吸作用很强，随着含水量的增加，其呼吸作用逐渐减弱。(　　)

4. 粮食温度自行升高的现象称为粮食的自热现象。(　　)

5. 粮食具有很好的导热性和吸附性。(　　)

二、简答题

1. 粮食具有哪些特性?

2. 影响粮食呼吸作用的因素有哪些?

3. 如何保证粮食在储存期间不发生质量变化?

三、案例分析题

2011 年 12 月 17 日，某粮库因清理上粮仓结顶玉米，违章指挥 5 人带一根钢钎、一条绳子进入上粮仓内，其中 2 人站在工作口一侧，另外 3 人站在粮面上用钢钎向下穿结顶粮层，由于结顶层突然坍塌被粮食淹埋，造成 3 人死亡。

2012 年 4 月 12 日，某粮库搬运队班长擅自带领 6 名农工移动输粮机，路遇障碍颠簸使滑轮出槽，1 人被落架砸死。

2013 年 5 月 31 日，某国家粮食储备库因人为纵火，由于露天粮囤间距太近，防火通道、隔离带被挤占，导致火势迅速蔓延，致使有 78 个粮囤过火。

请思考：1. 上述粮仓出现安全事故的原因分别是什么?

　　　　2. 在对粮食进行仓储管理时，应如何做到安全管理?

附录1

一　仓库租赁合同范本

一、合同的双方

（一）承租方：________________________________（以下简称甲方）
授权代表：____________职务：_________
地址：____________________________ 邮编：_____________
电话：__________________
传真：__________________
开户银行及账户号：

（二）出租方：（以下简称乙方）_________
授权代表：__________ 职务 __________
地址：
电话：
传真：
开户银行及账户：

根据有关法律法规，甲乙双方经友好协商一致达成如下条款，以供遵守。

二、租赁物位置、面积、功能及用途

（一）乙方将位于______市______区______镇______路______路段______仓（_____________分仓）______楼面积______平方米租赁给甲方使用。

（二）本租赁物的功能为海关保税货物储存。未经乙方准许，不得存放污染环境、易燃、易爆、有毒等危险物品和放射性物品（按国家保护、卫生、安全部门的有关规定执行）。否则，由此造成的一切责任及损失由甲方负责。

三、租赁期限

（一）租赁期为____年，即从二〇一____年______月______日起至二〇一______年______月_____日止。

（二）租赁期限届满前______天提出，经乙方同意后，甲乙双方将对有关租赁事项重新签订租赁合同。在同等承租条件下，甲方有优先权。

四、租赁费用

(一)租金。每月租金每平方米(立方米/吨)为人民币______元。每日租金(每立方米/吨)为人民币______元。

(二)租赁保证金。本出租合同的租赁保证金为人民币________元(大写______________元整)。租赁期限届满，在甲方已向乙方交清了全部应付的租金及因本租赁行为所产生的一切费用，并按本合同规定承担向乙方交还承租物等本合同所约定的责任后五天内，乙方将向甲方无条件不计利息退还租赁保证金。

(三)货物装卸费。乙方负责为甲方提供有偿装卸服务。单次40尺货柜人民币________元/柜，20尺货柜人民币________元/柜，散货按每立方米/吨/人民币________元，低于一立米/吨，按一立方米/吨计；若有小数点，则按小数点后一位四舍五入计算。

(四)代支费用。报关费、码头费及其相关费用实报实销。

五、货物进仓、存置、出仓、监管和报关的有关条件

(一)进入仓库存置的货物必须是经海关核准的，属于甲方的货物。

(二)甲方从境外进入保税仓的货物，必须与申报单证相符，如一经发现货物与申报单证不相符，由此而引起的后果由甲方负责。

(三)货物进出仓库时，甲方应持批文、买卖合同、发票和装箱单等有关单据，填写货物的进出报关单，由乙方代向海关办理报关手续，经海关核准放行后，才能使货物进出仓库。

(四)货物进仓后由海关以及经海关培训认可的专职仓库管理人员监管。

(五)甲方人员进出仓库，需持乙方制发的有效证件；甲方到访人员进出仓库，需经乙方同意，领取有效证件，或经有关管理人员同意后，方可进出仓库。

(六)根据海关规定，货物在仓库的存放期不得超过一年，如需延期存放，需向海关申办延期手续。

(七)甲方对存置于保税仓库内的货物需要在该仓库内加工时，必须征得海关批准后才可以进行。

(八)甲方派人负责核对库存货物数量及货物质量检验工作。乙方派人办理甲方货物进出仓的有关手续，每月向海关申报库存情况。

六、租赁费用结算

(一)租赁费用(包括仓租、装卸费、代支费用)每月月底结算一次；乙方应在每月结束后五天之内将租赁费用单据送交甲方，甲方收到以上单据并核对较正，在十天内付款。

(二)甲方应以银行有效支票以转账或现金支付上月费用。如甲方逾期未交应付的租赁费用，乙方有权追讨甲方租赁费用及逾期滞纳金，滞纳金金额为：拖欠天数乘以欠缴费用总数的3‰。

七、货物进出仓、包装、验收、储存监管的双方责任

(一)甲方货物包装标准按国家或专业标准规定执行，并有独立的件数和重量。乙方以整件包装货物进行监管。

(二)甲方货物进仓时需提供货物的装箱单明细表及其货物装卸、保管的特殊要求和注意事项给乙方验收装卸保管。如未提供必要的货物资料或资料不全、不及时、所造成的验收差错、损失或者货物品种、数量不符合时，乙方不承担赔偿责任。

(三)甲方货物出仓时需提供有效的提货凭证(包括有关授权的签名、公章、核准提货人的签名及提货人的姓名、身份证、车牌号码等)。乙方根据甲方提供的资料核对准确方可发货(甲方提供的授权资料附另页)。

(四)货物进出仓时，双方代表或经办人都应在场，检验后的记录要经双方代表或经办人签字。该记录视为合同的有效组成部分，双方各保存一份。

(五)乙方设立仓库管理制度，对甲方的货物负有妥善保管的责任。因仓库管理不善造成甲方货物损失时，乙方应根据实际情况赔偿甲方损失。

八、货物的赔偿方法和免责条款

(一)乙方可将仓库财产及仓库内货物购买保险。甲方存放在乙方仓库的货物如有损失，乙方可按投保的保险公司赔偿金额和方法赔付甲方损失。

(二)不可抗力原因，致使直接影响合同的履行和货物损失，乙方应立即将事故情况通知对方，在七天内提供详情及证明文件。货物损失参照乙方投保的保险公司关于不可抗力的免赔责任执行，乙方不承担赔偿责任。

(三)若因政府有关租赁行为的法律法规的修改或政府行为导致乙方无法继续履行本合同时，将按本条第二款执行。

九、合同的终止

(一)本合同至所有货物出仓后立即终止。合同终止前，甲方必须缴清在租赁期内所产生的一切费用。

(二)本合同提前终止。如一方需提前解约，应提前2个月书面通知对方并征得对方同意。提前解约的一方应补偿对方由此产生的损失。补偿损失为本合同一个月的租金。

十、通知

根据本合同需要发出的全部通知以及甲、乙双方的文件往来及合同的有关通知和需求等，应以书面形式进行：甲方给予乙方或乙方给予甲方的文件或传真一经发出，挂号邮件以本合同第一页所述的地址并以对方为收件人付邮十日后或以专人递至前述地址，均视为已经送达。

十一、适用法律

本合同在履行中发生争议，应由双方本着友好合作原则协商解决，若协商不成，

则通过仲裁程序解决，双方一致同意以乙方所在地的仲裁机构仲裁。

十二、其他条款

(一)本合同未尽事宜，经双方协商一致后，可另行签订补充协议。
(二)本合同一式两份，甲、乙双方各执一份。

十三、合同效力

(一)本合同经双方签字盖章，并收到甲方支付的首期租赁保证金款项后生效。
(二)本合同于二〇一____年____月____日在____区签订。

甲方(印章)　　　　　　　　　　乙方(印章)

授权代表(签字)　　　　　　　　授权代表(签字)

日期：____年____月____日　　　　日期：____年____月____日

二　保税仓库租赁协议

甲方：________________保税仓储有限公司
乙方：________________进出口有限公司

根据中华人民共和国海关法及有关法律法规的规定，甲乙双方经友好协商一致达成如下协议：

第一条　租赁物的位置、面积和用途

1.1　甲方将位于________市________，________路________号________幢的仓库以及办公用房租赁给乙方使用，仓库租赁面积经双方认可确认为建筑面积________平方米，实际租赁面积为________平方米；办公用房面积为________平方米。

1.2　乙方租赁此仓库用于________海关审批，验收合格的公用保税仓库。

1.3　此为独立的两层砖混结构仓库，自成一体。租赁采取包租的方式，由乙方自行管理。

1.4　根据保税物品数量少，体积小的特殊性，在海关允许的情况下，乙方将酌情把此仓库的一楼，委托甲方统一经营管理。

第二条　保税物资的管理

2.1　乙方租用甲方仓库所存货物系海关监管物资，未经______海关许可，甲方不得擅自转移、拆封、提交或作其他处理。

2.2 甲方负责提供________小时不间断的保安人员，以确保乙方存储货物的安全和完整。如发生盗窃等导致货物短少，乙方应及时向______海关报告，由海关根据《中华人民共和国海关法》作出相应处理。

第三条 免租期及租赁期限

3.1 仓库及办公用房租期为________年，即从________年________月________日起至________年________月________日止。

3.2 租赁期限届满前________个月，甲乙双方将对有关租赁事宜，重新签订租赁合同。在同等承租条件下，乙方有优先权。

第四条 租金和其他费用

4.1 仓库一楼为每月每平方米人民币____________元，二楼为每月每平方米人民币________元。办公用房租金为每月每平方米人民币________元。乙方按月支付，将租金汇入甲方指定的下列账户，或按双方同意的其他支付方式支付。

甲方开户行：____________________

开户名称：____________________

账　　号：____________________

4.2 乙方应于每月________日或该日前，向甲方支付租金，如逾期________天未支付，自第________天起应向甲方按________%/日，支付滞纳金。

第五条 专用设施、场地的维修和保养

5.1 乙方在免租期内，将按海关有关公用保税仓库的要求，对仓库进行装修、改建，加装监管设施。乙方事先向甲方提交装修、改建设计方案，并经甲方同意后，进行装修。装修费用由乙方承担，甲方有责任协助乙方实施。

5.2 乙方在租赁期限享有仓库所属设施的专用权。乙方应负责仓库内专用设施的维护和保养，并保证在合同终止时，专用设施以可靠运行状态随同仓库归还甲方。甲方有权检查监督。

5.3 甲方在仓库的管理上，必须保持仓库的清洁、干燥、卫生，采取必要的养护措施，不发生霉烂生锈、虫蛀，保证货物安全储存。

5.4 甲方负责乙方租用仓库水、电的供应，提供基本设施及装卸设施，以保证乙方的正常工作，使用费用由乙方承担。

5.5 甲方负责提供乙方租用办公用房的水、电以及通讯等基本设施，以确保乙方及海关人员的正常工作，使用费用由乙方承担。

5.6 甲方应在仓库按有关规定，配置相应数量的灭火器和其他消防设施，保证已通过定期的消防验收并向乙方提供相关批准文件的复印件。

5.7 乙方在租赁期间必须严格遵守执行《中华人民共和国消防条例》，做好消防工作。

5.8 乙方在租赁期限内应爱护租赁物，因乙方使用不当造成租赁物损坏，乙方应负

责维修，费用由乙方承担。

第六条　保险责任

在租赁期限内，甲方负责购买保险。凡因发生自然灾害、战争或其他不能预见的不可抗力，致使任何一方不能履行本合同时，双方应及时向海关报告，并按照《中华人民共和国海关法》处置。

第七条　广告

乙方根据杭州海关对公用保税仓库监管的要求，在仓库周围及道路口等明显方位需设立广告牌的，甲方应予配合，并协助乙方办理相关审批工作。

第八条　合同的终止

本协议提前终止或有效期届满，甲、乙双方未达成续租协议的，乙方应于提前终止之日或租赁期限届满之日迁离仓库，并将其返还甲方。

第九条　适用法律

本协议受中华人民共和国法律的管辖，并按中华人民共和国的法律解释。

第十条　其他条款

10.1　本协议未尽事宜，经双方协商一致后，可另行签订补充协议。
10.2　本协议一式四份，双方各执两份。

第十一条　合同生效

本协议经双方签字盖章后生效。

甲方：____________保税仓储有限公司
授权代表：____________________
乙方：________________进口有限公司
授权代表：____________________
____________年____________月____________日

三　仓库租赁合同书

合同编号：普包字(200)

出租方(甲方)：
地　址：

邮　编：
委托代理人：
地　址：
邮　编：

承租方（乙方）：
地　址：
邮　编：
营业执照或身份证号码：
委托代理人：
地　址：
邮　编：
根据有关法律法规，甲乙双方经协商一致达成如下条款，以供遵守。

第一条　租赁物位置、面积、功能及用途

甲方将位于________库区第________区________号仓库________楼________单元________________号货位之库房（以下简称租赁物）租赁于乙方使用。租赁物面积经甲乙双方认可确定为________平方米。库房荷载____________________。本租赁物的功能为普通干货仓，包租给乙方使用。若乙方需转变使用功能，则须经甲方书面同意。因转变功能所需办理的全部手续由乙方按政府的有关规定申报，因改变使用功能所应交纳的全部费用由乙方自行承担。

本租赁物按以下两种形式中实行（　　）管理形式：

A. 采取包租的方式，由乙方自行管理

B. 由乙方委托甲方派员管理

第二条　租赁期限

租赁期限为______年，即从______年______月______日起至______年______月______日止。租赁期限届满前三个月提出，经甲方同意后，甲乙双方将对有关租赁事项重新签订租赁合同。在同等承租条件下，乙方有优先权。

第三条　租赁物的交付

在本出租合同生效之日起______日内，甲方将租赁物按现状交付乙方使用，且乙方同意按租赁物及设施的现状承租。

第四条　租赁费用

4.1　租赁保证金

本出租合同的租赁保证金为首月租金的______倍，即人民币____________元（大写：____________________）。

4.2　租金

租金为每日每平方米人民币＿＿＿＿＿＿元，按实际天数计收。

4.3　物业管理及相关费用

有关物业管理费及相关费用由乙方同库区物业管理公司另行签订相关合同。

4.4　供电增容费

乙方如需增容，供电增容的手续由甲方负责申办，因供电增容所发生的全部费用由乙方承担。

4.5　装卸费

按甲方公司“货物装卸搬运收费标准”计收，该收费标准作为本合同的附件。

4.6　加班费

在甲方公司正常上班时间以外进出货的，按在库作业人员每人每小时10元人民币计收。

上述各项费用，以甲方每月发给乙方的收费通知单所列数额为准，乙方若有异议，需在接到收费通知单之日起2日内提出，否则视为乙方认可。

第五条　租赁费用的支付

5.1　乙方应于本合同签订之前，向甲方支付部分租赁保证金人民币＿＿＿＿＿＿元，租赁保证金的余额将于＿＿＿年＿＿＿月＿＿＿日前向甲方一次性支付完毕。本合同生效同时，乙方须向甲方支付首月租金即人民币＿＿＿＿＿＿元。

租赁期限届满，在乙方已向甲方交清了全部应付的租金及因本租赁行为所产生的一切费用，并按本合同规定承担向甲方交还承租的租赁物等本合同所约定的责任后5日内，甲方将向乙方无条件无息退还租赁保证金。

5.2　乙方应于每月五日或该日以前向甲方支付当月租金，并由乙方汇至甲方指定的下列账号，或按双方书面同意的其他支付方式支付。甲方开户行：＿＿＿＿＿＿＿＿＿账号：＿＿＿＿＿＿＿＿＿＿乙方逾期支付租金，应向甲方支付违约金，逾期支付的违约金金额为：拖欠天数乘以欠缴租金总额的1‰。

5.3　本合同生效后，甲方开始申办供电增容的有关手续，因供电增容所应交纳的费用，包括但不限于增容，由乙方承担。乙方应在甲方申办有关手续期间向甲方支付有关费用。

第六条　租赁物的转让

在租赁期限内，若遇甲方转让出租物的部分或全部产权，甲方应确保受让人继续履行本合同。

第七条　仓库使用

7.1　乙方在租赁期间须严格遵守消防条例、物业管理条例及有关制度，按消防部门有关规定全面负责租赁物内的防火安全；否则，由此产生的一切责任及损失由乙方承担。乙方应在租赁物内按有关规定配置灭火器，严禁将楼宇内消防设施用作其他用途。租赁物内确因维修等事务需进行一级临时动火作业时(含电焊、风焊等明火作业)，须消防主管部门批准。甲方有权根据需要检查租赁物的防火安全，但应事先书面通知乙方。乙方不得无理拒绝或延迟。

7.2　乙方保证库房货物堆垛整齐，按公安消防条例留足主通道(2.0米宽)，副通道(1.2米宽)，消防箱周围1.5米不得堆放货物，货物与墙等五个距离：墙距(外墙50厘米、内墙30厘米)、灯距(60厘米)、顶距(80厘米)、柱距(20厘米)、堆距(30厘米)。

7.3　乙方不得在租赁物内存放易燃、易爆、易腐、有毒、有放射性等危险品以及盐渍、油类、水泥等易污染货物以及盗抢盗版侵权等违法货物；否则，由此产生的一切责任及损失由乙方承担。

7.4　乙方在租赁期间享有租赁物所属设施的专用权。乙方应负责租赁物内专用设施的维护、保养、年审，并保证在本合同终止时专用设施以可靠运行状态随同租赁物归还甲方。甲方对此有检查监督权。

7.5　乙方对租赁物附属物负有妥善使用及维护之责任，对各种可能出现的故障和危险应及时消除，以避免一切可能发生的隐患。

7.6　乙方在租赁期限内应爱护租赁物，因乙方使用不当造成租赁物损坏，乙方应负责维修，费用由乙方承担。

7.7　库房站台周围及停车场地为公用设施，乙方不得私作其他用途。

7.8　各库房的结构、各种设施、供电、供水容量是按设计标准配设，乙方不得随意增加容量，不得乱拉、乱接临时电线或水管，不得改造库房结构及设施。

7.9　乙方不得在库房从事加工、装配业务，不得在库房或理货办公室住人，不得在库房及办公室烧开水或煮食物。

第八条　保险责任

在租赁期限内，甲方负责购买租赁物的保险，乙方负责购买租赁物内乙方的财产及其他必要的保险(包括责任险)。若甲乙各方未购买上述保险，则由此而产生的所有赔偿及责任分别由甲乙各方自行承担。

第九条　经营责任

9.1　库房由乙方自行管理的，如发生货物被盗、丢失、变质、损坏、损耗等情况，与甲方无涉。

9.2　乙方对外经营所发生的一切纠纷与法律责任概由乙方承担，与甲方无涉。

9.3　乙方不得以租赁物进行诈骗或从事其他违法活动；否则，一切后果概由乙方承担。

第十条　装修条款

10.1　在租赁期限内若乙方须对租赁物进行装修、改建，则须事先向甲方提交装修、改建设计方案，并经甲方同意，同时，须向政府有关部门申报同意。若装修、改建方案可能对公用部分及其他相邻用户影响的，则甲方可对该部分方案提出异议，乙方应予以修改。改建、装修费用由乙方承担。

10.2　若乙方的装修、改建方案可能对租赁物主结构造成影响的，则应经甲方及原设计单位书面同意后方能进行。

10.3　合同期满或终止时，乙方是否需要恢复仓库原貌或移交装修物由甲方决定。甲方决定移交装修物的，不能移动的装修物归甲方所有，甲方无须赔偿或补偿乙方。

第十一条　租赁物的转租

按下列两种方式选择：

乙方不得转租，否则甲方有权解除合同并按本合同第十二条第2款之约定追究乙方违约责任。

经甲方书面同意后，乙方方可将租赁物的部分面积转租。转租部分的管理工作由乙方负责，包括向转租户收取租金等。本合同规定的甲乙双方的责任和权利不因乙方转租而改变。如发生转租行为，乙方还必须遵守下列条款：

1. 转租期限不得超过乙方对甲方的承租期限；

2. 转租租赁物的用途不得超出本合同第一条规定的用途；

3. 乙方应在转租租约中列明，倘乙方提前终止本合同，乙方与转租户的转租租约应同时终止。

4. 乙方须要求转租户签署保证书，保证其同意履行乙方与甲方合同中有关转租行为的规定，并承诺与乙方就本合同的履行对甲方承担连带责任。在乙方终止本合同时，转租租约同时终止，转租户无条件迁离租赁物。乙方应将转租户签署的保证书，在转租协议签订后的2日内交甲方存档。

5. 无论乙方是否提前终止本合同，乙方因转租行为产生的一切纠纷概由乙方负责处理。

6. 乙方对因转租而产生的税、费，由乙方负责。

第十二条　提前终止合同

12.1　甲方不得无故提前终止本合同，如甲方因经营、整体规划需要确需提前解约，须提前30日书面通知乙方。

12.2　在租赁期限内，若遇乙方欠交租金或物业管理费超过30日，甲方在书面通知乙方交纳欠款之日起5日内(甲方可在租赁物周围张贴公告视为已经通知乙方)，乙方未支付有关款项，甲方有权停止乙方使用租赁物内的有关设施(包括水电)，由此造成的一切损失(包括但不限于乙方及受转租户的损失)由乙方全部承担。乙方欠交租金或物业管理费超过1个月，甲方有权提前解除合同，并按本条第2款规定执行。在甲方以传真或信函等书面方式通知乙方(包括受转租人)之日起，本合同自动终止。甲方有权留置乙方租赁物内的财产(包括受转租人的财产)并在解除合同的书面通知发出之日起5日后，将申请拍卖或变卖留置的财产所得价款用于抵偿乙方应支付的因租赁行为所产生的全部费用。多余部分，退回乙方；不足部分，甲方有权继续追索。

12.3　未经甲方书面同意乙方不得提前终止本合同。若乙方确需提前解约，须提前2

个月书面通知甲方，且履行完毕以下手续，方可提前解约：a. 向甲方交回租赁物；b. 交清承租期的租金及其他因本合同所产生的费用；c. 应于本合同提前终止前一日或之前向甲方支付相等于当月租金一倍的款项作为赔偿；d. 同意甲方在合同终止前 30 日内陆续收货进仓。在乙方履行完毕上述义务后，甲方将租赁保证金无息退还乙方。

12.4 乙方违反本合同第七条 7.3 款或第九条 9.3 款的，甲方有权提前解除合同。

12.5 双方未就提前终止合同达成协议，乙方虽单方提前搬离租赁物，但只要租赁物未再出租的，期间的租金仍由乙方承担。

第十三条 免责条款

13.1 当因有关租赁法律法规修改、政府行为，导致甲方无法继续履行本合同时，甲方可提前终止合同，但须提前 30 日通知乙方。因此终止合同的，甲方不承担违约及赔偿责任。乙方清楚本条款含义并不持异议，其后亦不会以此作为索赔之理由。

13.2 因发生严重自然灾害、战争或其他不能预见的、其发生和后果不能防止或避免的不可抗力致使任何一方不能履行本合同时，遭遇不可抗力的一方应立即用邮递或传真通知对方，并应在 30 日内，提供不可抗力的详情及合同不能履行，或不能部分履行，或需延期履行理由的证明文件。遭遇不可抗力的一方由此而免责。

第十四条 合同的终止

本合同提前终止或有效期届满，甲、乙双方未达成续租协议的，乙方应于终止之日或租赁期限届满之日迁离租赁物，将其返还甲方。乙方逾期不迁离或不返还租赁物的，应向甲方加倍支付租金，但甲方有权书面通知乙方其不接受双倍租金，并有权收回租赁物，强行将租赁场地内的物品搬离租赁物，且不负保管责任。

第十五条 广告

若乙方需在租赁物建筑物的本体或周围设立广告牌，则须经甲方书面同意并交纳相关费用。具体事宜由双方另行协商确定。

第十六条 有关税费

按国家及深圳市有关规定，因本合同缴纳的印花税、登记费、公证费及其他有关的税项及费用，按有关规定应由甲方作为出租人、乙方作为承担人分别承担。有关登记手续由甲方负责办理。

第十七条 租赁物管理

17.1 乙方在租赁期满或合同提前终止时，应于租赁期满之日或提前终止之日将租赁物清扫干净，搬迁完毕，并将租赁物交还给甲方。若乙方归还租赁物时不清除杂物，则甲方有权将租赁物内物品作为无价值的废品予以清除，清除该杂物所产生的费用由乙方负责。

17.2 乙方在使用租赁物时必须遵守中华人民共和国的法律、深圳市法规以及甲方有关租赁物物业管理的有关规定，若有违反，则应承担相应责任。倘由于乙方违反上述规定影响建筑物周围其他用户的正常运作，所造成损失由乙方赔偿。

第十八条　通知

根据本合同需要发出的全部通知以及甲方与乙方的文件往来及与本合同有关的通知和要求等，应以书面形式进行；甲方给予乙方或乙方给予甲方的信件或传真一经发出，挂号邮件以本合同第一页所述的地址并以对方为收件人付邮7日后，均视为已经送达。

第十九条　适用法律

19.1　本合同在履行中发生争议，应由双方协商解决，若协商不成，则通过法院诉讼解决。

19.2　本合同受中华人民共和国法律的管辖。

第二十条　其他条款

20.1　本合同未尽事宜，经双方协商一致后，可另行签订补充协议。

20.2　本合同一式四份，甲、乙双方各执两份。

第二十一条　合同效力

本合同自甲方收到乙方支付的首期租赁保证金款项，并经双方在本合同上签字盖章后生效。

甲方(签章)：
法定代表人：
联系电话：
银行账号：
委托代理人(签章)：　　　　　　　　年　　　月　　　日

乙方(签章)：
法定代表人：
联系电话：
银行账号：
委托代理人(签章)：　　　　　　　　年　　　月　　　日

四　某制造企业本地仓库租赁协议

甲方：
地址：××工业城

法定代表人：
营业执照证号：

乙方：
地址：
法定代表人：
营业执照证号：

合同编号：　　　　　　　　　　　合同签订及履行地：××工业城内

根据《中华人民共和国合同法》有关规定，经甲、乙双方友好协商，就甲方租用乙方位于________市____________________(详细地址)实际使用总面积为________平方米仓库______间(下称“协议仓库”)用于储存美的牌系列家用电器产品(具体包括：____________________________共______种)及仓储货物保管的具体事项达成如下协议：

一、甲方权利与义务

(一)甲方配备管理人员和保安，负责产品收、发、存管理，仓库范围的24小时巡查，保证产品防盗安全。

(二)甲方负责对存放于协议仓库内产品向保险公司投普通财产保，并承担保险费用。

(三)仓库范围内，未经甲方许可，乙方不得擅自进入，但甲方必须保证仓库用于协议用途。

(四)协议期内，有权随时对仓库实际使用面积、设施及货物收发存、安全管理等情况进行稽查。

(五)按约定支付租金。

二、乙方权利和义务

(一)按约定提供适用之仓库并保证仓库消防设施符合国家法律、法规规定，根据仓库实际情况，乙方库房范围内必须配备消防龙头______个，消防水带______卷，气体灭火器______支。

(二)水、电、电话设施齐全，并承担安装、使用费用及维护责任，保证甲方正常使用。

(三)保证仓库可防御水浸等意外事故，并承担意外事故赔偿责任。

(四)按约定收取租金。

三、期限、租金及结算办法

(一)租赁期：自______年__月__日至______年__月__日，最长不得超过一年，否则超过部分无效。期间届满前半个月，双方协商续约事宜。

（二）租金：每月每平方米元，每月合计________元。

四、结算办法

乙方提交等额含________税发票）交甲方自签收之日起一个月内电汇至乙方指定银行账户。

五、违约责任

（一）租赁期内，任何一方未经另一方同意，不得擅自解除合同；否则，以一个月租金向守约方支付违约金。但系出现法定之解除因素的除外。若系甲方提前解除合同的，则甲方在支付规定违约金后，乙方不得以任何理由扣留甲方产品；否则，由此造成甲方的一切损失由乙方全额赔偿。

（二）租赁期内，乙方将仓库改作他用的，应提前一个月通知甲方，以便甲方准备转仓事宜，由此造成甲方转仓等费用的增加由乙方承担，并以一个月租金向甲方支付违约金。

（三）甲方未按约定期限支付租金的，每延迟一天，按应付未付部分的1%支付违约金，并即时支付租金。

（四）乙方对仓库内产品出现之意外事故（如水浸等）损失按甲方产品出厂价全额赔偿。

（五）甲方投保范围内出现之产品损失，若系甲方原因造成的，乙方免责；若系乙方原因造成的，且保险理赔额不足以偿还甲方损失的，由乙方全额承担。

（六）乙方提供之实际使用面积与本协议内所填列面积不符，即少用多填，无论何种原因，经甲方稽查属实，除扣回甲方已多付租金外，按多付金额的100%支付违约金。

（七）乙方未按本合同规定配置相应设施的，无论何种原因，经甲方稽查属实，除责令乙方限期改正外，按当月租金10%~30%支付违约金。

六、本协议未尽事宜及所发生之纠纷由双方协商解决，协商不成由甲方所在地法院管辖

七、本协议一式两份，自双方签字、盖章之日起生效，双方各持一份，具同等法律效力

甲方：　　　　　　　　　　　　　　乙方：

授权代表：　　　　　　　　　　　　授权代表：

日期：______年______月______日　　日期：______年______月______日

五　某制造企业与物流公司的仓储租赁与货物保管协议

编号：DFB2002GXYY0001

存货方(甲方)：广东××制造有限公司

保管方(乙方)：芜湖××物流有限公司

根据《中华人民共和国合同法》及相关法律法规，合作双方就双方责、权、利等有关事项，经双方协商一致，达成如下协议。

仓储合作条款：

第一条：储存货物的品名、品种、规格、数量、质量、包装。

1. 货物名称：

2. 品种规格：

3. 数量：(按照计划指令)

4. 质量：(按照国家标准)

5. 货物包装：(按照国家标准)

第二条：货物验收的内容、标准、方法、时间、资料。

1. 在货物验收时，乙方或乙方委托仓库业主保管员核对货物与单据(随货同行联、送货单)型号、数量是否相符，产品包装是否完好，是否受损。

2. 如有包装破损、短少、损坏等，乙方仓库填写货物验收一览表，详细准确注明。

3. 送货车辆到达乙方仓库，乙方必须安排卸车收货(乙方提供24小时装卸服务)。

4. 乙方按照产品台数清点核收，以台(套)计量。不允许以件计算。

5. 乙方凭借甲方的入库单，严格按甲方的入仓单开出的数量、品种一一对应的产品入库单，以便双方进行核对(并注明甲方的单号)。

6. 乙方收货后，填制产品入库单，第二天上午将收货信息反馈给甲方。

第三条：货物保管条件和保管要求。

1. 乙方选用的仓库必须具备防火、防雨的基本功能，提供必要的地台板防潮设施，具备雨天等不良天气作业的条件。

2. 乙方必须严格按照包装箱标示要求的高度、层数、方向堆码，产品摆放整齐有序，便于清点、盘存和日常检查。货位堆垛科学，有效利用仓库库容。

第四条：货物入库、出库手续、时间、地点、运输方式。

1. 产品入库由甲方开出产品入库通知单，乙方签名确认。

2. 甲方及乙方客户提货，必须持有甲方规定有效的提货单。提货单必须具备甲方指定的提货专用章、财务签名。

3. 甲方及其代表口头通知、白条，乙方不得受理。

4. 乙方必须保证收到提货单后60分钟内准确发货完毕。

5. 产品退换甲方必须有书面有效通知，甲方指定负责人签字。乙方在产品上标示原货主单位，单独存放退货。

6. 退货产品乙方必须严格验收，列明包装破损、残次品，编制备查流水账。在货物退货单上退货单位签字确认。必要时由甲方代表现场确认。对于货物质量确认，由甲方售后服务代表负责。

第五条：货物的损耗标准和损耗处理。

1. 除原有包装、经甲方批准退货、运输等损坏外，所有保管责任所引起的损坏，产品短缺由乙方负责。

2. 在包装箱完好无损、无开启痕迹的情况下，客户开箱后发现产品型号不符、部件短缺、有质量问题等情况，乙方不承担任何责任。但有义务配合存货方查明原因。

3. 应由乙方承担的货物损失，按照甲方相关规定进行赔偿。

4. 甲乙双方共同设立货物差异调节账户，全国网点的差异(包括短少、窜型号)可汇总调剂，月度调剂差额部分由乙方负责赔偿。

第六条：信息反馈及报表要求。

1. 乙方每月上报库存报表及进出存明细表，并在明细表上有对应的甲方单号。若甲方有必要，则可以要求免费安装乙方的库存管理软件，处理即时库存查询。

2. 乙方必须提供详细的仓库地址和具体联络人电话，保证能够随时联系。

3. 对于甲方条形码系统所要求的各项信息，乙方必须保证及时处理并上传相关数据。

4. 乙方负责对甲方的条形码信息进行维护、编辑、处理等工作，以方便甲方相关人员的查询。

第七条：计费项目、标准、费用确认及结算方式。

1. 甲方需要支付乙方仓租、装卸、条形码费用；

2. 甲方规划全国月度库存总额为46万台(与产品配套销售的赠品视为成品的一部分，不单独计算作赠品或促销品)，其中残次品按照正品的2.5倍计算，甲方批准同意的委托代管品视同甲方货物。

3. 库存数据根据甲方系统数据取得，每月选取10日、20日、30日三个时点库存的平均值作为结算依据，时点库存数据须由甲方物流经理、乙方客户经理签名确认。

4. 甲方每月向乙方支付仓租费用12.8万元，月低于平均库存按照12.8万元结算仓租；当超出46万台时，超出部分按照1.5倍结算(即单台仓租标准为0.417元/台)。

5. 推广品、促销品全年固定面积为500平方米，按月支付，每月支付5000元。

6. 顺德本部按台计装卸费，装卸费按照双边结算(含进、出仓)，计费标准为电饭煲0.072元/台，电磁炉、电火锅0.066元/台。异地仓库按实际入库时货物体积计算，计费标准为6元/立方(含进、出仓)。

7. 条形码扫码费用按月支付，每月4万元(含条形码维护人员费用，乙方必须保证1~2人专人负责甲方条形码数据的维护和处理工作)。

8. 中转费用按照实际中转入库台数计算，计费标准为0.064元/台。

9. 乙方负责甲方相关单证处理业务，每月单证费用3000元。

10. 上述费用，甲方收到乙方发票和结算明细单后，二十天内应予承付。如遇特殊情况应由甲乙双方友好协商解决。

第八条：违约责任。

1. 乙方的责任

(1)在货物保管期间，未按合同规定的储存条件和保管要求保管货物，造成货物丢失、短少、变质、污染、损坏的，应承担赔偿责任。

(2)对于危险物品和易腐物品等未按国家和合同规定的要求操作、储存，造成毁损的，应承担赔偿责任。

(3)乙方提供24小时服务，节假日能正常工作，在甲方销售旺季，乙方必须保证配备足够的仓管人员、装卸人员，做到及时、有效、安全的收发工作。

(4)在合同期内，若甲方因政策变化需要撤换仓库，则应提前1个月通知乙方，以便乙方做撤仓准备。另因城市规划的需要，须强制性搬迁仓库的，新址须经过甲方相关部门同意，费用由乙方承担。

(5)每月25日乙方须协助甲方盘点和对账，并根据盘点报表和库存台账与甲方电脑账进行对账，双方签名确认，如有差异，根据当月发生的进出仓单据进行差异分析并注明原因。

(6)乙方必须保证产品按照先进先出的原则出货，若因乙方未能按要求满足甲方要求，则造成的货物滞销损失由乙方承担。正常业务作业中，甲方抽查结果将作为处罚乙方的依据。

2. 甲方的责任

(1)超议定面积标准储存量储存的，甲方应向乙方交纳超面积部分的仓租，或双方协议办理。

(2)易燃、易爆、易渗漏、有毒等危险货物以及易腐、超限等特殊货物，必须在合同中注明，并向乙方提供必要的保管运输技术资料，否则造成的货物毁损、仓库毁损或人身伤亡，由甲方承担赔偿责任直至刑事责任。

(3)货物临近失效期或有异状的，在乙方通知后不及时处理，造成的损失由甲方承担。

(4)未按国家或合同规定的标准和要求对储存货物进行必要的包装，造成货物损坏、变质的，由甲方负责。

(5)乙方已通知出库或合同期已到，由于甲方(含用户)的原因致使货物不能如期出库，甲方按合同的规定交付保管费，但乙方必须事前通知甲方相关人员。

(6)其他约定责任。

第九条：合同效力与期限。

本合同自存货方和保管方双方签字盖章之日起生效，经存货方和保管方确认的附件视为本合同的组成部分。

本合同有效期为1年，即从2012年10月1日至2013年9月30日为止。

第十条：变更和解除合同的期限。

由于不可抗力事故，致使直接影响合同的履行或者不能按照约定的条件履行时，遇有不可抗力事故的一方，应立即将事故情况书面通知对方，并应在2日内，提供事故详情及合同不能履行，或者部分不能履行，或者需要延期履行的理由的有效证明文件，此项证明文件应由事故发生地区的地级机构出具。按照事故对履行合同影响的程度，由双方协商解决是否解除合同，或者部分免除履行合同的责任，或者延期履行合同。

第十一条：解决合同纠纷的方式。

执行本合同发生争议，由当事人双方协商解决。协商不成，双方同意由甲方所在地仲裁委员会仲裁。

第十二条：货物保险、运输等其他约定事项。

1. 甲方负责办理货物保险，支付相应费用。

2. 运输破损根据甲方要求决定是否予以接收，相关事项根据需要另行约定。

第十三条：仓储考核条款。

1. 具体考核条例见《仓储管理考核细则》。

2. 甲方可授权其相关业务人员、分销财务人员对各地所属仓库进行考核，考核结果作为处罚的依据。

3. 在正常的业务操作过程中，甲方将对乙方的管理进行随机抽查并及时处理。

4. 仓储考核实行例外管理，凡违反《仓储管理考核条例》中相关条款，如接客户或服务商投诉、收发货物出现重大差错、违反仓储作业流程操作等，甲方将对乙方作出适当的处罚。

第十四条：未尽事项。

本合同未尽事项，一律按《中华人民共和国合同法》和《仓储保管合同实施细则》执行。本合同一式四份，双方各持两份。

附：《仓储管理考核条例》

托运方(章)：
地　址：
法定代表人：
电　话：
开户行：
账　号：
邮政编码：

承运方(章)：芜湖××物流有限公司
地　址：
法定代表人：
电　话：
开户行：
账　号：
邮政编码：

六　某制造企业仓储管理协议

甲方：
地址：

法定代表人：
营业执照证号：

乙方：
地址：
法定代表人：
营业执照证号：

合同编号：　　　　　　　　　　　　　合同签订及履行地：

为了提高仓储操作效率，体现专业物流的优势，甲方决定将销售产品的仓储业务全面交由乙方管理。甲乙双方根据《中华人民共和国合同法》的有关规定，就仓储管理进行责、权、利等有关事项友好协商，达成如下协议：

一、仓储业务代理范围

（一）目前在全国用于存放甲方产品所租赁的仓库（包括顺德本部仓与全国省会仓及二级办事处租赁的仓库）全部交由乙方管理；

（二）乙方负责按规定操作流程为甲方保管货物；

（三）甲方产品在仓库的所有进、出货作业和业务管理（包括装车、卸车、加盖代码章、退换货管理、移库、内部整理等）；

二、仓储保管条件及要求

（一）乙方选用的仓库必须满足以下条件：

1. 仓库所在地必须保证货车进出顺畅；
2. 库房高度能满足产品的堆放标准要求；
3. 库区内有足够的装卸平台，保证旺季出货需要；
4. 库区内有必备的雨篷保证雨天正常进出货；
5. 库房内有充足的照明设备，保证能 24 小时收发货；
6. 仓库选址应方便主要经销商提货；
7. 仓库的地址更改及新设立须经饮水机事业部相关部门同意。

（二）乙方负责所租库房的维修、管理，保证不漏雨、不潮湿，若因此而造成甲方货物在装卸或库存管理过程中的淋湿、受潮，则其损失由乙方赔偿。

（三）乙方负责甲方货物的安全保卫，提供足够数量的消防设施。

（四）乙方应采取必要措施保持库房清洁，保证甲方货物的干净、干燥；

（五）乙方必须严格按照包装箱标志或甲方颁发的其他有效文件要求的高度、层数、方向堆码，产品摆放整齐有序，便于清点、盘存。

三、仓储业务操作流程

(一)产品入库：货到乙方仓库后，乙方安排人员卸货、签收《产品送货单》，并在次日将《产品入仓单》货主联送交甲方；若在入库验收时发现货损，则应及时反馈给甲方，若无异议，则视为入库验收合格。

(二)产品出库：提货人凭甲方开具的《产品出仓单》或《产品调拨单》到乙方仓库提货，乙方按流程审核单据的合法性，按提货单发货；若因白条提货等原因造成的损失，则由乙方承担。若乙方不能按期及时发货，则逾期交货损失由乙方承担。

(三)退换货：经销商凭甲方审核的退货申请将货物送到乙方仓库，对符合退货审批数量和状态的产品收货，并出具《产品入仓单》，在入仓单上注明退货原因及状态，次日将产品入仓单的货主联送交甲方。

(四)存货操作：乙方按产品堆码标准和分区分类存放的原则，定期整理库存产品，避免产品出现积压变形的现象。

(五)盘点：每月 10 日、25 日对实物进行清点，盘点时尽量避免货物进出仓。

(六)对账：每月 10 日、25 日根据盘点报表和库存台账与甲方电脑账进行对账，双方签字确认；若出现差异，则根据当月发生的进出仓单据进行差异分析并注明原因。

(七)甲方和乙方共同商定具体操作流程作为本合同的附件。

四、双方的权利和义务及违约责任

(一)乙方的权利、义务与违约责任

1. 在货物保管期间，未按合同规定的储存条件和保管要求保管货物，造成货物短少、变质、污染、损坏的，应承担赔偿责任；造成货物短少、损坏的，按照当地市场零售价赔偿损失。

2. 保证仓库足够的装卸能力和人员安排，尤其是销售旺季，确保产品进出库顺畅；

3. 乙方每月盘点 2 次，确保货物完好无损及数量准确，盘点后将盘点报表及时报给甲方并对账；

4. 乙方必须严格按照规定操作流程发货，认真鉴定提货单和提货人身份，防止被人骗货；

5. 乙方必须严格执行甲方的退换货程序，若因执行不严，则造成的损失由乙方负责赔偿；

6. 乙方有义务配合甲方做好仓储运作业务的临时调查；

7. 若因业务发展需要，则乙方在移仓前应征求甲方的意见，确保经销商提货顺利；

8. 乙方设立客户经理，负责双方业务运作的管理衔接；

9. 乙方应书面记录甲方对乙方操作不当的投诉，及时采取相应处理措施并将处理结果及预防措施回复甲方；

10. 为确保甲方的货物不受潮湿，在容易受潮的仓库储存货物必须使用地台板；

11. 因乙方过失，造成甲方的直接、间接经济损失由乙方完全承担。

(二)甲方的权利、义务与违约责任

1. 甲方有权随时检查仓库存货状态；

2. 甲方有权对乙方实际操作中存在的不足提出改善要求，乙方必须在一周内对甲方提出的改善作出明确答复及采取相应措施；

3. 甲方若因业务发展需要，则双方经过友好协商后，通过补充协议的形式确定新的服务内容；

4. 为避免出现伪造单据提货现象，甲方应向乙方提供本部仓或外省仓提货所必须具备的单据印鉴、签名样本；

5. 为了充分保障乙方足够的服务能力，甲方每月向乙方提供需求滚动计划，以便乙方准备充足的服务资源；

6. 货物因非乙方因素造成的异状或不能正常销售的，造成的损失由甲方承担；乙方发现货物异常的，应及时通报甲方。

7. 甲方在合同执行期间相关制度规范出台或变更，涉及乙方运作和服务的，应及时以书面形式告知；否则，乙方不承担责任。

8. 甲方在本合同期内出台的制度规范，乙方因执行新制度规范而增加的成本，甲方须给予追加费用结算；

9. 因甲方的其他物流供应商没有严格执行甲方的规章制度或甲方与其他供应商在本合同期所签订的合约增加乙方的成本，甲方须给予确认结算；

10. 未按国家或合同规定的标准和要求对储存货物进行必要的包装，造成货物损坏、变质、由甲方负责；

11. 由于出库凭证或调拨凭证上的差错所造成的损失，由甲方负责；

12. 甲方应向乙方提供产品堆码标准，以便乙方存放产品；

13. 甲方应按合同结算条款向乙方支付仓储管理费用。

14. 在甲方需要撤仓时，应在撤仓前一个月通知乙方，以便于乙方做好撤仓的准备工作。

15. 甲方应将现存放于乙方仓库已办理出库手续的推广品尽快撤离，乙方今后不再承担甲方已出库推广品的代保管责任。

16. 乙方的保管行为违反合同约定，给甲方造成直接经济损失的负责赔偿；无造成直接经济损失的予以提醒、警告，对甲方提出的问题不及时纠正、屡次违规或性质恶劣的，每次处以 200~5000 元罚款，该款可以从应付仓储费中划扣。

五、费用结算方式

（一）仓储费用包含：仓库租金及保管费、本部装卸费、本部中转运输费、异地仓装卸包干费及其他增值服务费；

（二）仓租及保管费按________元/标准台计付（含赠品，代保管品按此价另外计付）。月仓储费的计算方法为：先取经甲方城市营销公司财务和乙方网点负责人签名确认的三个时点库存实际盘点数（即上月 25 日、本月 10 日、本月 25 日）进行简单平均，以该值与单台价格相乘得出该月甲方应付仓租及保管费。特殊情况时，经双方协商同意也可只取两个时点的盘点数（即上月 25 日和本月 25 日）简单平均。

(三)促销品、推广品按照每月1000平方米、________元/平方米计算，即每月促销品、推广品仓储费(含仓租费、管理费、移库费等一切费用)。

(四)本部装卸费(含入库、出库)按________年度单台计价标准计付(见附表)，新产品按体积折算，________元/台。

(五)赠品、促销品、推广品的装卸费按照________元/月进行结算。

(六)本部中转运输费按大类产品入库数量计算：________元/台。

(七)饮水机产品的赠品、促销品、推广品等中转费用忽略不计。

(八)异地仓库装卸(含入库、出库费)包干费按每车________元计算(经销商退货装卸费由经销商承担，甲方制定相关指引)；火车运抵的，装卸费按一火车皮________元计付。

(九)盖代码费用按照________元/年支付，折合每月________元。

(十)乙方为甲方提供本部及异地运输单证的印刷、制作、打印服务，其他增值服务按补充协议另行确定。

六、结算时间及结算程序

(一)按月结算，每月20日前结算上月费用。

(二)乙方网点负责人根据甲方确认的10日、25日库存盘点表填写《网点仓月度数据确认表》，交甲方分公司财务共同签名确认。

(三)乙方对《网点仓月度数据确认表》进行汇总，并附上《网点仓月度数据确认表》原件、发票与甲方结算仓租费。

(四)中转、装卸费凭乙方提供的《装卸费用汇总表》、本部中转装卸费确认表、发票等单证与甲方结算。

七、合同有效期

合同有效期从____年____月____日至____年____月____日止。

八、合同的变更和解除

由于不可抗力事故，致使直接影响合同的履行或者不能按合同约定的条件履行时，遇有不可抗力事故的一方，应立即将事故的情况电话通知对方，按照事故对履行合同影响的程度，由双方协商解决是否解除合同，或者免除履行合同的责任，或者延期履行合同。若一旦遇到不可抗力事故，则乙方应及时提供不可抗力证明，并有义务及时处置，防止损失扩大，积极协助甲方进行保险索赔。

九、货物保险

甲方负责对库存的成品投财产保险综合险。

十、保密条款

(一)保密的原则与范围：乙方在与甲方合作期间因工作信任关系获得的或取得的信

息负有保密义务，非经甲方书面同意，不泄露与使用该信息，保密义务延伸至乙方在职或服务终止之后。这些信息包括甲方及其关联公司产品的进销存数据、需求计划、技术文件、软件、供销渠道、客户资料以及一切与甲方业务有关的内容。

（二）间接侵权与保密措施：不使他人获得、使用这些信息，不直接或间接地劝诱或帮助他人劝诱企业内掌握商业秘密的员工离开企业；保证遵守甲方为保护知识产权制订的相关制度与规章，认真执行保密措施；发现他人有侵犯甲方商业秘密的行为，有责任向甲方或美的集团科技与知识产权部报告；当乙方结束与甲方的工作时，应及时将所有与甲方经营活动有关的文件、记录或材料交给甲方指定的人员。

十一、其他

本合同未尽事宜，双方友好协商另行签订补充协议；若协商不能解决的，则提交甲方所在地法院裁决。

甲方：
授权代表：
日期：______年____月____日

乙方：
授权代表：
日期：______年____月____日

附录 2

《中华人民共和国合同法》中关于“仓储合同”的条款及释义

本章共十五条，对仓储合同的定义、生效、危险物品的储存、仓储物的验收、仓单的性质和作用，以及存货人和保管人的权利义务等作了规定。

第三百八十一条 仓储合同是保管人储存存货人交付的仓储物，存货人支付仓储费的合同。

【释义】本条是关于仓储合同定义的规定。

仓储合同，是指当事人双方约定由保管人(又称仓管人或仓库营业人)为存货人保管储存的货物，存货人支付仓储费的合同。

仓储业是随着商品经济的发展，从保管业中发展、壮大起来的特殊行业。近代以来，仓储业日渐发达，原因就是随着国际及地区贸易的扩大，仓储业能为大批量货物提供便利、安全、价格合理的保管服务。因此，仓储合同不再作为一般的保管合同来对待，而是作为一种独立的有名合同在合同法中加以规定。

仓储合同具有以下特征：

1. 保管人必须是具有仓库营业资质的人，即具有仓储设施、仓储设备，专事仓储保管业务的人。这是仓储合同主体上的重要特征。

2. 仓储合同的对象仅为动产，不动产不可能成为仓储合同的对象。

3. 仓储合同为诺成合同。仓储合同自成立时起生效。

4. 仓储合同为不要式合同，可以是书面形式，也可以是口头形式。

5. 仓储合同为双务、有偿合同。保管人提供储存、保管的义务，存货人承担支付仓储费的义务。

6. 仓单是仓储合同的重要特征。

第三百八十二条 仓储合同自成立时生效。

【释义】本条是关于仓储合同何时生效的规定。

仓储合同是诺成合同；又称为不要物合同，即双方当事人意思表示一致就可成立、生效的合同。而保管合同是实践合同，或称为要物合同。保管合同除双方当事人达成合意外，还必须有寄存人交付保管物，合同从保管物交付时起成立。这是仓储合同与保管合同的重要区别之一。

仓储合同为不要式合同，既可以采用书面形式，又可以采用口头形式。无论采用何种形式，只要符合合同法中关于合同成立的要求，合同即告成立，而无须以交付仓储物为合同成立的要件。这就意味着，双方当事人意思表示一致即受合同约束，任何一方不按合同约定履行义务，都要承担违约责任。

也有的学者主张仓储合同为实践合同。这种主张不利于交易的安全和稳定。因为仓储合同是双务有偿合同。无论是存货人还是保管人都有商业营利的需要，特别是保管人就是以替他人储存、保管货物为业。保管人接受仓储物予以储存，存货人支付仓储费，双方就是一种交易行为，如果规定仓储合同为实践合同，则不利于这种交易的安全和稳定。因此本条规定："仓储合同自成立时生效"。

关于仓储合同的主要条款，除可参照合同法总则第十二条规定的合同一般包括的条款外，双方当事人还可以对仓储合同特殊要求的一些条款进行约定。仓储保管合同的主要条款一般有：1. 货物的品名或品类；2. 货物的数量、质量、包装；3. 货物验收的内容、标准、方法、时间；4. 货物保管条件和保管要求；5. 货物进出库手续、时间、地点、运输方式；6. 货物损耗标准和损耗的处理；7. 计费项目、标准和结算方式、银行、账号、时间；8. 责任划分和违约处理；9. 合同的有效期限；变更和解除合同的期限。

第三百八十三条　储存易燃、易爆、有毒、有腐蚀性、有放射性等危险物品或者易变质物品，存货人应当说明该物品的性质，提供有关资料。

存货人违反前款规定的，保管人可以拒收仓储物，也可以采取相应措施以避免损失的发生，因此产生的费用由存货人负担。

保管人储存易燃、易爆、有毒、有腐蚀性、有放射性等危险物品的，应当具备相应的保管条件。

【释义】本条是关于储存危险物品和易变质物品的规定。

存货人储存易燃、易爆、有毒、有腐蚀性、有放射性等危险物品或者易变质物品，应当向保管人说明该物的性质。所谓"说明"，应当是在合同订立时予以说明，并在合同中注明。这是诚实信用原则的必然要求。如果存货人在订立合同后或者在交付仓储物时才予以说明，那么保管人根据自身的保管条件和技术能力，如果不能保管的，则可以拒收仓储物或者解除合同。

存货人除应当对需要储存的危险物品及易变质物品的性质作出说明外，还应当提供有关资料，以便保管人进一步了解该危险物品的性质，为储存该危险物品做必要的准备。

存货人没有说明所储存的货物是危险物品或易变质物品，也没有提供有关资料，保管人在入库验收时，发现是危险物品或易变质物品的，保管人可以拒收仓储物。保管人在接收仓储物后发现是危险物品或易变质物品的，除及时通知存货人外，也可以采取相应措施，以避免损害的发生，因此产生的费用由存货人承担。例如将危险物品搬出仓库转移至安全地带，由此产生的费用由存货人承担。如果存货人没有对危险物品的性质作出说明并提供有关资料，从而给保管人的财产或者其他存货人的货物造成损害的，存货人应当承担损害赔偿责任。如果存货人未说明所存货物是易变质物品而导致该物品变质损坏的，保管人不承担赔偿责任。

保管人储存易燃、易爆、有毒、有腐蚀性、有放射性等危险物品的，应当具备相应的保管条件。如果保管人不具备相应的保管条件，就对上述危险物品予以储存，对自身造成的损害，存货人不负赔偿责任。

第三百八十四条　保管人应当按照约定对入库仓储物进行验收。保管人验收时发现入库仓储物与约定不符合的，应当及时通知存货人。保管人验收后，发生仓储物的品种、数量、质量不符合约定的，保管人应当承担损害赔偿责任。

【释义】本条是关于仓储物验收的规定。

保管人和存货人应当在合同中对入库货物的验收问题作出约定。验收问题的主要内容有三项：一是验收项目，二是验收方法，三是验收期限。

1. 保管人的正常验收项目为：货物的品名、规格、数量、外包装状况，以及无需开箱拆捆直观可见可辨的质量情况。包装内的货物品名、规格、数量，以外包装或货物上的标记为准；外包装或货物上无标记的，以供货方提供的验收资料为准。散装货物按国家有关规定或合同规定验收。

2. 验收方法为：全部验收和按比例验收。

3. 验收期限：验收期限自货物和验收资料全部送达保管人之日起，至验收报告送出之日止。

保管人应当按照合同约定的验收项目、验收方法和验收期限进行验收。保管人验收时发现入库的仓储物与约定不符的，如发现入库的仓储物的品名、规格、数量、外包装状况与合同中的约定不一致的，应当及时通知存货人。由存货人作出解释，或者修改合同，或者将不符合约定的货物予以退回。

保管人验收后发生仓储物的品种、数量、质量不符合约定的，保管人应当承担损害赔偿责任。在理解本条保管人的赔偿责任时，品种、数量不符合约定，应当承担损害赔偿责任较为明确；质量问题的赔偿责任，要注意两点：1. 这是讲的是质量不符合约定。对不同条件、不同性质的仓储物的质量，可以按照交易习惯和当事人的特别约定来确定质量问题。2. 如果约定不明确，发生质量问题是否由保管人承担赔偿责任，依照本法第三百九十四条的规定，因仓储物的性质，包装不符合约定等造成灭失、损坏的，保管人不负赔偿责任。

第三百八十五条　存货人交付仓储物的，保管人应当给付仓单。

【释义】本条是关于保管人给付仓单义务的规定。

仓单是保管人收到仓储物后给存货人开付的提取仓储物的凭证，以便存货人取回或处分其仓储物。仓单的作用表现在以下几点：

1. 仓单可以证明保管人已收到仓储物，以及保管人和存货人之间仓储关系的存在。

2. 仓单是有价证券的一种，其性质为记名的物权证券，存货人可以在仓单上背书并经保管人签字或者盖章，可以转让提取仓储物的权利。

3. 仓单是提取仓储物的凭证。存货人或者仓单持有人应当凭仓单提取仓储物。

关于仓单与仓储合同的关系：仓单不能代替仓储合同。无论当事人采用书面形式还是采用口头形式，当事人订立合同后即受合同约束。存货人交付仓储物是履行合同，而保管人给付仓单也是履行合同。尽管仓单中记载了仓储合同中的主要内容，但仓单不是仓储合同，只是作为仓储合同的凭证。仓单与仓储合同的关系如同提单与海上货物运输合同的关系一样，依我国《海商法》第四十四条规定，提单是作为海上货物运输合同的凭证。

仓单作为一种有价证券，有的国家的立法采两券主义，即保管人在收到仓储物后应同时填发两张仓单，一为提取仓单，用提取仓储物和通过背书转让仓储物之用；另一为出质仓单，以供仓储物出质之用。我国合同法采一券主义，即保管人只填发一张仓单，该仓单除作为已收取仓储物的凭证和提取仓储物的凭证外，既可以通过背书转让仓单项下货物的所有权，也可以用于出质。我国《担保法》第七十五条明确规定，仓单可以出质。第七十六条中规定，以仓单出质的，质押合同自仓单交付之日起生效。

第三百八十六条　保管人应当在仓单上签字或者盖章。仓单包括下列事项：

（一）存货人的名称或者姓名和住所；

（二）仓储物的品种、数量、质量、包装、件数和标记；

（三）仓储物的损耗标准；

（四）储存场所；

（五）储存期间；

（六）仓储费；

（七）仓储物已经办理保险的，其保险金额、期间以及保险人的名称；

（八）填发人、填发地和填发日期。

【释义】本条是关于仓单应记载事项的规定。

仓单是收取仓储物的凭证和提取仓储物的凭证，仓单还可以通过背书转让或出质，因此仓单应当具备一定的形式。无论仓单是转让还是出质，受让人和质权人并不了解存货人和保管人之间的合同的具体内容，因此法律规定了仓单应当记载的事项，以便受让人或质权人明确自己的权利和行使自己的权利。

1. 仓单上必须有保管人的签字或者盖章，否则不生仓单应有之效力；

2. 仓单是记名证券，因此仓单上应当记载存货人的名称或者姓名及住所，否则不符合记名证券的本质特征；

3. 仓单可经背书而生物权移转之效力，因此对仓储物详细情况的记载是必需的，仓单上应明确记载仓储物的品种、数量、质量、包装、件数和标记；

4. 仓单上应记载仓储物的损耗标准。这对提取仓储物和转让仓储物是至关重要的，可以避免发生很多纠纷；

5. 仓单上应记载储存场所，如果仓单经背书转让，则仓单持有人就可以明确仓储物的储存场所；

6. 仓单上应记载储存期间。如果仓单经背书转让，则仓单持有人就可以明确应在多长时间内提取仓储物；

7. 仓单上应记载仓储费。如果仓单经背书而转让，则仓单持有人在提取仓储物时应支付仓储费；

8. 仓储物已经办理保险的，其保险金额、期间以及保险公司的名称应在仓单上注明。仓储物已经办理保险的，如果存货人转让仓储物，则保险费可以计入成本。转让以后，受让人享受保险利益，一旦发生保险合同中约定的保险事故，受让人可以找保险公司索赔。因此，仓单上记载上述事项是非常必要的。

9. 仓单上应记载填发人、填发地和填发日期。这是任何物权证券的基本要求，提单也是如此。

第三百八十七条　仓单是提取仓储物的凭证。存货人或者仓单持有人在仓单上背书并经保管人签字或者盖章的，可以转让提取仓储物的权利。

【释义】本条是关于仓单转让和出质的规定。

我国合同法对仓单采一券主义，仓单即可以依法转让，也可以依法出质。

仓单作为有价证券，所以可以流通。流通的形式有两种：一是转让仓单，即转让仓单项下仓储物的所有权；二是以仓单出质，质权人即享有提取仓单项下仓储物的权利。仓单转让的，仓单持有人即成为所有权人，可以依法提取仓储物。以仓单出质的，适用担保法的规定。依我国《担保法》第七十七条规定，仓单上载明提货日期的，如果提货日期先于债务履行期的，质权人可以在债务履行期届满前提货，并与出质人协议将提取的货物用于提前清偿所担保的债权或者向与出质人约定的第三人提存。

无论是仓单转让还是仓单出质，都应当通过法定的形式才能生效。

存货人转让仓单应当在仓单上背书并经保管人签字或者盖章始生效力。如果只在仓单上背书但未经保管人签字或者盖章，即使交付了仓单，转让行为也不生效力。所谓“背书”，是指存货人在仓单的背面或者粘单上记载被背书人(受让人)的名称或姓名、住所等有关事项的行为。为什么要经保管签字或者盖章呢？因为保管人是仓储物的合法占有人，而仓储物的所有权仍归存货人，为保护存货人的所有权，防止其他人以不法途径获得仓单，从而损害存货人的利益，也使保管人自己免于承担不应有的责任，因此存货人转让仓单的，除存货人应当在仓单上背书外，还应当由保管人在仓单上签字或者盖章，仓单转让的行为才发生效力。

存货人以仓单出质的，应当与质权人签订质押合同，在仓单上背书并经保管人签字或者盖章，并将仓单交付质权人，质押合同始生效力。因为一旦债务人不能在债务履行期间届满前履行债务，质权人就享有提取仓储物的权利。因此，如果没有存货人(出质人)在仓单上背书和保管人在仓单上签字或者盖章，质权人就不能提取仓储物，同样，也只有存货人(出质人)在仓单上背书和保管人的签字或者盖章，才有助于保护存货人的所有权和保管人的合法占有权。

第三百八十八条　保管人根据存货人或者仓单持有人的要求，应当同意其检查仓储物或者提取样品。

【释义】本条是关于仓单持有人有权检查仓储物或者提取样品的规定。

存货人将货物存置于仓库，存货人为了了解仓库堆藏及保管的安全程度与保管行为，保管人因存货人的请求，应允许其进入仓库检查仓储物或者提取样品。

由于仓单是物权证券，存货人可以转让仓单项下仓储物的所有权，也可以对仓单项下的仓储物设定担保物权，即出质。仓单经背书并经保管人签字或者盖章而转让或出质的，仓单受让人或质权人即成为仓单持有人。无论是转让仓单还是出质仓单，仓单持有人与存货人一样，都有检查仓储物或者提取样品的权利。

第三百八十九条　保管人对入库仓储物发现有变质或者其他损坏的，应当及时通知存货人或者仓单持有人。

【释义】本条是关于保管人在仓储物变质或者其他损坏情况下的通知义务的规定。

保管人对仓储物有妥善保管的义务，保管人应当按照保管合同中约定的保管条件和保管要求妥善进行保管。保管人因保管不善造成仓储物变质或者其他损坏的，应当承担赔偿责任。例如保管条件已不符合原来的约定，如合同约定用冷藏库储存水果，但冷藏库的制冷设施发生故障，保管人不采取及时修理等补救措施，致使水果腐烂变质的，保管人应承担赔偿责任。

保管人在符合合同约定的保管条件和保管要求进行保管的情况下，因仓储物的性质、包装不符合约定或者超过有效储存期，造成仓储物变质、损坏的，尽管保管人不承担责任，但是保管人应当及时将此种情况通知存货人或者仓单持有人。即使仓储物没有变质或其他损坏，但有发生变质或其他损坏的危险时，存货人也应当及时通知存货人或者仓单持有人。这是对保管人的更进一步要求。

《合同法》第六十条规定："当事人应当按照约定履行自己的义务。当事人应当遵循诚实信用原则，根据合同的性质、目的和交易习惯履行通知、协助、保密等义务。"这一条就是说，当事人除按合同约定履行自己的合同义务以外，还应当按照诚实信用原则及合同的性质、目的和交易习惯履行合同中没有约定的通知、协助、保密等义务。本条的规定就是合同法总则第六十条规定的精神的具体化。保管人应当按照诚实信用原则，根据仓储合同的性质、目的及交易习惯，在仓储物有变质、损坏或者有变质、损坏的危险时，负有及时通知存货人或者仓单持有人的义务。

第三百九十条　保管人对入库仓储物发现有变质或者其他损坏，危及其他仓储物的安全和正常保管的，应当催告存货人或者仓单持有人作出必要的处置。因情况紧急，保管人可以作出必要的处置，但事后应当将该情况及时通知存货人或者仓单持有人。

【释义】本条是关于保管人对有变质或者其他损坏的仓储物如何处理的规定。

保管人对入库仓储物发现有变质或者其他损坏，这种变质或损坏是非可归责于保管人的原因造成的，例如，是因仓储物的性质、包装不符合约定造成仓储物本身的变质或损坏，保管人除及时通知存货人或者仓单持有人外，如果该仓储物已经危及其他仓储物的安全和正常保管的，那就不只是通知的问题了，还应当催告存货人或者仓单持有人作出必要的处置。因情况紧急，保管人可以作出必要的处置，但事后应当将该情况及时通知存货人或者仓单持有人。

存货人或者仓单持有人在接到保管人的通知或催告后，应当及时对变质的仓储物进行处置，这是存货人应尽的义务。因为变质或损坏的仓储物已经危及其他仓储物的安全和正常保管。如果存货人不尽此义务，由此给其他仓储物或者保管人的财产造成损害的，存货人应当承担损害赔偿责任。

保管人对变质货物的紧急处置权，类似于对危险货物的紧急处置权。存货人储存危险货物没有向保管人说明并提供有关资料，保管人在接收后发现的，可以对该仓储物进行紧急处置，由此产生的费用由存货人承担。因此，保管人紧急处置变质的仓储物，由此产生的费用也应该由存货人承担。无论是危险货物还是变质货物，都是在危及其他仓储物的安全和正常保管，保管人已来不及通知存货人或者仓单持有人进行处置的情况下，或者存货人对保管人的通知置之不理的情况下，保管人才可以对该仓储物进行紧急处置。并且在事后应当将该情况及时通知存货人或者仓单持有人。因此保管人的紧急处置权不是随意行使的，而是为了其他仓储物的安全和正常的保管秩序，在不得已的情况下才能行使。

第三百九十一条　当事人对储存期间没有约定或者约定不明确的，存货人或者仓单持有人可以随时提取仓储物，保管人也可以随时要求存货人或者仓单持有人提取仓储物，但应当给予必要的准备时间。

【释义】本条是关于储存期间不明确时如何提取仓储物的规定。

当事人对储存期间没约定或者约定不明确的，存货人或者仓单持有人可以随时提取仓储物。保管人根据自己的储存能力和业务需要，也可以随时要求存货人或者仓单持有人提取仓储物，但应当给予必要的准备时间。所谓“给予必要的准备时间”，是指保管人预先通知提货，然后确定一个合理的期限，以给存货人或者仓单持有人留出必要的准备时间，在期限届至前提货即可。并不是在通知的当时就必须提取仓储物。例如保管人甲和存货人乙没有约定储存期间，但约定每天收取仓储费100元。在这种情况下，乙可以随时提取仓储物，仓储费按实际的储存日期确定。甲也可以随时请求乙提取仓储物，但应当给乙必要的准备时间，仓储费也是按实际的储存日期计算。

第三百九十二条　储存期间届满，存货人或者仓单持有人应当凭仓单提取仓储物。存货人或者仓单持有人逾期提取的，应当加收仓储费；提前提取的，不减收仓储费。

【释义】本条是关于储存期间有明确约定时如何提取仓储物的规定。

仓单的主要特征或重要职能之一就是作为提取仓储物的凭证。因此，存货人或者仓单持有人应当凭仓单提出仓储物。

当事人在合同中约定储存期间的，存货人或者仓单持有人应当在储存期间届满凭仓单提取仓储物，并按约定支付仓储费；存货人或者仓单持有人也可以提前提取仓储物，但是不减收仓储费；存货人或者仓单持有人逾期提取仓储物的，应当加收仓储费。

当事人在仓储合同中明确约定储存期间的，在储存期间届满前，保管人不得要求存货人或者仓单持有人提取仓储物，法律另有规定或者当事人另有约定的除外。例如依本法第三百八十三条的规定，存货人存放危险品而未将危险品的性质如实告知保管人，保管人可以在储存期间届满前要求存货人提取仓储物，而终止合同。

第三百九十三条　储存期间届满，存货人或者仓单持有人不提取仓储物的，保管人可以催告其在合理期限内提取，逾期不提取的，保管人可以提存仓储物。

【释义】本条是关于仓单持有人不提取仓储物时如何处理的规定。

储存期间届满，存货人或者仓单持有人提取仓储物，既是存货人或者仓单持有人的权利，也是存货人或者仓单持有人的义务。如果在储存期间届满，存货人或者仓单持有人不能或者拒绝提取仓储物，保管人可以确定一个合理的期限，催告存货人或者仓单持有人在此期限内提取。如果逾期仍不提取的，保管人可以依照本法第一百零一条的规定将仓储物提存。保管人将仓储物提存后，如果存货人或者仓单持有人来支付仓储费的，依照本法第一百零九条的规定，可以请求其支付仓储费。存货人或者仓单持有人迟延给付的，还可以按照约定要求存货人或者仓单持有人给付违约金。没有约定违约金的，可以要求支付迟延给付的逾期利息。

第三百九十四条　储存期间，因保管人保管不善造成仓储物毁损、灭失的，保管人应当承担损害赔偿责任。

因仓储物的性质、包装不符合约定或者超过有效储存期造成仓储物变质、损坏的，保管人不承担损害赔偿责任。

【释义】本条是关于保管人因保管不善造成保管物毁损、灭失时责任的规定。

储存期间，保管人负有妥善保管仓储物的义务。所谓“妥善保管”，主要应当是按照仓储合同中约定的保管条件和保管要求进行保管。保管条件和保管要求是双方约定的，大多数情况下是存货人根据货物的性质、状况提出保管的条件和要求。只要是双方约定的，保管人就应当按照约定的保管条件和保管要求进行保管。保管人没有按照约定的保管条件和保管要求进行保管，造成仓储物毁损、灭失的，保管人应当承担损害赔偿责任。

保管人除应当按照约定的保管条件和保管要求进行保管外，还应当尽到善良管理人的责任。因为保管人的保管行为是有偿的，所以保管仓储物应当比保管自己的货物给予更多的注意。保管人应当经常对储存设施和储存设备进行维修和保养，还应当经常对仓储物进行巡视和检查，注意防火防盗。此外，为了存货人的利益，保管人在符合约定的保管条件和保管要求的情况下，发现仓储物变质、损坏，或者有变质、损坏的危险时，及时通知存货人或者仓单持有人，这其中包括对临近失效期的仓储物，也应当及时通知存货人或者仓单持有人作出处置。这是诚实信用原则的要求。

仓储物在毁损、灭失的情况下，保管人就应当承担赔偿责任，但是保管人能够证明仓储物的毁损、灭失是因仓储物本身性质的原因、或者因包装不符合约定、或者因仓储物超过有效储存期，而造成的，保管人不承担赔偿责任。

第三百九十五条　本章没有规定的，适用保管合同的有关规定。

【释义】本条是关于适用保管合同的规定。

尽管仓储合同与保管合同有几项重要区别，例如保管合同是实践合同，而仓储合同为诺成合同。再例如保管合同是否有偿由当事人约定，而仓储合同均为有偿契约，等等。但仓储合同与保管合同的本质是一样的，即都是为他人保管财物。有些学者认为仓储合同就是特殊的保管合同。因此，在本章中没有特别规定的，适用保管合同的有关规定。例如保管人不得将仓储物转交第三人保管、保管人不得使用或者许可第三人使用仓储物，等等。

附录3

包装储运图示标志

包装储运图示标志是根据产品的某些特性如怕湿、怕震、怕热、怕冻等而确定的。其目的是为了在货物运输、装卸和储存过程中，引起作业人员的注意，使他们按图示标志的要求进行操作。

(1)小心轻放(handle with care)的标志，见图1。

(白纸印黑色)

图1　小心轻放标志

用于货物的外包装上。表示包装内货物易碎，不能承受冲击和震动，也不能承受大的压力，如灯泡、电表、钟、电视机、瓷器、玻璃器皿等，要求搬运装卸时必须小心轻放。见国家标准 GB190—90(1)。

(2)向上(this way up)标志，见图2。

(白纸印黑色)

图2　向上标志

用于货物外包装上。表示包装内货物不得倾倒、倒置。例如，墨水、洗净剂、电冰箱等产品在倾倒的情况下会受损以致影响使用，要求在搬运和放置货物时注意其向上的方向。见国家标准 GB191—90(3)。

(3)由此吊起(lift here)标志，见图 3。

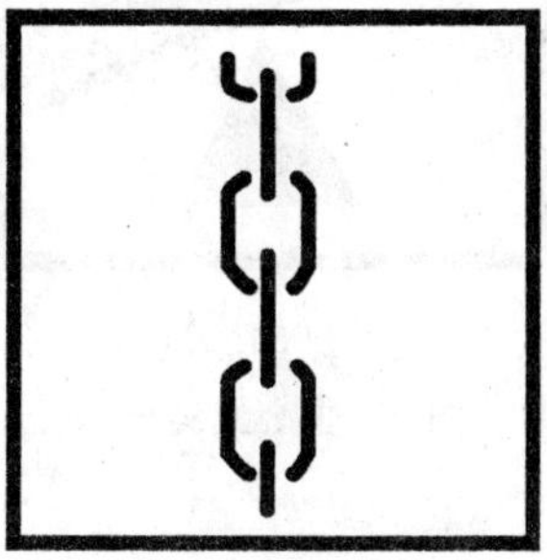

(白纸印黑色)

图 3　由此吊起标志

用于货物外包装上。表示吊运货物时挂链条或绳索的位置。可在图形符号近处找到方便起吊的起吊钩、孔、槽等。避免在装卸中发生破箱等损坏现象，也有利于提高装卸效率。见国家标准 GB191—90(6)。

(4)重心点(centre of gravity)标志，见图 4。

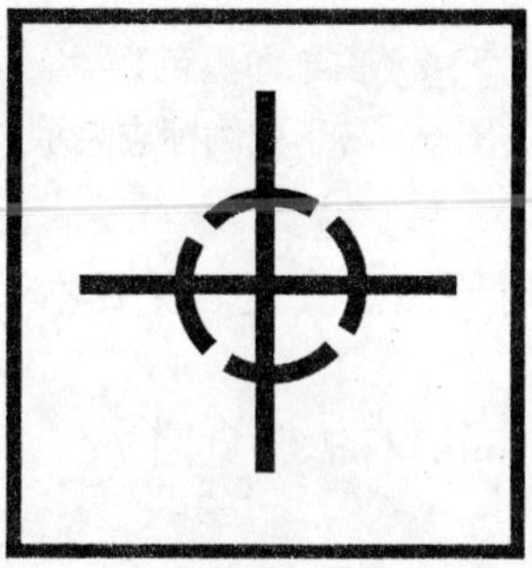

(白纸印黑色)

图 4　垂心点标志

用于货物重心所在平面及货物外包装上，指示货物重心所在处。在移动、拖运、起吊、堆垛等操作时，避免发生倒箱等损坏现象。见国家标准 GB191—90(8)。

(5)重心偏斜(centre of gravity offset)标志，见图 5。

用于货物重心所在平面及货物外包装上，表示货物重心向右偏离货物的几何中心，货物容易倾倒或翻转。如符号变为其镜像，则表明重心容易向左偏移。见日本一般货物运输指示标志 JISZ0150—1966(6)。

(6)易于翻倒(liable to tip)标志，见图 6。

（白纸印黑色）

图 5　垂心偏斜标志

（白纸印黑色）

图 6　易于翻倒标志表示

货物易于倾倒，在搬运放置时要注意安全。见日本一般货物运输指示标志 JISZ0150—1966(7)。

(7)怕湿(keep away from moisture)标志，见图 7。

（白纸印黑色）

图 7　怕湿标志

用于怕湿的货物。表示包装件在运输过程中要注意防雨淋或直接洒水，在储存中要避免存放在阴暗潮湿或低洼处。见国家标准 GB191—90(7)。

(8)怕热(keep away from heat)标志，见图 8。

(白纸印黑色)

图 8　怕热标志

表示包装内货物怕热，不能暴晒，不许置于高温热源附近。用于货物外包装上。见国家标准 GB191—90(4)。

(9)怕冷(keep away from cold)标志，见图 9。

(白纸印黑色)

图 9　怕冷标志

表示包装内货物怕冷，不能受冷、受冻。用于货物外包装上。

(10)堆码极限(stacking limit)标志，见图 10。

用于货物外包装上。表示货物允许最大堆垛的重量，按需要在符号上添加数值。见国家标准 GB191—90(10)。

(11)温度极限(temperature limit)标志，见图 11。

（白纸印黑色）

图 10 堆码极限标志

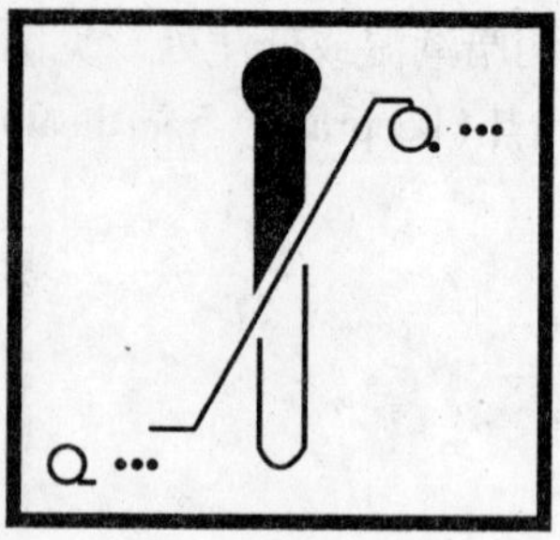

（白纸印黑色）

图 11 温度极限标志

表示货物需要控制温度的范围。要求货物在一定的温度环境下存放，不许超过规定的温度。符号上最低和最高温度可按货物的需求填写。见国家标准 GB191—90(12)。

(12)由此撕开(tear off here)标志，见图 12。

（白纸印黑色）

图 12 由此撕开标志

表示包装的撕开部位。符号的三个箭头指向表示撕开的方向。一般用于软封装、纸盒或纸箱等外包装上。

(13)由此开启(open here)标志，见图 13。

（白纸印黑色）

图 13 由此开启标志

表示包装箱开启位置。一般用于较硬的，需用工具开启的外包装箱上。

(14)禁止翻滚(do not roll)标志，见图 14。

表示在搬运货物时，不得滚动，只能作直线移动，如平移、上升、放下等。见国家标准 GB191—90(9)。

(15)禁用手钩(use no hooks)标志，见图 15。

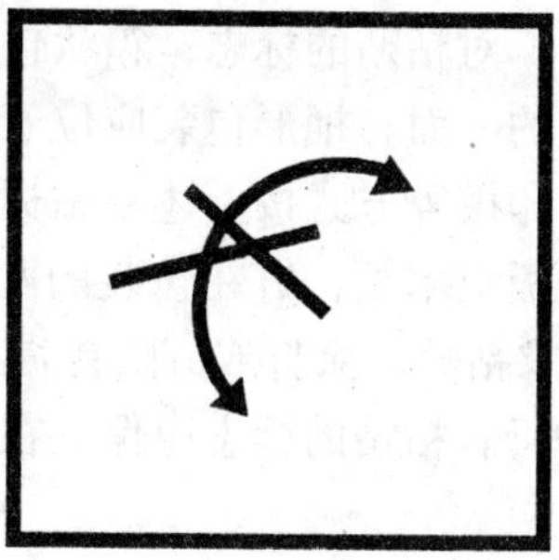

（白纸印黑色）

图 14 禁止滚翻标志

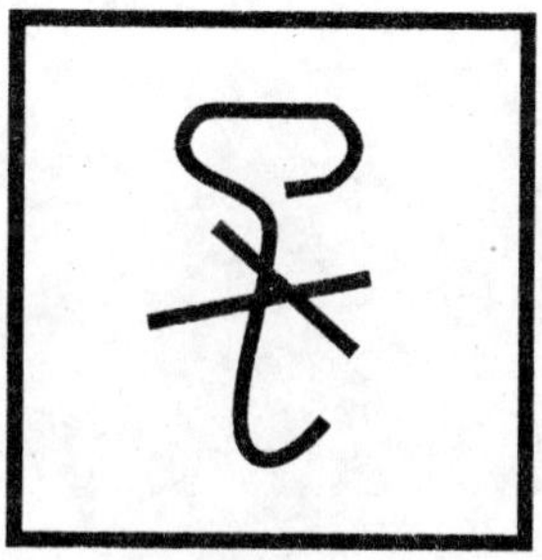

（白纸印黑色）

图 15 禁用手钩标志

用于货物外包装上。表示不得使用手钩直接勾着货物或其包装进行搬运，例如纸箱、麻袋等包装件，保护包装本身不受损坏，也能保证商品不受损失。见国家标准 GB191—90（2）。

上述包装储运图示标志尺寸，按标准规定一般分为下列三种，见表 1，包装体积特大或特小的货物，其标志幅面不受此尺寸限制。

表 1 包装储运图示标志尺寸

号别	尺寸	
	长（毫米）	宽（毫米）
1	105	74
2	148	105
3	210	148

包装储运标志图形应按图规定的颜色印刷。涂打的标志，当因货物包装关系不宜按图规定的颜色涂打时，可根据各种包装物的底色，选配与其底色不同的符合明显要求的其他颜色。在印刷时，外框线及标志名称都要印上；在涂打时，外框线及标志名称可以省略。

印刷标志用纸应采用厚度适当、有韧性的纸张印刷。

在包装储用图示标志使用时，对粘贴的标志，箱状包装应位于包装两端或两侧的明显处；袋、捆包装应位于包装明显的一面；桶形包装应位于桶盖或桶身。对涂打的标志，可用油漆、油墨或墨汁，以镂模、印模等方式按上述粘贴标志的位置涂打或者书写。对钉附的标志，应用涂打有标志的金属板或木板，钉在包装的两端或两侧的明显处。对于“由此起吊”和“重心点”两种标志，要求粘贴、涂打或钉附在货物包装的实际位置。

标志的文字书写应与底边平行。粘贴的标志应保证在货物储运期间不脱落。

附录 4

危险货物包装标志

附录 5

国家标准 GB6944—1986《危险货物分类和品名编号》中的危险品编号(9 大类)

第 1 类

1.1　具有同时爆炸危险物质和物品

1.2　具有喷射危险但无重大爆炸危险的物质和物品

1.3　具有燃烧危险或者较小爆炸或者喷射危险或者具有此两种危险，但无同时爆炸危险的物质和物品

1.4　无重大危险的物质和物品

1.5　具有同时爆炸危险但很不敏感货物

1.6　没有整体爆炸危险的极不敏感物品

第 2 类

2.1　易燃气体(气体打火机)

2.2　非易燃气体

2.3　有毒气体

第 3 类

3.1　低闪点液体(闪点低于-18℃)

3.2　中闪点液体(闪点-18~23℃)不含 23℃

3.3　高闪点液体(闪点 23~61℃)含 61℃

第 4 类

4.1　易燃固体

4.2　易自燃物质

4.3　遇水放出易燃气体的物质

第 5 类

5.1　氧化物质

5.2　有机或氧化物

第 6 类

6.1　有毒物质

6.2　感染性物质

第 7 类　放射性物质

第 8 类　腐蚀品

第 9 类　杂类、海洋污染物等

附录 6

我国粮食的质量指标

1. 优质稻谷 GB/T 17891—1999

类别	籼稻谷			粳稻谷			籼播稻谷	粳播稻谷
等级	1	2	3	1	2	3		
出糙率(%)≥	79	77	75	81	79	77	77	80
整箱米率(%)≥	56	54	52	66	64	62	54	60
垩白粒率(%)≤	10	20	30	10	20	30		
垩白度≤	1	3	5	1	3	5		
直链淀粉(干基)(%)	17.0~22.0	16.0~23.0	15.0~24.0	15.0~18.0	15.0~19.0	15.0~20.0	≤2.0	≤2.0
食味品质分≥	90	80	70	90	80	70	70	70
胶稠度 MM≥	70	60	50	80	70	60	100	100
粒型(长比宽)≥	2.8	2.8	2.8					
不完美粒(%)≤	2	3	5	2	3	5	5	5
异品种粒(%)≤	1	2	3	1	2	3	3	3
黄粒米(%)≤	0.5	0.5	0.5	0.5	0.5	0.5	0.5	0.5
杂质(%)≤	1	1	1	1	1	1	1	1
水分(%)≤	13.5	13.5	13.5	14.5	14.5	14.5	13.5	13.5
色泽气味	正常	正常	正常	正常	正常	正常	正常	正常

2. 稻谷 GB/T 1350—1999

籼稻谷质量指标

等级	出糙率,%	整精米率,%	杂质,%	水分,%	色泽、气味
1	≥79.0	≥50.0	≤1.0	≤13.5	正常
2	≥77.0	≥50.0			
3	≥75.0	≥50.0			
4	≥73.0	≥50.0			
5	≥71.0	≥50.0			

硬稻谷质量指标

等级	出糙率,%	整精米率,%	杂质,%	水分,%	色泽、气味
1	≥79.0	≥50.0	≤1.0	≤13.5	正常
2	≥77.0	≥50.0			
3	≥75.0	≥50.0			
4	≥73.0	≥50.0			
5	≥71.0	≥50.0			

(1)各类稻谷以3等为中等标准，低于5等属等外稻谷。

(2)稻谷中混有其他类稻谷不超过5.0%。

(3)各类稻谷中黄粒米不超过1.0%。

(4)各类稻谷中谷外糙米不超过2.0%。

(5)卫生检验和植物检疫按国家有关标准和规定执行。

3. 小麦 GB/T 1351—1999

等级	容重，克/升	不完善粒,%	杂质,%		水分,%	色泽、气味
1	≥790	≤6.0	总量≤1.0	其中，矿物质≤0.5	≤12.5	正常
2	≥770	≤6.0				
3	≥750	≤6.0				
4	≥730	≤8.0				
5	≥710	≤8.0				

(1)小麦赤霉病粒最大允许含量为4.0%，单立赤霉病项目，按不完善粒归属。小麦赤霉病粒超过4.0%的，是否收购，由省、自治区、直辖市规定。收购超过规定的赤霉病麦，要就地妥善处理。

(2)黑胚小麦，由省、自治区、直辖市规定是否收购或收购限量。收购的黑胚小麦就地处理。

(3)卫生检验和植物检疫国家有关标准和规定执行。

4. 玉米 GB/T 1353—1999

<table>
<tr><th rowspan="2">等级</th><th rowspan="2">容重，克/升</th><th rowspan="2">杂质,%</th><th rowspan="2">水分,%</th><th colspan="2">不完善粒,%</th><th rowspan="2">色泽、气味</th></tr>
<tr><th>总量</th><th>其中，生霉粒</th></tr>
<tr><td>1</td><td>≥710</td><td rowspan="3">≤1.0</td><td rowspan="3">≤14.0</td><td rowspan="3">≤5.0</td><td rowspan="3">≤2.0</td><td rowspan="3">正常</td></tr>
<tr><td>2</td><td>≥685</td></tr>
<tr><td>3</td><td>≥660</td></tr>
</table>

(1)各类玉米以 2 等为中等玉米，低于 3 等的为等外玉米。

(2)上述容重指标只适用于水分含量在 23.0%(含)以下的玉米。

(3)卫生检验和植物检疫执照国家有关标准和规定执行。

参考文献

[1]宋雷．仓储管理实务[M]．大连：大连理工大学出版社，2011.
[2]黄静．仓储管理实务[M]．大连：大连理工大学出版社，2009.
[3]周云霞．仓储管理实务[M]．北京：电子工业出版社，2011.
[4]蔡改成，李桂娥．仓储管理[M]．大连：大连理工大学出版社，2011.
[5]吴毅洲，宋雷．物流仓储管理实务[M]．北京：北京理工大学出版社，2010.
[6]刘莉．仓储管理实务[M]．北京：中国物资出版社，2006.
[7]真虹，张捷姝．物流企业仓储管理与实务[M]．北京：中国物资出版社，2003.
[8]王芸．物流法律法规与实务[M]．北京：电子工业出版社，2011.
[9]吴清一．物流实务[M]．北京：中国物资出版社，2005.
[10]毛晓辉，刘光辉．仓储作业与管理[M]．北京：中国传媒大学出版社，2011.
[11]白世贞，刘莉．现代仓储物流技术与装备[M]．北京：中国物资出版社，2007.
[12]中国交通运输协会．仓储管理应试指南[M]．北京：电子工业出版社，2006，4.
[13]刘小卉．物流管理信息系统[M]．上海：复旦大学出版社，2006，5.
[14]李静宇．仓储业突破障碍求发展——专访中国物资储运协会会长姜超峰[J]．中国储运，2012，6.
[15]中国物资储运协会．2011 年仓储业发展回顾与 2012 年展望[J]．物流技术与应用，2012，2.
[16]王扬阳，宋佳玲，丁睿．我国仓储业存在的问题及对策建议[J]．商，2012，4.
[17]王佐．产业政策支持仓储业模式创新．现代物流报[N]．2013，2.
[18]李韶文．仓储业要用自动化武装自己．国际商报[N]．2013，1.
[19]陆羽．推进仓储业转型升级加快流通产业发展．现代物流报[N]．2013，2.
[20]http：//wenku. baidu. com/view/0cb1c60c4a7302768e993942. html.
[21]http：//wenku. baidu. com/view/b452fed3240c844769eaee3d. html.
[22]中国人大网，http：//www. npc. gov. cn/zgrdw/home/index. jsp.
[23]中国金属容器包装网，http：//www. metalpackage. com/jiaocheng/20080511. html.